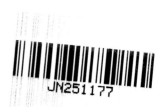

医事法講座 第7巻

小児医療と医事法

A Series of Medical Law *VOL.7*

医事法講座

第7巻

小児医療と医事法

甲斐克則 編

Katsunori Kai (Ed.)

Pediatric Care and Medical Law

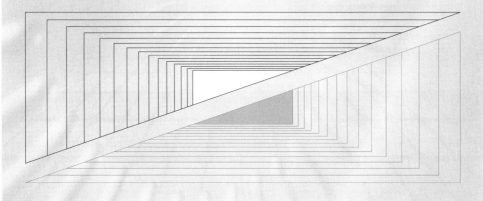

信山社

SHINZANSHA

『医事法講座』発刊にあたって

企画責任者　甲 斐 克 則

人間が生きていくうえで，医療を抜きにしては語れない時代になっている。同時に，歴史的にみても，医療は，利用を誤ると人権侵害をもたらす可能性を内在している。そこには，一定限度で適正な法的・倫理的ルールが求められる。とりわけ21世紀になり，バイオテクノロジー社会ないしポスト・ゲノム社会を迎えて，医療と法をめぐる諸問題が多様な展開を見せているだけに，医事法学に課せられた任務は，今後ますます増大するものと思われる。医と法は，人間社会を支える両輪である。

欧米では，それに対応すべく，医療と法に関する研究書が長年にわたりシリーズで刊行されている。しかし，日本では，学問的蓄積は相当に増えたものの，学会誌『年報医事法学』を除けば，まだそのような試みはない。そこで，この度，信山社より『医事法講座』を刊行することになった。医事法学自体，民法や刑法のように実定法として体系が完結しているわけではないので，「何巻で完結」というスタイルをとらないことにした。いわば開かれた学問として，ある程度の体系性を考慮しつつも，随時，医療と法に関する重要問題を取り上げて，医事法学の深化を図りつつ，その成果を社会に還元して適正な医療を確保する一助となることが，本講座の企画趣旨である。本講座が末長く続き，日本の医事法学がさらに発展することを切に祈念する次第である。

2009年 秋

《巻頭言》

『医事法講座 第7巻　小児医療と医事法』の企画趣旨

甲斐克則

『医事法講座 第7巻 小児医療と医事法』がようやく刊行される。その重要性および実践的意義があるにもかかわらず，小児医療について医事法的観点から本格的に取り組んだ研究書は，実はあまり多くない。そこで，本巻では，小児医療を正面から取り上げげて，多角的な検討を行うべく企画した。全体を敢えて分ければ，第1章から第4章までが基礎理論であり，第5章から第7章までが比較法的検討であり，第8章から第11章までが医療職者からみた小児医療の現状報告と課題ないし問題解決の提示である。

まず，基礎理論の部として，第1章の甲斐論文は，子どもの最善の利益，家族の役割，そして小児の終末期医療（アメリカ合衆国，イギリス，ドイツ，オランダを含む）を中心に，小児医療と医事法の関わりについて論じている。第2章の横藤田論文は，憲法理論的観点から，小児医療と子どもの権利について本格的に論じており，問題点の根本を抽出している。第3章の澤野論文は，理論的にも実践的にも重要な課題である小児医療と家族の役割について，民法的観点も踏まえて詳細に論じている。第4章の河原論文は，小児医療に造詣の深い生命倫理のスペシャリストが医事法との関連性を視野に入れて小児医療の生命倫理上の問題に深く切り込んでいる。なお，当初掲載予定していた小児医療と承諾能力に関する論稿が都合により掲載できなかったのは，残念である。

つぎに，比較法的検討の部として，第5章の永水論文は，アメリカ法と小児医療の研究を長年探究された著者が，まさにアメリカ合衆国が発祥の地ともいえる小児の終末期医療と輸血拒否の問題について最新の状況と分析を試みている。第6章の保条論文は，長年にわたりドイツの小児医療の問題に取り組んでこられた著者が，統合的医事法を視野に入れて，その研究成果をいかんなく示している。第7章の本田論文は，今まで十分には知られていなかったフランスとベルギーにおける小児の終末期医療をめぐる問題について，現地調査も踏まえて最新の動向を伝えている。

最後に，医療職者からの問題提起の部として，第 8 章の多田羅論文は，法律にも造詣が深い小児科医として小児医療の問題に長年取り組んでこられた著者が，日本における小児医療の現状と課題について明晰な分析を試みている。第 9 章の絵野沢論文は，小児医療の専門家として，特に小児の臓器移植の問題について現場の状況も踏まえて鋭く分析している。第 10 章の久藤（沖本）論文は，法的研究の実績も有しつつ小児看護に長年携わってこられた著者が，小児看護の現状と問題点を具体的に抽出している。第 11 章の藤原論文は，小児歯科の最前線で活躍しておられる著者が，従来あまり取り上げられてこなかった小児歯科をめぐる問題点の現状と課題を具体的に抽出している。本巻でも 4 名の医療の専門家に加わっていただいたことにより，内容全体の厚みが増した。

以上のように，本巻も，『医事法講座』にふさわしく，小児医療に関する多彩な分野の専門家による本格的研究成果が盛り込まれており，法律関係者や医療関係者のみならず，この問題に関心を寄せる読者は，大いに示唆を得るであろう。本巻も，多くの方々に読まれることを期待したい。最後に，ご多忙な中，貴重な論稿をお寄せいただいた執筆者の方々に心から謝意を表したい。

2016 年 8 月

医事法講座 第7巻

小児医療と医事法

【目　　次】

◆◆◆『医事法講座』発刊にあたって◆◆◆

〈巻頭言〉

『医事法講座 第7巻 小児医療と医事法』の企画趣旨（vii）

医事法講座 第7巻『小児医療と医事法』

〈執筆者紹介〉（執筆順）

甲斐克則（かい　かつのり）	早稲田大学大学院法務研究科教授
横藤田　誠（よこふじた　まこと）	広島大学大学院社会科学研究科教授
澤野和博（さわの　かずひろ）	立正大学法学部教授
河原直人（かわはら　なおと）	九州大学病院 臨床研究推進部門 倫理担当 特任講師
永水裕子（ながみず　ゆうこ）	桃山学院大学法学部教授
保条成宏（ほうじょう　まさひろ）	福岡教育大学福祉社会教育講座教授
本田まり（ほんだ　まり）	芝浦工業大学工学部准教授
多田羅竜平（たたら　りょうへい）	大阪市立総合医療センター緩和医療科部長兼緩和ケアセンター長，大阪市立大学医学部臨床准教授
絵野沢　伸（えのさわ　しん）	東京医科大学消化器外科・小児外科学講座客員教授（元国立成育医療研究センター先端医療開発室長）
久藤(沖本)克子（ひさふじ(おきもと) かつこ）	岡山県立大学保健福祉学部教授
藤原久子（ふじはら　ひさこ）	鶴見大学短期大学部歯科衛生科准教授

医事法講座 第7巻

小児医療と医事法

1　小児医療と医事法の関わり

甲 斐 克 則

I　序

小児医療の医事法上の問題は，通常の医療はもちろん，終末期医療ないし看取り，とりわけ重度障害新生児の処置をめぐる問題のほか，輸血拒否の問題，臓器移植の問題，小児の臨床研究の問題，慢性疾患の問題，さらには小児歯科医療の問題等で生じる。新生児・小児医療は，生育面でも意思決定能力の面でも，本人に対するインフォームド・コンセントや本人自身による「治療を選択する権利」，すなわち，患者の自己決定権をただちに柱にすることができない点で，成人と異なる。しかも，意思決定能力のない新生児から意思決定能力のある子どもまで幅があるので，より複雑である。もちろん，年齢によっては一定の範囲で小児の意思を汲み取ることができる場合もあるが，その限界は困難を伴うことが多い。

そこで，新生児を含む小児医療の問題を考える前提としては，すでに別稿で指摘したように，「人間の尊厳」を根底に置くべきだと思われる。すなわち，新生児・小児の「人間の尊厳」は，大人のそれと本質的には変わりがない。ただ，その表れ方が少し違う部分がある。子どもというのは，病気であろうとなかろうと，本質的に，周囲の人々によって保護されるべき存在である。保護されないことには成長しえないという前提がある。当たり前ともいえるこの本質を十分に踏まえたうえで，小児医療の問題を考える必要がある(1)。

本巻では，小児医療の諸問題について多様な専門家が多様な分析・検討を行っている。憲法，刑法，民法等のほか，児童福祉法等も関係してくる。本章では，以後の章の前提となるべく，概略的に，第1に，子どもの「最善の利益（best interests）」の法的基盤について論じ，第2に，小児医療と家族の役割について論じ，第3に，小児の終末期医療の問題について論じ，第4に，

（1）　甲斐克則「小児医療」甲斐克則編『レクチャー生命倫理と法』（法律文化社，2010年）220頁以下，同「小児の終末期医療」甲斐克則編『医事法講座第4巻 終末期医療と医事法』（信山社，2013年）218頁以下，同「治療の選択と法的判断」周産期医学45巻5号（2015年）647頁以下，同「小児の看取りの医療と法のかかわり」小児看護38巻6号（2015年）664頁以下参照。

小児医療と医事法の関わりについて論じる。

Ⅱ　子どもの「最善の利益」の法的基盤

（1）　小児医療を論じる際に，子どもの「最善の利益」が重要である。しかし，その内容は法律で規定するのになじみにくいためか，あるいは小児医療との関係では両親と小児科医・看護師との心理的・物理的葛藤を含みがちなナイーブな領域となるためか，世界的にみても，法律の明文で「最善の利益」の内容について規定したものはあまりなく，むしろガイドライン等の生命倫理規範で対応していることが多い。しかも，その判断は，ケース・バイ・ケースで行われることが多い。

アメリカ医師会のルールでは，「最善の利益」の内容について5つのファクターを挙げている。第1に，治療が成功する可能性，第2に，治療の実施および不実施に関するリスク，第3に，その治療が成功した場合に生命が延長される程度，第4に，治療に付随する痛みおよび不快さ，第5に，治療実施の場合と不実施の場合に予想される新生児の生活の質（quality of life），である[(2)]。これで十分かどうか，なお検討の余地はあるが，これを手掛かりに具現化することは可能であろう。実際上，この判断は，ケース・バイ・ケースで行わざるをえない。問題は，誰が最終的にその判断を行うか，であり，これは，法律問題と絡む場面がある。いずれにせよ，特段の濫用がないかぎり，その生命倫理規範が遵守されていれば，この領域で，法（特に刑法）は，敢えて表に出過ぎるべきではない，と言えよう。

（2）　小児医療の領域でもしばしば引き合いに出される「児童の権利に関する条約」（1989年国連総会で採択，日本国は1990年署名，1994年批准，公定訳）は，18歳未満のすべての者を対象にしているが（同条約1条），同条約3条1項によれば，「児童に関するすべての措置をとるに当たっては，公的若しくは私的な社会福祉施設，裁判所，行政当局又は立法機関のいずれによって行われるものであっても，児童の最善の利益が主として考慮されるものとする。」という具合に，子どもの「最善の利益」を家族の「最善の利益」か

（2）　田村正徳=玉井真理子編『新生児医療現場の生命倫理』（メディカ出版，2005年）11-12頁（玉井真理子執筆）参照。

ら独立したものとして位置づけている。したがって，「最善の利益」は，いまや倫理的要請の範疇を超えて，法的内実を有するべきものである，と言える。

小児の治療について最も踏み込んだ宣言と思われる世界医師会「ヘルスケアに対する子どもの権利に関するWMAオタワ宣言」(1998年10月カナダ，オタワにおける第50回WMA総会で採択，2008年改定，日本医師会訳）の第4条は，「すべての子どもは，生まれつき生存権を有し，同様に健康増進，疾病の予防と治療，及びリハビリテーションのために適切な施設を使用する権利を有している。医師並びにその他の医療提供者は，これらの権利を認識し，かつ増進し，物的並びに人的資源がそれらの権利を支持し遂行するために提供されるよう働きかける責任を有する。」として，特に以下の10項目に対してあらゆる努力をするよう規定しているが，法的判断を行う際に，大いに参考になる内実を有している。

①子どもの生存と発育を最大限可能な限り擁護し，両親（あるいは法定代理人）が子どもの発育の基本的責任を有し，両親がこの点に関しての責任を共有していることを認識すること。②ヘルスケアにおいては，必ず子どもの最善の利益が第一義に考慮されるべきであること。③医療およびヘルスケアの提供においては，年齢，性，疾病あるいは障害，信条，民族的血統，国籍，所属政治団体，人種，性的オリエンテーション，子どもないし両親あるいは法定代理人の社会的地位を考慮したいかなる差別も拒絶すること。④母子に対して産前産後の適切なヘルスケアを確立すること。⑤すべての子どもに対して，プライマリ・ケアそして必要とする子どもには適切な精神科ケア，痛みに対する処置および障害児の特別なニーズに関連したケアなどを重視して，適切な医療とヘルスケアの提供を確保すること。⑥不必要な診断行為，処置および研究からすべての子どもを擁護すること。⑦疾病と栄養不良を克服すること。⑧予防的ヘルスケアを発展させること。⑨子どもに対するさまざまな形態の虐待を根絶すること。⑩子どもの健康に有害な伝統療法を根絶すること。

ここに示された10項目は，まさに小児医療をめぐる生命倫理と法の問題を考えるうえで重要な具体的内容を明示している。また，同宣言9条は，同意と自己決定に関して，「小児患者およびその両親あるいは法的代理人は，子どものヘルスケアに関するあらゆる決定に，積極的に情報を持って参加する権利を有する」こと，「子どもの要望は，そのような意思決定の際に考慮されるべきであり，また，子どもの理解力に応じて重要視すべき」こと，そして「成熟した子どもは，医師の判断によりヘルスケアに関する自己決定を行う権利を有する」ことを規定している。ここには，子どもの権利条約を意識した，子どもの主体性と要保護性を正面に据えた思考を看取することができる。これは，妥当な方向と言えよう。

(3) イギリスでは，英国小児科小児保健勅許学会（Royal College of Paediatrics and Child Health =RCPCH）のガイドライン『小児の生命維持治療を差し控えることまたは中止すること ── 実践のための枠組み』(2004年)[(3)]が，生命維持治療の継続が患者の最善の利益でないならば，患者から治療を中止することができる旨を規定し[(4)]，判例も，この種の問題解決に際して「最善の利益」を絶えず意識している。

また，2010年に英国一般医療審議会（General Medical Council=GMC）が終末期医療報告書『終末期に向けた医療とケア：意思決定の良き実践』[(5)]を公表した（2010年5月20日公表，7月1日施行）。GMCは，まさにイギリスの医療問題の根幹に関わる部分を専門的に検討する審議会であるだけに，その提言は重みを持つ。このガイダンス（ガイドライン）は，小児の終末期医療だけではなく，成人も含め，終末期の意思決定一般についての医師のためのガイドラインである（全体で88頁）[(6)]。ここでは，当然ながら，小児の「最善の利益」に関する部分の骨子のみ取り上げておく。

---

(3) Royal College of Paediatrics and Child Health (RCPCH), Withholding or Withdrawing Life Saving Treatment in Children: A Framework for Practice) (Second Edition), 2004. なお，1997年に公表されたガイドラインは，『小児の生命維持治療を差し控えることおよび中止すること ── 実践のための枠組み』(Withholding and Withdrawing Life Saving Treatment in Children: A Framework for Practice) というタイトルであった。詳細については，甲斐・前掲注(1)「小児の終末期医療」参照。

(4) RCPCH, supra note 3, pp.16-19.

(5) General Medical Council (GMC), (Treatment and care towards the end of life: good practice in decision making), 2010.

(6) 詳細については，甲斐克則「イギリスにおける小児の終末期医療をめぐる法と倫理」比較法学45巻1号（2011年）26頁以下参照。

このガイドラインの基本理念は，人の生命の尊重，患者の健康保護，尊重と尊厳をもって患者を処遇，患者のケアである。このガイドラインは，Paragraphs 90-108 において，「新生児，子ども，および若い人々（Neonates, children and young people）」と題して，子どもの終末期医療のあり方についてのガイダンスをまとめているが，「最善の利益」に関する部分の骨子は，以下のとおりである。

90　新生児を含む子どもおよび若い人々は，尊重されなければならない権利を有する個人である。子どもが意思を表明できれば，それを尊重すべきである。医師は，子どもおよび若い人々の健康と福祉を防護し保護すべき義務がある。

92　治療の決定は，つねに子どもおよび若い人々の最善の利益において行われなければならない。このことは，個々の子どもにとってのベネフィット，負担，およびリスクに重きを置くことを意味する。子どもの最善の利益は，必ずしも臨床上の考慮に限定されるわけではなく，各子どもの状況にとって重要なその他のファクターも考慮すべきである。

93　終末期に近づく子どもおよび若い人々の最善の利益を同定することは，骨の折れること（challenging）でありうる。このことは，特に，長期にわたる治療の成果が不確定的な場合，救急の場合，および生存の見込みが非常に乏しいきわめて未成熟な新生児の場合に当てはまる。例えば，新生児に蘇生措置を施すべきか，濃厚治療を施すべきか，侵襲的な濃厚治療を施すべきか，緩和ケアに切り替えるべきか。治療によって惹起される苦痛の程度を含めて，負担とリスクが患者に対する治療のベネフィットをいつ凌駕するかは，判断が非常に難しい。

94　最善の利益の判断に際しては，アップツーデートのものを考慮しなければならない。

95　子どもの最善の利益を評価するに際しては，両親は重要な役割を演じる。両親をサポートし，情報を共有すべきである。

96　最善の利益の決定に際して，個人的価値に依拠してはならない。

106　新生児または幼児の最善の利益が何であるかに基づいて決定をすることは，特に困難である，と言える。（蘇生措置や栄養分・水分の補助を含め）治療のベネフィット，負担，およびリスクを考慮する際，両親およびヘルスケア・チームと合意のうえで，治療の中止または差控えが子どもの最善の利益であるとの結論に至れば，そうしてよい。

以上のように，GMCのガイドラインは，小児勅許学会ガイドラインの不十分なところを補足する意味合いもあり，実に重要である。もちろん，両者の基本的スタンスは同じものと思われる。そして，権威あるGMCが出したものだけに，このガイドラインが示す「最善の利益」の諸要因は，小児の終末期医療等の問題に関するイギリスの実践的支柱となっている。

（4）　グラスゴー大学のサラ・エリストンは，小児医療における「最善の利益」について医事法的観点からの本格的な研究書(7)を公刊しているが，2つの軸を中心に据えている。すなわち，第1は，自ら意思決定を行うための基準を充足することができない子どもの立場であり，第2は，意思決定を行うために要求される基準を充足しうる子どもの立場，である(8)。通常は，治療を受けることが子どもにとって恩恵となることが推定されるが(9)，終末期医療等の場合には，必ずしもそうとはいえないとして，子どもの自律を可能なかぎり尊重して問題解決を図るべくその分析を深めている(10)。そして，意思決定ができない場合の人工延命措置の差控え・中止については，まさに「子どもの最善の利益」を中心に問題解決を図るべきことを強調している(11)。エリストンの見解は，大いに参考になる。

Ⅲ　小児医療と家族の役割

（1）　通常，両親は，「子どもの最善の利益」を確証して対応するであろうし，医師も両親の判断を尊重する。したがって，「最善の利益」の判断主体は，両親であることが多い。しかしながら，両親の考えが社会の支配的な

（7）　Sarah Elliston, The Best Interests of the Child in Healthcare, 2007.
（8）　Elliston, supra note (7), pp.2-3.
（9）　Elliston, supra note (7), p.4.
（10）　Elliston, supra note (7), pp.72-91.
（11）　Elliston, supra note (7), pp.145-189. 詳細は，別途紹介して検討したい。

考えと大きく食い違う場合もあり，特に両親の判断が子どもに著しく不利益を与える場合には，危害防止の観点から，あるいはパターナリズムの観点から，法的規制が介入してくる余地もある。その意味では，家族の役割は，重要だが，万能ではない。

また，子どもの年齢には幅があることから，子どもの決定と両親の選択とが食い違う場合にいずれを優先すべきか，という問題が生じるが，15歳以上の子どもであれば，法的にも一般に同意能力が認められる。また，15歳未満であっても，個別的に判断して，成熟した子どもについては，可能なかぎり同意能力あるいは事実上の賛意能力を認めてよいであろう。近年，前述の「児童の権利に関する条約」に基づいて，インフォームド・アセント（informed assent）やインフォームド・ヴュー（informed view）という視点が強調されるのは，方向としては妥当である(12)。そして，それを支えるのも，実際は家族である場合が多い。

（2）　ところが，アメリカの生命倫理学者トリステラム・エンゲルハートが述べるように，家族の形態が多様化し，伝統的な，家族観だけをモデルにして考えることができない時代になりつつある(13)。家族に子どもの医療についての判断を全面的に委ねることができない事態も想定しておかなければならない。しかし，道徳的に多様な社会にあっても，最小の社会的ユニットとしての家族が治療への同意について限定的ながらも大きな役割を果たし続けることは否定できないように思われる。なぜなら，「子どもの最善の利益」を最もよく知りうるのは，結局は家族，とりわけ（両）親である場合が多いからである。しかし，児童虐待が確認されるような家族の場合，法的規制を発動して子どもを守る必要があるし，また，一定の場合には，家族への様々な社会的支援（医療スタッフのみならず弁護士等多様な観点からの支援）がなければ，親であっても「最善の利益」の判断を行えないことも自覚する必要が

---

(12)　小児科医の立場から見たイギリスの臨床現場の状況を踏まえてこの方向性を説く見解として，多田羅竜平「小児医療とインフォームド・コンセント」甲斐克則編『医事法講座 第2巻 インフォームド・コンセントと医事法』（信山社，2010年）259頁以下参照。

(13)　H. トリステラム・エンゲルハート（甲斐克則=新谷一朗訳）「治療への同意 ── 家族の役割」比較法学43巻2号（2009年）157頁以下，特に162頁以下参照。

ある。とりわけ小児の終末期医療をめぐる問題では，この点を常に念頭において慎重な判断が望まれる。

Ⅳ　小児・新生児の終末期医療と医事法

（1）　成人の場合の問題と異なり，小児・新生児の終末期医療の問題は，「自己決定」を柱に据えることはできないので非常に複雑である。この問題を考える前提としては，上述のように，やはり「人間の尊厳」を根底に置くべきだと思われる。例えば，子どもが重度の障害を持って生まれた場合，医療関係者あるいは家族にしてみると，どこまでどういう治療を施してよいか，あるいはどこまで希望を持って対処してよいか，判断が難しいところがある。安易に治療の中止を認めると，「優生思想の濫用」といった事態になりかねない。「人格的生命観」（いわゆる「パーソン論」）を強調すると，例えば，知能指数の高低にウエイトを置くことにもなりかねず，重度の障害を持っていた場合には「人格」という面で劣る，ということに結び付きやすい傾向があるので注意を要する。他方，「ノーマライゼーション思想」によれば，障害を持っているということを特別視せず，「共生」という考えに繋がるので，出発点としてはこの考えが妥当であろう。

（2）　この問題を世界に投げかけたのは，1984年にアメリカのインディアナ州で起きたインファント・ドゥ事件（Doe v. Bloomington Hospital，104S,. Ct. 394，52 U.S.L.W.3369）である[14]。ある病院で生まれた男の子は，ダウン症候群と食道閉鎖症を患っており，この子の処置をめぐって小児科医と産婦人科医との意見が分かれた。小児科医たちは，手術を受けさせるために転院させたらどうか，という意見であったが，産婦人科医たちは，そのまま病院に留めておいて苦痛，不快感を与えないようにするための手当てだけを施して，死にゆくにまかせるべきだ，と主張した。手術が成功しても，最低限の適切さを持つ「生命の質」（あるいは「生活の質」（quality of life））が得られる可能性がない，というのがその理由であった。病院は両親に判断を求めたが，両親は，医師たちと相談した結果，転院せずにこの子を死にゆくにまか

(14)　丸山英二「重症障害新生児に対する医療とアメリカ法（上）」ジュリスト835号（1985年）104頁以下参照。

せるという治療方針に従うことが，この子と自分たちと他の２人の子ども，そして自分たち家族全体の「最善の利益」にかなう，という決定をして，水分・栄養を差し控える趣旨の同意書に署名をした。病院は，その主張を受け入れてよいのかを確認する訴訟を起こしたが，裁判所は，両親の意向を尊重してよい，という命令を出した。その数日後にその子は死亡した。この事件は，各方面にインパクトを与えた。

もう１件，1985年にニューヨーク州で起きた類似のジェイン・ドゥ事件（Weber v. Storney Blook）[(15)]では，ある病院で生まれた女児が，脊髄髄膜瘤，小頭症，水頭症等を患っており，やがて小児科医の指示で，二分脊椎と水頭症を矯正するために転院されたが，両親は矯正手術に反対した。病院は裁判所に確認を求めたが，裁判所は，両親の決定がその子の「最善の利益」に沿うものである，と判断した。アメリカの裁判例は，総じて「最善の利益」は親が決定する，というスタンスを維持しているようである。しかし，この判決が，「子の『最善の利益』」に限定していることに対して，先のインファント・ドゥ事件判決では，「この子と自分たちと他の２人の子ども，そして自分たち家族全体の『最善の利益』にかなう」と述べており，両者の間には「最善の利益」に関して理解に差異がある。ジェイン・ドゥ事件判決の論理の方が妥当と思われる。

なお，プロライフ（生命尊重）派といわれたレーガン大統領は，即座にこれに反応し，障害者の差別にならないような配慮が必要であるということから，1982年から1983年にかけて，特に障害を理由とする差別禁止の通知を出し，1984年に終局規則ができたほか，最近でもルールのアップツーデート化の努力が続いている[(16)]。確かに，障害があるというだけで治療をしなく

---

(15)　丸山英二「重症障害新生児に対する医療とアメリカ法（下）」ジュリスト836号（1985年）88頁以下参照。

(16)　丸山英二「重症障害新生児に対する医療についてのアメリカ合衆国保健福祉省の通知・規則（１）（２）」神戸法学雑誌34巻３号（1984年）616頁以下，35巻１号（1985年）325頁以下，永水裕子「アメリカにおける重症新生児の治療中止」桃山法学８号（2006年）１頁以下，最近の動向として，Nancy Berlingerほか著（前田正一監訳）『ヘイスティングス・センターガイドライン：生命維持治療と終末期ケアに関する方針決定』（金芳堂，2016年），特に87頁以下の「第３章　新生児，乳児，小児および青年に関する指針」参照。

てよいということになると，障害者差別の問題に繋がる可能性があるので，この点に注意をしつつ，実態を考慮したルール化が必要である。

（3） イギリスの1981年のアーサー医師事件（R v Arthur(1981) 283 Br. Med. J. 1340, 2 Lancet 1101）では，ダウン症候群の新生児を両親が受け入れることを拒否したので，小児科医アーサー医師がカルテに，「両親は子どもを望んでいない。ナーシングケアのみ。」とカルテに記載し，その結果，子どもが69時間後に死亡した。本件は，殺人罪として刑事事件になり，審理の途中で殺人未遂罪に減じられ，最終的には陪審裁判で無罪になった(17)。しかし，その裁判の説示の中で裁判官が，「障害を持ったどんな子どもに対してであれ，いかなる医師もその子どもを殺害する権利を有しない。」と念を押している点は重要である。したがって，本判決は，その行為が「適法である」ということを正面に打ち出したものではない，と理解すべきである。

また，1981年のB事件（In Re B (A Minor) [1981]1 W.L.R 1421(C.A.)）では，ダウン症と腸閉塞に罹患した女児Bが数日生きようとすればその障害を除去する手術を必要とした。もし，その手術が実施されなければ彼女は数日内に死ぬであろうが，手術が実施されて成功すればおそらく20年間か30年間は生きることが可能な状況であった。両親は，その子が精神的に障害を持って生きるよりは，死にゆくにまかせた方がより思いやりがあるであろう，と決意した。病院がその判断の可否を裁判所に確認したところ，裁判官は，次のような有名な言葉を述べて請求を棄却した。すなわち，「赤ちゃんの精神的もしくは身体的欠陥がどの程度まで明白なのか，苦しむのであろうか，それとも部分的に幸せになるであろうか，これは誰にも言うことができない。その子は生きなければならない，と決定することが当裁判所の義務である。」(18)と。この判決の論理は妥当であり，一般的な理解を得ている。

これに対して，1997年のC事件（Re C [1998]1 FLR 384）では，生後16か月の女児Cが，脊髄性筋萎縮症（SMA Ⅰ型）と診断され，人工換気を受けていた。主治医たちは，前述の1997年英国小児科小児保健勅許学会のガイ

(17) 詳細については，家永登『子どもの治療決定権』（2007年，日本評論社）211頁以下，甲斐・前掲注(6)5-6頁，甲斐克則『安楽死と刑法』（成文堂，2003年）117-118頁参照。

(18) 詳細については，甲斐・前掲注(6)7-8頁参照。

ドライン『小児の生命維持治療を差し控えることおよび中止すること』における延命治療中止の基準の1つである「見込みのない状況」にあると判断して，無期限の人工換気はCの最善の利益にならないので中止すべきだ，と考えたが，両親は，宗教的理由（正統派ユダヤ教の教え）から，医師らの治療方針はCの「最善の利益」にならない，として治療中止に同意しなかった。そこで，主治医たちは，これ以上の治療はできない，と裁判所に申し立てた。裁判所は，人工換気中止がCの「最善の利益」になるとして，病院の申立を認めた(19)。

1997年RCPCHガイドラインは，その後，前述のように2004年に『小児の生命維持治療を差し控えることまたは中止すること――実践のための枠組み』へと改定されたが，その中で呈示された「小児における生命維持治療の差控え・中止」についての，以下の5つの状況は，当初と変わっていない。すなわち，1）脳死状態（Brain Dead），2）永続的植物状態（Permanent Vegetative State），3）見込みのない状況（No Chance Situation）（疾患が非常に重篤で，生命維持治療は苦痛を著しく緩和することなく，単に死を遅らせるにすぎないとき），4）目的のない状況（No Purpose Situation）（治療を受ければ患者が生き延びる可能性はあるが，身体的または精神的障害の程度が非常に大きいため，患者がそれに耐えることを期待するのが不合理であるとき），5）「耐え難い状況」（Unbearable Situation）（児および／または家族が進行性でかつ不可逆的な疾患に直面して，これ以上の治療を行うことは耐えがたい，と考えるとき）(20)。以上の提言は，C事件でも裁判所がこれを尊重しているので，法的意義は大きいと思われる。

その背景には，生命維持治療の差控え・中止に関する多くの判例が確立してきたポイント4点がある（pp.16-17）。すなわち，「（1）無益（futile）で負担の大きい治療を施す義務はない――実際，これは，その子どもに対する暴行（assault）とみなされうるであろう。（2）治療の目的は，死にゆく子どもの場合に変化するかもしれない。（3）栄養補給およびその他の治療は，その植物状態が永続的と考えられる患者においては，中止することができる

(19)　詳細については，横野恵「重篤な疾患を持つ児への治療をめぐる諸外国での議論」助産雑誌58巻6号（2004年）29頁以下参照。

(20)　以上の詳細については，甲斐・前掲注(6)11頁以下参照。

(ただし，各ケースにおいて，法的アドバイスがなされるべきである)。(4) もし継続が患者の最善の利益でないならば，患者から治療を中止することができる。」この4点が，おそらくこの問題に関してイギリスにおいて合意がある基本的ルールになっていると思われる。それを踏まえて，このガイドラインは，以下の13項目を挙げている(pp.17-19：2.3.2.1から2.3.2.13までであるが，ここでは単に(1)～(13)で記す。)。

(1) 治療を中止することと差し控えることとの間には，同様の倫理的異議があったとしても，何ら重要な倫理的相違はない。

(2) 子どもに関する最適の倫理的意思決定は，彼らの価値と信念，および倫理と人権の基本的原理を尊重しつつ，ヘルスケア・チームとその子どもおよび家族との間のオープンで時宜にかなったコミュニケーションを要求する。

(3) 両親は，明らかに子どもの最善の利益に反して行動しているのでなければ，もしくは子どものために意思決定を行うことができないとか，それを望まないとか，もしくは自由にそれができないということでなければ，その理由が何であれ，好みを意思表示できない子どもの利益のために倫理的および法的に決定することができる。

(4) 治療選択の評価において十分に理解力と経験がある子どもの願望は，意思決定プロセスにおいて，実質的に考慮されるべきである。

(5) 子どもの事前の願望および好みは，もしそれが分かっていれば，その時点での行為の条件が事前に予想された人に合う場合，かなりの重みを持つべきである。

(6) 一般に，意見の不一致がある場合は，議論，コンサルテーション，および合意によるべきである。

(7) ケアの義務は，是非とも生命を保持すべき絶対的義務に必ずしもなるわけではない。以下の場合には，生命維持治療を提供する義務はない。

・その利用が適切な治療計画の目的および目標と矛盾する場合，

・その治療のベネフィットが患者に対する負担を上回らない場合。

(8) 能力ある子どもにより拒否された場合，もしくは，ヘルスケア・チームおよび親/ケア担当者がそのような治療はその子どもの最善の利益にならないことに合意する場合，もしくは願望および好みを意思表示できない子どもの場合，生命維持治療を中止することは倫理的である。

（9） 生命維持治療から緩和ケアへと方向転換することは，恩恵的目的および目標における変更を示しており，ケアの中止となるものではない。

（10） 生命維持治療の射程範囲は，広くて，患者の個別的環境により変わるであろう。苦痛を緩和しもしくは快適さを増進するためにデザインされた措置を中止することは，決して許されない。

（11） 死にゆく患者の治療と安楽死（euthanasia）とは区別される。死にゆく患者が緩和ケアを受けている場合，死の根本原因は，その疾患のプロセスである。安楽死においては，意図された行為は，死を惹起する行為である。

（12） 付随的に死期を早めるかもしれない薬剤およびその他の治療の利用は，その第一次的目的が苦痛を除去・緩和することである場合，正当化できる。英国小児科勅許学会倫理助言委員会（The EAC-RCPCH）は，安楽死の考えを支持しない。

（13） ヘルスケア・チーム，子ども，両親，およびケア担当者の間での論争が，合意に達する試みによって解決されえない場合には，法的介入を考えるべきである。

以上の13に亘るガイドライン項目および内容は，概ね妥当であると評価できる。特に（1）の「治療を中止することと差し控えることとの間には，同様の倫理的異議があったとしても，何ら重要な倫理的相違はない」とする点は，かねてからの私見と相通じるものがあり，法律論，特に刑法理論においても参照すべきものである。日本では，因果的行為論の呪縛からか，法律家も臨床医も，生命維持治療の最初からの差控えはかなり認めるのに対して，一度これを装着した後に中止することに対しては，「犯罪になる可能性がある」作為であるという理由から，なかなかこれを許容しない。このことが，多くの混乱を招いている。刑法理論的には，社会的行為論の観点から，当該医療処置の行為環境を考慮すれば，両者とも不作為と考えられる。なぜなら，例えば，救急患者として病院に運ばれてきて，不確定要因はあるが，取り急ぎ救命を目指して人工呼吸器を装着し，それで救命できる場合もあるが，予後の見通しもないまま延々と人工呼吸器を装着された状態が続く場合もある。

もし，「一度人工呼吸器を装着すれば，後に中止することは困難で煩わしくなるから，最初から差し控えておこう」という事態があると聞くが，それが蔓延すれば，それこそ本末転倒ではなかろうか。しかし，まずは救命の途を探るのが鉄則であり，その後に一定の医学的条件と「子どもの最善の利益」を考えて，途中で様子を見ながら，関係者が真摯な意思決定に基づいて中止の判断をする場合，その行為は，「それ以上の治療をしない」という意味で，最初から救命困難であるがゆえに生命維持治療を差し控える不作為と同視可能な不作為と考えるべきではないか。日本の関係者の反省を促したい点である。その他の点も，日本の議論においてもっと活用できるのではないか，と思われる(21)。

その後，イギリスでは，前述のように，2010年に英国一般医療審議会(GMC）が終末期医療報告書『終末期に向けた医療とケア：意思決定の良き実践』を公表した。GMCは，まさにイギリスの医療問題の根幹に関わる部分を専門的に検討する審議会であるだけに，その提言は重みを持つ。このガイダンス（ガイドライン）は，小児の終末期医療だけではなく，成人も含め，終末期の意思決定一般についての医師のためのガイドラインであるが，ここでは，当然ながら，小児の終末期医療に関する部分の骨子のみ取り上げておく(22)。

基本理念は，人の生命の尊重，患者の健康保護，尊重と尊厳をもって患者を処遇，患者のケアである。このガイドラインは，「新生児，子ども，および若い人々（Neonates, children and young people)」と題して，前述のように，「最善の利益」を中心に据えて子どもの終末期医療のあり方についてのガイダンスをまとめているのである。このGMCのガイドラインは，小児勅許学会ガイドラインの不十分なところを補足する意味合いもあり，実に重要である。もちろん，両者の基本的スタンスは同じものと思われる。そして，権威あるGMCが出したものだけに，このガイドラインは，小児の終末期医療の問題に関するイギリスの実践的支柱となるものと思われる。

なお，イギリスでは，医学界のガイドラインに即して「最善の利益」が判断されている，と言えるが，通常は両親の判断も加味している，とも言われ

(21)　以上の詳細については，甲斐・前掲注(6)17頁以下参照。
(22)　以上の詳細については，甲斐・前掲注(6)26頁以下参照。

ている。

（4）　ドイツでは，難病（脚部形成異常から下肢骨格発育障害，腸開口閉塞，肛門閉鎖症）の新生児の治療を両親の希望で施さずに死にゆくにまかせたフライブルク事件（1980年：刑法上適法行為の期待可能性がないとして捜査打切り）と医師が重度障害であると勘違いをして新生児の積極的な生命終結を行ったミュンヘン事件（1982年：有罪）の2つの事件(23)を契機として，1986年にドイツ医事法学会がアインベック勧告の中で10項目ほどの勧告を出したが，その第5項目に，治療を差し控えてよい3つの具体的疾患例が挙げられたため，治療中止を明示的にルール化してよいのかをめぐり，争いが生じ，ドイツ小児科医学会とドイツ医事法学会の連名で，同勧告は，1992年に改定され，9項目になった。

まず，この勧告の出発点は，人の生命はドイツの法秩序および良俗の中で最高位の価値であり，また，人の生命の保護は国家の義務であり（基本法2条2項），それを維持することは，医師の最高の任務である（Ⅰ.1），という点に置かれ，社会的価値，効用，身体的または精神的状態に応じて生命の保護に段階を設けることは，良俗および憲法に違反する（Ⅰ.2），とされている。また，積極的侵襲により新生児の生命を意図的に短縮することは，殺人であり，かつ法秩序および医師の職業秩序に違反するし（Ⅱ.1），2．障害を伴う生が新生児に間近に迫っているという状況は，生命維持措置を差し控え，または中止することを正当化しない（Ⅱ.2）。さらに，治療義務および人的世話義務は，新生児の死亡の確認と共に終了する。死亡は，合意を得られた医学的および法的見解により，脳の不可逆的機能停止（全脳死）として定義されるべきである（Ⅲ），とされる。

つぎに，医師は，最良の知識と良心に従って生命を維持する義務，ならびに現存する障害を除去しもしくは緩和する義務を有する（Ⅳ.1）とされるが，

(23)　詳細については，町野朔ほか編著『安楽死・尊厳死・末期医療』（信山社，1997年）250頁以下（臼木豊執筆），保条成宏「ドイツ――『治療行為制約論』と『治療義務限定論』の交錯」小山剛=玉井真理子編『子どもの医療と法（第2版）』（尚学社，2012年）230頁以下，甲斐克則「ドイツにおける小児の終末期医療と刑法」比較法学44巻3号（2011年）5頁以下，久藤克子「重症障害新生児の生命維持治療放棄・中断と刑法（一）（二・完）」広島法学22巻2号（1998年）207頁以下，3号（1999年）109頁以下等参照。

医師の治療義務は，医学の可能性のみによって決定されない。それは，同様に，倫理的基準および医師の治療の任務にも従うべきであり，入念な衡量による責任ある個々の事案の決定の原理は，放棄されてはならない（Ⅳ.2），とされる。したがって，医師が医学的な治療の可能性の全範囲を汲み尽くしてはならない事案が存在するが（Ⅳ.3），この状況が存在するのは，医学上の経験の現状および人間の判断に従って新生児の生命が長く維持されうるというのではなく，まもなく待ち受けている死が引き延ばされるにすぎない場合である（Ⅴ）。さらに，医学において常に限界づけられる予後の確実性に鑑みて，医師には，医学上の治療措置の適応について，特に，これが新生児に回復のチャンスがない外的な重度の障害を伴う苦痛しかもたらしえない場合には，判断の枠が存在するが，それは，現在利用できる治療の可能性による負担が，期待すべき援助を上回り，かつそれによって治療の試みが反対になるかどうかについて吟味する医師の倫理的任務に合致する（Ⅵ），とされる。しかも，個々の事案において絶対的な延命措置義務が存在しない場合でも，医師は，新生児の十分な基本的扶助，すなわち，苦痛緩和および人間らしい心遣いに配慮しなければならない（Ⅶ）。

さらに，両親の権限については，両親／配慮権限者は，自己の子どもに存する障害およびその結果，ならびに治療の可能性およびその効果に関して説明を受けなければならず，それを超えて相談および情報を通じて決定過程に共に組み込まれなければならない（Ⅷ.1）。また，決定過程において，決定の承認には，子どもの世話および監護を任された人の経験も共に取り上げられ（Ⅷ.2），さらに，両親／配慮権限者の意思に反して，治療が差し控えられ，もしくは中止されてはならない，とされている点，および，両親／配慮権限者が医師により提供される措置への同意を拒否し，もしくは同意することができない場合，後見裁判所の決定が得られなければならず，これが不可能な場合，医師は，医学上緊急に指示される処置（緊急措置）を行わなければならない（Ⅷ.3），とされている点に注目する必要がある。なお，取り上げられた所見，採られた措置，ならびに延命治療の放棄の理由は，証明力を有する形式で記録されなければならない（Ⅸ）[(24)]。

(24)　以上の詳細については，甲斐・前掲注(23)10頁以下参照。

その後，1999 年に，後期妊娠中絶の後に骨盤位で生まれてきた 26 週目の早産児（未熟児：体重 690g，身長 32cm，頭の大きさ 20.5cm）に対して何らの補給をせずに死にゆくにまかせたオステンブルク事件も起きたが，産婦人科医や小児科医の鑑定意見を参考にした結果，犯罪性が弱いという理由から，捜査打切りとなっている[25]。この改定アインベック勧告は，現在，法的にも尊重されるべき規範性を有しているとのことである。

（**5**）　この問題について，オランダはデータも公表している数少ない国である。毎年約 600 人が生命終結に関する医療上の決定によって死亡している，と言われているが，議論の契機となったのは，多発性障害新生児の積極的生命終結に関するプリンス事件判決（1995 年 11 月 7 日にアムステルダム高等裁判所で無罪）と第 13 トリソミーの生後 25 日目の新生児の積極的生命終結に関するカダイク事件判決（1996 年 4 月 4 日にルーワルデン高等裁判所で無罪）である[26]。2 つの事件では，刑法上の不可抗力に基づく緊急避難が無罪の理由であったが，この論理は，オランダでは，成人の安楽死についてしばしば使われていた。

その後，2001 年に安楽死等審査法が成立し，2002 年 4 月から施行されたが[27]，これは原則として 16 歳以上が対象である（場合によっては 12 歳から 16 歳までが考慮される余地がある）。したがって，重度障害新生児の終末期医療をめぐる問題は，安楽死法の想定外の悩ましい問題であった。オランダ小

(25)　本件の詳細については，甲斐・前掲注(23)15 頁以下参照。

(26)　詳細については，山下邦也「重度障害新生児に対する治療の中止と生命終結 ── オランダのプリンス事件判決をめぐって」同『オランダの安楽死』（成文堂，2005 年）139 頁以下，同「プリンス事件・補遺 ── 重度障害新生児の治療中止をめぐって」香川法学 19 巻 2 号（1999 年）75 頁以下，同「重度障害新生児の生命終結に対する第二の無罪判決 ── オランダのカダイク事件判決をめぐって」香川法学 16 巻 1 号（1996 年）1 頁以下，同「重度障害新生児の生命終結 ── カダイク事件高裁判決・その他」香川法学 16 巻 3=4 号（1997 年）1 頁以下参照。

(27)　ペーター・タック（甲斐克則編訳）『オランダ医事刑法の展開 ── 安楽死・妊娠中絶・臓器移植』31 頁以下（慶應義塾大学出版会，2009 年），山下・前掲注(26)『オランダの安楽死』233 頁以下，甲斐克則「オランダにおける安楽死・尊厳死」甲斐克則=谷田憲俊編『シリーズ生命倫理学 第 5 巻 安楽死・尊厳死』（丸善，2012 年）218 頁以下，同「ベネルクス 3 国の安楽死法の比較検討」比較法学 46 巻 3 号（2013 年）87 頁以下参照。

児科学会は，すでにこの問題について検討し，1992年に『なすべきか，それとも差し控えるべきか（To Act or to Abstain)』という報告書を出して，一定の場合に新生児の治療を打ち切ってよい，という提言をしていたが，なおその考えは一般化しておらず，議論がずっと続いた(28)。そして21世紀に入り，2004年にフローニンゲン大学のチームが独自に作ったフローニンゲン・プロトコール（The Groningen protocol）が登場した(29)。ポイントは4点ある。

第1に，診断とか予後が確実でなければならない。第2に，希望なく耐え難い苦痛が存在するという前提も必要である。第3に，セカンド・オピニオンが必要である。第4に，承認された医学的基準に合致していることが必要である。以上の4点を充足すれば，場合によっては治療を中止するか，場合により生命終結を行うことが認められる。このプロトコールは，生命終結を認める点で諸外国から批判を受けたが，フローニンゲン大学メディカルセンターでのエドアード・フェアハーゲン博士とヨーゼフ・ドルシャイト博士（いずれもその作成に関与）に対して現地訪問調査（2009年）によれば，誤解も多く，現在は，生命終結は，きわめて例外とされているとのことである(30)。

その後，このプロトコールを基に，2005年から2006年にかけて『終末期の医療上の決定』という報告書に対応すべく，保健副大臣と司法大臣が「相当の注意（due care)」の5つの基準を提唱した。第1に，医学的洞察によれば，耐え難い苦痛が存在すること，および回復の見込みがないことが確実で

(28)　山下邦也「オランダにおける新生児医療の限界論と法的論議」香川法学15巻4号（1996年）69頁以下，タック（甲斐編訳）・前掲注(27)137頁以下，平野美紀「オランダ ― 重度障害新生児に対する生命終結問題の行方」小山=玉井編・前掲注(23)302頁以下参照。

(29)　詳細については，タック（甲斐編訳）・前掲注(27)144頁以下，平野・前掲注(28)322頁以下参照。

(30)　See Josef H. H. M. Dorscheid, End-of-life decisions in neonatology and the right to life of the disabled newborn child. Impressions from the Netherlands, in Luke Clements / Janet Read（Ed.), Disabled People and the Right to Life. The protection and violation of disabled people's most basic human rights, 2008, pp.176-194; Eduard Verhagen/Pieter J. J. Sauer, The Groningen Protocol – Euthanasia in Severely Ill Newborns, New England Journal of Medicine,352;10（2005), pp.359-962; A. A. E. Verhagen/ P. J. J. Sauer, End-of-Life Decisions in Newborns: An Approach From the Netherlands, Pediatrics 2005;116; pp.736-739.

あり，その結果，治療行為を差し控えることが正当化される場合。第2に，両親が生命終結に同意している場合。第3に，両親が診断および予後について医師により注意深く情報提供を受けている場合。この場合，医師と両親の両方が合理的な他の選択肢がないという結論に達していなければならない。第4に，医師が，少なくとも他の1名の医師に相談している場合。他の1名の医師とは，その新生児を診たことがなければならず，「相当の注意」の基準に従って独立した意見に到達している医師のことである。第5に，生命が「医療上の相当の注意」を伴って終結された場合(31)。

以上の基準を遵守していれば，小児についても，終末期の決定を行うことができるが，重要なのは，その場合に，検察庁も刑事訴追をしないという協約がオランダ小児科学会との間で結ばれている点である（2009年9月のオランダ訪問調査による）。なお，スイスでも，小児の看取りに関する法律はないが，ガイドラインや勧告があり，これを遵守していれば，刑事訴追はないということである（2008年11月のスイス訪問調査による）。

V　結　語――小児医療と医事法の関わり

（1） 比較法的考察から，小児医療と医事法の関わりが浮かび上がってくる。まず，決定権者は誰かという根本問題がある。両親にすべて判断をゆだねてよいか，それとも医師にすべて判断をゆだねてよいか，あるいは裁判所に判断をゆだねるべきか。結論からいえば，意思決定能力のある子どもの場合，「子どもの権利条約」の本旨や海外の動向からしても，当然ながら，子どもの決定を尊重してよいであろう。例えば，輸血拒否であれば，筆者も作成に関わった「宗教的輸血拒否に関するガイドライン」（日本輸血細胞治療学会，日本麻酔科学会，日本小児科学会，日本産科婦人科学会，日本外科学会：2008年）(32)では，15歳以上であれば子どもの意思決定の能力を認めて輸血

---

(31)　タック（甲斐編訳）・前掲注(27)146頁参照。

(32)　日本輸血細胞治療学会誌54巻3号（2008年）345-351頁。解説として，甲斐克則「宗教的輸血拒否に関するガイドライン」Journal of Otolaryngology，Head and Neck Surgery（JOHHNS），26巻5号（2010年）781頁以下参照。問題点の詳細については，岩志和一郎「輸血拒否」甲斐編・前掲注(1)『レクチャー生命倫理と法』78頁以下，

拒否の意思を尊重してよいことになっている。もちろん，12歳から15歳であっても，「成熟した未成年」であれば，それが十分に確認可能なかぎりで，その意思を尊重してよいであろうが，その判断は困難を伴うかもしれない。また，意思決定能力のない小児の場合でも，可能なかぎり拒否権を尊重するということでその子の考えを尊重する方向で対応すべきであろう。同時に，決定に際して相応のサポートも必要である。他方で，親の意見を過大視すると，医療ネグレクトの問題になりかねない[33]。それは，小児臓器移植や小児の終末期医療についても同様である。判断が困難な場合，誰かが単独で決めてよいとは思われない。したがって，両親，医師，看護師，法律家，生命倫理等の専門家が加わり，慎重な判断を行うべきであろう。現行法では，日本の裁判所が直接最初から関係するということはないかもしれない。

(2) その際，かねてより私が提唱している「メディカル・デュープロセスの法理」が多少とも問題解決に寄与するかもしれない。「メディカル・デュープロセスの法理」とは，医療，とりわけ人体実験・臨床研究・臨床試験のような先進的なものについては，社会的観点も加味して，適正手続による保障がなければ，当該医療行為は違法である，とする法理である。それは，生命科学ないし先端医学の急速な進展に対応するため，生起しうる諸問題について実定法では対応できない場合に，適正手続を保障することにより，いわばグレーゾーンに属する難問を柔軟に「解決」する方策を呈示するものである。具体的には，実験ないし試験・研究段階から個々の被験者・患者に対するインフォームド・コンセントを確保することはもとより，想定される様々なリスクと社会に対するベネフィット（恩恵）を入念に衡量し，事前の

特に84頁以下参照。

(33) この問題については，永水裕子「子ども医療に対する親の決定権とその限界（一）（二・完）── アメリカのメディカル・ネグレクトを素材として」上智法学47巻1号（2003年）47頁以下，47巻2号（2003年）124頁以下，同「アメリカ ── 医療ネグレクトと親の権利」小山=玉井編・前掲注(12)195頁以下，同「医療ネグレクト ── 同意能力のない未成年者に対する医療行為への同意権の根拠についての一考察」桃山法学20・21号（2013年）329頁以下，保条成宏「子どもの医療ネグレクトと一時保護による対応 ── 刑法・民法・児童福祉法の協働による『統合的医事法』の観点に立脚して」中京法学49巻3・4合併号等（2015年）127頁以下参照。なお，小山=玉井編・前掲注(23)は，小児医療の法的諸問題を考えるうえで，必読である。

熟考期間（カウンセリングも含む。）があったか，安全性等について倫理審査委員会（これも独立した審査機関であることが望ましい。）の適正な審査を受けているか，人類に多大な影響を与えうるもの（例えば，「人間の尊厳」に関わるような先端医療技術の新規なものや遺伝子関係のもの）については，プライバシーを侵害しない範囲で必要な情報を社会に公開し，合理的疑念を払拭する程度の社会的合意・承認を得ているか等をチェックして，そのいずれかでも欠けていれば，当該医療行為は違法であり，そのようにして得られたデータに基づく学術論文の公表を禁止したり，それ以後の研究費を凍結する等の行政処分をし，場合によっては民事責任，悪質なものについては刑事責任を負わせようとするものである(34)。これによって，専門家の責任を社会に対して担保することができると同時に，手続的観点から研究自体の消極的なコントロールを行うことができる，とする。この法理により，小児医療の分野でも，膠着した諸問題を一定の範囲で解決することができる，と期待される。

日本でも，例えば，有志による「重篤な疾患を持つ新生児の家族と医療スタッフの話し合いのガイドライン」が2005年に公表されている(35)。この中で10項目のポイントが挙げられているが，要するに，医療者と両親を中心とした関係者が話し合いをもって，「子どもの最善の利益」に基づくという基本的スタンスのもとで，信頼関係を築いて，子どもの治療をどうするか，という方針決定を行うことをルール化したものある。このガイドラインは，公的なものではないが，現時点では，出発点として，取り込むことのできるものである。これにより，話し合いをして関係者が不満を持つ形での決定はしない，という点が重要である。この手法は，ある意味で，「メディカル・デュープロセスの法理」と関連付けることができるように思われる。

日本小児科学会も，2012年に「重篤な疾患を持つ子どもの医療をめぐるガイドライン」をまとめた。これは，話し合いを重視しつつ，9項目のポイントを挙げて，チェックリストも付したものである。専門医学会が苦悩してルールを策定したことは，意義がある。しかし，「話し合いのガイドライン」だけでは，法理論的には，まだ論拠が弱いと思われる。

---

(34)　甲斐克則『被験者保護と刑法』（成文堂，2005年）30頁。

(35)　田村=玉井編著・前掲注(2)，玉井真理子=永水裕子=横野恵編『子どもの医療と生命倫理 ── 資料で読む（第2版）』（法政大学出版局，2012年）138頁以下参照。

(3) そこで，いかなる根拠でどこまで決定できるか，法的処理はどうなるかを検討しなければならない。イギリス，ドイツ，オランダの各種のガイドラインないし勧告は，問題点もなおあるが，それを遵守していれば刑事訴追をしないという法的効果をもたらしている点で参考になる。少なくとも，両親，医療者，裁判所がすべて了解する場合には，おそらく，例えば，人工延命治療の中止もやむをえないと思われる。そのときの根拠は，やはり「人間の尊厳」ということになるであろう。新生児も，もはや人間といえないような扱いを受けて，ひたすら実験台のように延命されるということであっては，逆に「人間の尊厳」を冒す場面があるであろう。もちろん，それが一体どういう場面かは，「最善の利益」と関連づけて，もっと詰める必要がある。

それと関連して，法理論的には，小児医療の場合の違法性阻却（正当化）の可能性を探究する必要がある。例えば，成人の延命治療中止でさえ，正当化の是非をめぐり議論があるほどなので，新生児の場合も，「最善の利益」を漠然と持ち出しても，違法性阻却（正当化）が十分に可能かは，かなりきわどい。しかし，前述のように，「最善の利益」の内実は，さらに分析する必要がある。さらに，刑法理論上は個別的ケースに応じて，責任を阻却する（免責）という考えがある。例えば，もはや誰も，延命治療中止以外の選択肢が考えられない，というような場合には，期待可能性がないという論理（期待可能性の理論）で，特に責任を負わないと考えられる。少なくとも，諸外国を調べてみても，延命治療中止で有罪になったケースはない。いずれにせよ，小児医療の領域では，著しい濫用の場合を除いて，刑事法の介入は控えるべきだと思われる(36)。いかなる法システムが適切か。これは，医事法学に今後課せられた課題である。

---

(36)　示唆深いものとして，保条成宏=永水裕子「日本法の現状と課題」小山=玉井編・前掲注(23)29頁以下，保条・前掲注(33)がある。

2　小児医療と子どもの権利

横藤田　誠

I 「小児医療と子どもの権利」の問題状況

「権利」は小児医療をめぐる問題の解決に役立つか。これが本章の主題である。

「小児医療と子どもの権利」に対する関心は，主として医療現場から寄せられた。もちろん，権利を主な考察対象とする法学が子どもの問題を無視したわけではなかった。しかし，後述のように，子どもを権利主体とする視点の登場が遅れ，また，そこでの「権利」概念が大人の場合とは質的に異なるものと把握され，さらに，「権利」のみでは問題解決に役立たないとの認識が共有されていく中で，「子どもの権利」は権利論の主戦場からはずれる傾向にあった。児童の権利条約成立（1989年）以後，子どもの権利は大きな注目を集めるようになってきたが，法の側ではそれを医療と関連づけることはほとんどなかった(1)。子どもをめぐるその他の問題群（虐待，校則，性的搾取，買春，ポルノ，少年犯罪等）との比較で，医療に関するものは重大視されていなかったともいえよう。

一方，患者本人が十分な意思能力を欠く新生児医療・小児医療の現場では，患者の身体への侵襲行為が妥当か否かをめぐって日々難問が突き付けられる。それへの対応の中に，後の「子どもの権利」につながる議論が見られる(2)。

（1） 法律専門誌が子どもの権利を特集する際に，医療に着目する例は少ない。例えば，ジュリスト増刊総合特集『子どもの人権』（有斐閣，1986年）や「特集　子どもの権利をめぐる現状」法律時報69巻8号6頁以下（1997年）では，医療にかかわる問題は取り上げられていない（前者に学校の保健室に触れる論考はある）。また，日本弁護士連合会編『子どもの権利ガイドブック』（明石書店，2006年）は子どもの権利をめぐる状況を包括的に取り上げているが，医療への言及はない。もちろん，医療にまったく触れていないというわけでははい。「特集　子どもの権利擁護と自己決定――子ども観の転換を基軸に」法律時報75巻9号（2003年）では，家永登「医療と子どもの自己決定」（37頁以下）が未成年者の医療決定権を考察している。また，日本弁護士連合会編『子どもの権利条約・日弁連レポート　問われる子どもの人権』27頁（駒草出版，2011年）では，診療契約の締結，手術・輸血等の診療行為の同意に関して，「現状では，未成年者の治療を受ける権利が十分に保障されているとは言い難い」と述べられている。

（2） 1983年に実施された小児看護領域の看護師の倫理上のジレンマに関する調査を分析した論文によれば，重篤な障害をもつ新生児の治療を親が拒否する，親の希望に沿っ

例えば，レイモンド・ダフ「危篤あるいは重症の患者のケアを決定するためのガイドライン」(1979年）では，9項目の細目のひとつに，子ども自身の感情・思想・価値観・願望を，その年齢にかかわらず，親のそれと同様に尊重することが明記されている(3)。その後，児童の権利条約成立等を受けて，医療の側から新生児医療・小児医療の様々な局面について相次いで権利との関わりが問われるようになった。具体的には以下のような場面が挙げられている。

（1） 入院や個別の医療行為への説明と同意（インフォームド・コンセント）

ある看護師は，4歳の小児への採血場面を子どもの権利の視点から分析している(4)。かつては子どもや家族の意思にかかわらず親の同席を断り，子どもに何の説明もせず行うこともよくあったという。子どもの希望を受け入れて母親の膝の上で採血を受ける場を設け，医師も子どもと対話しながら実施したところ，子どもは「頑張った」という達成感，医療者は「スムーズに採血できた満足感」を得たという。法的な同意能力があるとはいえない4歳児のインフォームド・コンセントをどう捉えるべきだろうか。

また，子どもに自分の病名・病状等を説明するかという問題がある。かつてはどこの国でも，有効な治療法のない病気について患者に知らせることはタブーとされ，ことに小児に対しては絶対に避けるべきとされていたが，治療の進歩と個人の権利尊重という社会の思潮の変化が状況を大きく変えた(5)。同意能力を有する未成年者にはもちろん，同意能力を欠く小児に対しても，年齢に応じたわかりやすい言葉や絵などを用いて子どもの病気の説明と告知が必要であること，特に治療の選択肢の幅が広く，後に後遺症を起こしやす

て子どもの病名・病状等を説明しない，終末期の治療について医師と看護師の意見が対立した等のジレンマが挙げられていた。兼松百合子・横沢せい子・内田雅代・中村伸枝「医療の場において看護婦の直面する倫理上のジレンマ ── 小児看護領域での調査から(1983)」生命倫理2巻1号32頁以下（1992年)。

（3） 田村正憲=玉井真理子編『新生児医療現場の生命倫理「話し合いのガイドライン」をめぐって』147頁（須長一幸・中澤務執筆）(メディカ出版，2005年)。

（4） 今西誠子「医療処置場面における子どもの権利」京都市立看護短期大学紀要34号53-55頁（2009年)。

（5） 細谷亮太「小児がんの告知と医療」小児科診療59巻5号773頁（1996年)。

い白血病や血友病などのがん患者に対する説明は必須であるとの主張がなされている[6]。

（2） プライバシーの権利

医療におけるプライバシー保護の重要性は広く認識されるようになったが，ケアの対象が小児であることでプライバシー保護意識が希薄になる傾向にあることが，看護師対象の調査[7]で明らかになっている。一方で，プライバシーが保護されにくい入院という環境で過ごす小児患者のプライバシー保護意識を育てることを小児看護師の役割と捉える看護師が8割以上いるのは重要である。

（3） 親による治療拒否（医療ネグレクト）

2003年の調査によれば，親が子どもへの積極的医療を拒否した経験を有する小児科病院が18％にのぼったという[8]。子どもの治療を親が拒否することで子どもの最善の利益が守られないことに悩む医療者は少なくなく，この問題の存在はすでに1980年代に社会的に認知されていた。腸閉塞を合併したダウン症の新生児の父母が腸の手術を拒否し，結局死亡した事例（1983年），宗教上の信念に基づき10歳の子どもへの輸血を拒否し，子どもが死亡した事例（1985年）に直面した医療者にとって，依拠できる法律もガイドラインもなかった。その後，後者のような事例に関して，東京都立病院倫理委員会や日本輸血・細胞治療学会等5学会のガイドラインが公表されているものの，法的対応については最近まで手付かずの状況だった。

（4） 終末期の医療

医学的に回復が見込まれないと判断された後の延命措置を継続するのか，中止するのか，あるいはさらなる治療を差し控えるのか。患者が誰であってもその判断には多大な困難と苦悩が伴う。とりわけ本人の意思の表明，推定が難しく，親も激しい混乱に追い込まれる小児の場合，その困難と苦悩は計

（6） 三間屋純一「小児血液腫瘍性疾患におけるインフォームドコンセント ── 小児患者への対応」小児血液学会雑誌15巻3号150頁以下（2001年）。

（7） 佐野明美・服部淳子・野口明美・山口桂子「小児看護領域におけるプライバシー保護意識の実態」愛知県立看護大学紀要11巻23頁以下（2005年）。

（8） 以下，本項については，玉井真理子=永水裕子=横野恵編『子どもの医療と生命倫理 資料で読む（第2版）』166-188頁（千葉華月執筆）（法政大学出版局，2012年）。

り知れない(9)。2003年の日本の小児がん専門医対象の調査によれば，初めての説明の場で子どもにがんという診断名をはっきりと「いつも」伝えている医師は9.5%，「ほとんど」伝えている医師を含めても38.2%だった(10)。

日本小児科学会は2012年，小児の終末期医療のガイドラインを発表している(11)。それによれば，「すべての子どもには，適切な医療と保護を受ける権利がある」「子どもの気持ちや意見を最大限尊重する」「治療方針の決定は子どもの最善の利益に基づくものとする」「父母（保護者）および医療スタッフは，子どもの人権を擁護し，相互の信頼関係の形成に努める」「子どもは，発達段階に応じてわかりやすく説明を受け，治療のあり方に関して自分の気持ちや意見を自由に表出することができる」などと記し，子ども・親と医療スタッフが真摯に話し合うことを求めている。このガイドラインは，パートナーシップを確立するプロセスを重視するもので，何らかの回答を導き出せるものではないが，小児の意見表明の権利を重視しているところが注目される。

（5） 子どもの医療を受ける権利

憲法25条は「健康で文化的な最低限度の生活を受ける権利」，児童の権利条約は，「到達可能な最高水準の健康を享受すること並びに病気の治療及び健康の回復のための便宜を与えられることについての児童の権利」（24条1項）を保障している。同条約24条3項（児童の健康を害するような伝統的な慣行を廃止）および4項（発展途上国に対する国際協力）は，発展途上国における問題状況に対応するものだが，同条1項の健康・医療への権利についても，かつては「日本の子どもにはすでに確保されている権利」(12)と見る向きがあった。

しかし，近年子どもの貧困が深刻な問題であることが明らかになっており，医療についても，お金がなくて医療を受けられない子どもが少なくない(13)，

(9) 伊藤龍子「小児における看取りの医療」小児保健研究69巻5号615頁（2010年）。
(10) 玉井=永水=横野編・前掲書注(8)241頁（加藤太喜子・桂川純子・鈴木泰子執筆）。
(11) 日本小児科学会「重篤な疾患を持つ子どもの医療をめぐる話し合いのガイドライン」(2012年4月20日倫理委員会承認)（同学会ウェブサイト）
(12) 馬場一雄「医療と子どもの権利——その基本的な考え方」小児科医療59巻5号760-761頁（1996年）。
(13) 竹内一「子どもの権利条約20年の成果と課題『医療・保健領域』」季刊教育法183

感染症予防のための予防接種が受けられない(14)など，深刻な実態が報告されている。日本政府は条約の実施状況について，「周産期・小児医療体制の整備等により，小児の健康保持を増進しているところである」（第1回政府報告パラグラフ 181，第2回政府報告パラグラフ 225，第3回政府報告パラグラフ 367）(15)としているが，第3回政府報告に対する日弁連報告書は，「産婦人科・小児科・小児神経科・小児臨床心理士の体制がいずれも，崩壊状況が進んできており，救急外来さえ整備されておらず，それを克服する計画が全く提示されていない」(16)と指摘している。国連児童の権利委員会は，第3回政府報告に対する最終見解（2010年6月）(17)において，「19．委員会は，締約国の社会支出がOECD平均より低いこと，貧困が最近の経済危機以前から既に増加しており，現在，貧困が人口の約15％に達していること，また，児童のための補助金と，児童の福祉及び発達のための手当が一貫して整備されていないこと」に対して深い懸念を表明している。

医療の現場から提起された以上のような問題点は，法学にとっても重要なものであることが次第に認識されるようになり，小児医療と子どもの権利の関わりへの関心が高まっている。しかし，ここで壁として立ち塞がるのが，「子どもの権利」の特殊な性格である。

Ⅱ　子どもの権利の普遍性と特殊性

1　「子どもの権利」の定義

「子どもの権利」というとき，①人間に固有の普遍的な権利（狭義の人権）を意味する「子どもがもつ人権」，②社会権等を含む広義の人権概念である「子どもがもつ権利」，③学習権等の子ども固有の（大人にはない）権利を意

号61頁以下（2014年）。

(14)　真鍋穣「小児医療の現場から見た子どもの貧困・虐待」福祉のひろば158号24-25頁（2013年）。

(15)　いずれも外務省ウェブサイト。

(16)　日本弁護士連合会編・前掲書注（1）『子どもの権利条約・日弁連レポート　問われる子どもの人権』40頁。

(17)　外務省ウェブサイト。

味する「子どもに固有の権利」，を区別することが必要である。子どもが人間の権利としての人権を享有することに疑いはない（①）。社会権規定を備える日本国憲法と児童の権利条約等の下で，当然子どもも広義の人権をもつ（②）。この点は，憲法に社会権条項を持たないアメリカにおいて，専ら自由に対する制約が許されるかという枠組みで論じられるのとは異なる問題状況であることに留意すべきであろう[18]。①②は，普遍的な人権概念を子どもにも適用することを求めるもので，後述のように，子どもの特殊性を安易に前提として大人と区別してきた法状況に反省を迫る重要な意義を持つ。しかし，子どもの権利を論ずる視角はここにとどまらない。思想史において「子ども期の発見」が重要な意味を持ったことを重く見れば，子ども固有の権利（③）を軽視することはできないのである[19]。

2　権利主体としての子ども

かつて子どもは権利の主体とは考えられていなかった。これにはいくつかの理由がある。

第1に，近代当初まで大人とは異なる分類としての「子ども」はいなかった[20]。ルソーが『エミール』（1762年）で子ども期の重要性に着目し「子どもの発見」を行った[21]後も，J・S・ミルの『自由論』（1859年）が「現存の世代は，来るべき世代の訓練とすべての環境とを意のままにすることができる」[22]と述べるなど，大人未満としての子ども観に変化はなかった。

第2に，「すべての人（all men）は平等に造られ，造物主によって，一定

(18)　森田明『未成年者保護法と現代社会（第2版）』21頁（有斐閣，2008年）。

(19)　堀尾輝久「子どもの権利再考」ジュリスト増刊・前掲注(1)10頁は，子どもが人権の主体であることを確認した上で，①親・子関係における子の権利，②大人と子どもの関係における子どもの権利，③古い世代に対する新しい世代の権利，という3つの視点が子ども固有の権利の視点を形作るという。

(20)　フィリップ・アリエス（杉山光信・杉山恵美子訳）『〈子供〉の誕生：アンシァン・レジーム期の子供と家族生活』（みすず書房，1980年〔原著1960年〕）。

(21)　ジャン・ジャック・ルソー（今野一雄訳）『エミール（上中下）』（岩波書店，1962年〔原著1762年〕）。

(22)　J.S. ミル（早坂忠訳）「自由論」『世界の名著38 ベンサム・J.S. ミル』310頁（中央公論社，1967年）。

の奪いがたい天賦の権利を付与され，そのなかに生命，自由および幸福の追求の含まれる」ことを「自明の真理」（アメリカ独立宣言，1776年）と信じる近代人権宣言の下でも，子どもは女性や奴隷と並んで人権主体から排除された。そこには，近代人権理念が前提とする人間像が関わっていた。近代法が前提としていたのは「合理的に行為する完全な個人」であった[(23)]。つまり「強い個人」である。当時の社会意識からすれば，このような人間像から黒人，女性，子ども等の「弱い個人」が除外されたのも不思議ではない。もちろん，「人の権利」としての人権からこれらの人が排除されることはあってはならないことであり，次第に人権主体と認められるようになるのはいうまでもない。

3　「子どもの権利」概念の出現

しかし，子どもを自由権を中心とする狭義の人権の主体として見るようになるのはまだ先のことだった。「子どもの権利」という概念が出現したのは，産業化・大衆社会化の進行に伴って，家父長制の保護・教育機能が衰退し，家族における子どもの保護・教育に対して国家の介入が本格的にはじまった19世紀後半以降のことである[(24)]。この頃，欧米では無償の義務教育制度や少年裁判所制度が成立する。それらの制度形成のシンボルが「子どもの最善の利益」とともに，「子どもの権利」だった。ここでいう「権利」は，「自由への権利」ではなく「保護を受ける権利」だった。ここでの対立の当事者は，親vs国家・学校・教師であり，子どもはあくまでも保護の対象だったのである。

子どもの権利が全世界的に注目された結果として生まれたのが，「児童の権利に関するジュネーブ宣言」（1924年，国際連盟第5会期採択）だった。同宣言は，「すべての国の男女は，人類が児童に対して最善のものを与えるべき義務を負う」とし，「児童は，身体的ならびに精神的の両面における正常な発達に必要な諸手段を与えられなければならない」，「飢えた児童は食物を

(23)　佐藤幸治「日本国憲法と『自己決定権』」法学教室98号10頁（1988年）。

(24)　参照，森田明「こどもの保護と人権」ジュリスト増刊・前掲注(1)13頁以下，森田・前掲書注(18)35-42頁，丹羽徹「子どもの人権 ── 国家と家族の間で」憲法理論研究会編『人権理論の新展開』79頁以下（敬文堂，1994年）。

与えられなければならない」といった内容を規定している。

第二次大戦後，国際連合も，「児童の権利に関する宣言」(1959年)で，「人類は児童に対し，最善のものを与える義務を負う」と確認した。「児童の権利」と称されてはいるが，ジュネーブ宣言と同様，子どもは「特別の保護が必要である」というスタンスで貫かれている。つまり，子どもは未成熟な存在であり，その利益は親または国家によって客観的に，子どもの現在の意思とは無関係に判定されるというパターナリズムの哲学に基づくものであった。

4　人権主体としての子どもの「弱さ」──「保護」と「自律」の相剋

第二次大戦後，一般論としては子どもを人権の主体と見るようになった。戦後の代表的な憲法学者は，「人権の主体としての人間たるの資格がその年齢に無関係であるべきことは，いうまでもない」と述べつつ，それに続いて，「しかし，人権の性質によっては，一応その社会の成員として成熟した人間を主として眼中に置き，それに至らない人間に対しては，多かれ少なかれ特例をみとめることが，ことの性質上，是認される場合もある」[(25)]と注釈をつけた。1980年代以降，いじめや体罰，信仰を理由とする学校での不利益処分，輸血拒否など，子どもの人権をめぐる問題に対して憲法学としての対応が求められるようになったが[(26)]，次の指摘が重要である。「『子どもは憲法上の人権の主体である』というだけでは，必ずしも問題の解決にならない。…年齢と局面に応じて絶えず変化する〈保護〉と〈人権〉のかみあいが，個別具体的な争点に即して考量されざるを得ない」[(27)]と。このような見方の背景には，「子どもが成長・成熟のために最も必要としているのは〈関係〉であって，権利の名の下で孤立化された利益ではない。〈権利〉は〈関係〉を保障しないのである。〈権利〉の文字通りの貫徹が予期せぬパラドックスを生み出す理由はここにある」[(28)]という，「関係のなかの子ども」観がある。

子どもの人権享有主体性を当然とするようになった後も，子どもの「人権

(25)　宮沢俊義『憲法Ⅱ(新版)』246頁(有斐閣，1971年)。
(26)　丹羽・前掲論文注(24)80頁。
(27)　森田・前掲論文注(24)20頁。
(28)　森田明「子どもの『権利』」公法研究61号95頁(1999年)。

(自律)」よりも「保護」を重視し，子どもの自由制限を当然視する見方が主流だった。その背景に，(大人と比べて) 子どもがある種の「弱さ」を抱えているという否定しようのない事実があった[29]。人の「弱さ」には，他者や社会との不可避的な関わり合いを要する〈存在としての弱さ〉と，意思や人生理想を一貫して維持することが難しい〈意思の弱さ〉の二つがあるという見方がある[30]。これを〈社会関係上の弱さ〉と〈主体としての弱さ〉と見ることができよう。子どもは，自らの生を全うするために他者や社会との緊密な関わり合い (場合によっては依存) を必要とするという意味で，〈社会関係上の弱さ〉を持つ。また，小児は意思決定能力が十分でなく，〈主体としての弱さ〉を持つ。一般に，このような「弱さ」を持つ子どもは大人よりも「保護」の必要性が強いことは認めなければならない[31]。小児医療と子どもの権利の関係を考える際，この点は考慮に入れざるを得ないだろう。

表現の自由・自己決定権等の自由権については，基本的には子どもの自律的選択に委ねられるべきである。しかし，それが制限される場合がある。まず，大人と同様に他人の権利を害する場合には当然制約される (加害原理)。次に，ある行為が長期的にみて未成年者自身の目的達成諸能力を重大かつ永続的に弱化せしめる見込みのある場合に限って介入が正当化される (限定されたパターナリスティックな制約) という有力な見解がある[32]。〈社会関係上の弱さ〉と〈主体としての弱さ〉を併せ持つ子どもの場合，親の教育権との関係で思想・良心・宗教の自由が制約されたり，子どもの未成熟性を考慮して，表現の自由，医療に関する自己決定権などに制限が加えられることは十分考えられる。

自由権は，一定の行為をするか否かの選択が自由になされることを目的とする。憲法学者のジョン・ガーヴェイによれば，自由権は社会的・個人的に深刻な害をもたらすことのない理性的な決定を権利行使者がなしうることが

(29)　横藤田誠「不利な立場の人々の人権」後藤玲子編『福祉＋α 9 正義』51-54 頁 (ミネルヴァ書房，2016 年)。
(30)　奥田純一郎「死の公共性と自己決定権の限界」井上達夫編『公共性の法哲学』333 頁 (ナカニシヤ出版，2006 年)。
(31)　憲法に特に子どもに焦点を当てた権利がある (教育を受ける権利〔26 条〕，児童酷使の禁止〔27 条 3 項〕) のは，このことの現れだ。
(32)　佐藤幸治『日本国憲法論』137 頁 (成文堂，2011 年)。

前提とされている(33)。非理性的な選択によって予測しえない社会的・個人的コストが生じうるという実際的な要因，そして，選択をすること自体に価値のある自由を選択できない者に与えることは無意味だという理論的要因が背景にある。しかし，ガーヴェイはそれでも，意思決定能力が限られている人々に自由権を保障することは可能であると考えている。第1に，人間の尊厳という理念からは，子ども等に対しても完全な意思決定能力を持つ人々と同じく配慮と尊重が与えられなければならないから，自由が保障される人の範囲を可能な限り拡大すべきだという。したがって，成熟した判断能力を持つ子どもには大人と同等の自由を保障すべきである。第2に，自由を行使する能力を身につけるためには自由を行使する経験が必要とされる。したがって，例えば自己決定権を適正に行使できる成熟した大人になるためには（一定の制約は許されるとしても）子どもに自己決定を認めるべきである。第3に，本人の選択に任せることができない場合でも，ただちに政府の介入が認められるわけではなく，まずは本人と密接な関係のある代理人（例えば子どもに対する親）の判断に委ねられることがある。

5　児童の権利条約

子どもの権利の問題を考えるにあたって，憲法と並んで重要なのが児童の権利条約である。1989年に国連総会で採択され，翌年発効したこの条約を，日本は1994年に批准した。この条約の内容はきわめて豊かであり，しかもひとつの条項で複数の権利を保障することもあるが，あえて図式的に分ければ，①一般原則，②大人と同様に子どもにも保障される権利で選択を内容とするもの，③大人と同様に子どもにも保障される権利で選択を内容としないもの，④子どもを特に保護する権利，の4つになる。

① 一般原則として，差別の禁止（2条），子どもの最善の利益の保障（3条），生命・生存・発達の権利（6条），子どもの意見表明権（12条）がある。権利条約の最大のポイントは，意見表明権を明記したことだ。「締約国は，自己の意見を形成する能力のある児童がその児童に影響を及ぼすすべての事項について自由に自己の意見を表明する権利を確保する。この場合において，

(33) John H. Garvey, *Freedom and Choice in Constitutional Law*, 94 Harvard Law Review 1756 (1981).

児童の意見は，その児童の年齢及び成熟度に従って相応に考慮されるものとする」。「自律」を重視する権利条約の象徴的な規定だといえるが，「年齢及び成熟度に従って相応に考慮」という限定がついており，「保護」の要請にも目配りしている。この規定が，（「自己決定」ではなく）「意見表明」，「意見を形成する能力のある児童」，「年齢及び成熟度に従って相応に考慮される」等の文言を用いていることから，意見表明権の主体は判断能力のある子どもに限定されないと解されている(34)。

②の権利には，表現の自由（13条），思想・良心・宗教の自由（14条），結社・集会の自由（15条）などがある。「自律」の重視という権利条約の性格を劇的に示すものだ(35)。しかし，他者の権利・自由，公共の安全・秩序・健康・道徳といった，大人の場合でも権利制約の理由となりうる事項に加えて，思想・良心・宗教の自由については，親の養教育権を考慮して，「父母…が児童に対しその発達しつつある能力に適合する方法で指示を与える権利及び義務」に言及している点に注意が必要である。

③には，プライバシー・名誉の保護（16条），健康・医療への権利（24条），社会保障への権利（26条），人身の自由（37条），非行少年に対する手続的保障（40条）などが含まれる。これらの権利は，選択を内容とせず権利行使に判断能力が前提とされないから，原則として大人と同等に保障されるが，18歳未満の者への死刑・終身刑禁止（37条a後段），成人との分離（37条c後段），年齢を考慮した特別の扱い（40条3項）など，「保護」の要素が組み込まれている。

④は，子どもを特に保護する，次のような多くの権利を含む。登録・氏名・国籍等に関する権利（7,8条），監護下の虐待・搾取等からの保護（19条），教育への権利（28条），少数民族に属する児童の文化・宗教・言語についての権利（30条），遊びへの参加権（31条），有害労働から保護される権利（32条），麻薬・性的搾取・虐待等からの保護（33～36条）など。

---

(34)　玉井=永水=横野・前掲書注(8)2頁（永水裕子執筆）。

(35)　広沢明『憲法と子どもの権利条約』72頁（エイデル研究所，1993年）は，権利条約は「保護の対象」としての子ども観，「権利（利益）の主体」としての子ども観に加えて，「権利（意思）の主体」としての子ども観を打ち出したと評価する。

6　子どもの属性と権利

子どもの属性を，①人格主体（Person），②未成熟かつ成長途上の存在（Child or Juvenile），③将来の成人（Future Adult）の3つに分ける見解がある(36)。これまで概観してきた「子どもの権利」の歴史的展開を踏まえると，憲法や児童の権利条約が保障する種々の権利を次のように分類することができるだろう。

①「人格主体」としての子どもが持つ権利として，生命に対する権利（憲法13条，条約6条），最善の利益の保障（条約3条），プライバシー・名誉権（憲法13条，条約16条），平等権（憲法14条，条約2条），生存権・医療を受ける権利（憲法25条，条約24,25条），人身の自由（憲法18,31－40条，条約37,40条）等がある。これらの権利は選択を内容としない権利であり，大人と同様に保障される。

②「未成熟かつ成長途上の存在」としての子どもにとって，自己決定権（憲法13条），精神的自由権（憲法19,20,21条，条約13,14,15条），経済的自由権（憲法22,29条）は，成熟度に応じて一定の制約を認めざるをえない。

③「将来の成人」としての子どもが持つ権利としては，教育を受ける権利（憲法26条，条約28条）をはじめとする子どもを特に保護する条約上の多くの権利がある。この分類には，従来型の子ども保護の権利も多いけれども，意見表明権（条約12条）のように，子ども期の重要性を認識した上で「子どもに固有の権利」として新たに生成されたものがあることに注意が必要である。

以上の分類の意味するところは，子どもの権利（人権）を一般論で語ってはならないということである。かつては「保護」の対象でしかなかった子どもの「権利」性を強調するあまり，徹底して子どもの自律の権利を主張する「子ども解放論」(37)は，「子どもにも地獄に落ちる権利がある」(38)ことにならな

---

(36)　芦沢斉「未成年者の人権 ── 青少年の成熟度との関連で」『現代立憲主義の展開 上巻 芦部信喜先生古稀祝賀論文集』232頁（有斐閣，1993年）。

(37)　例えば，ジョン・ホルト（原忠男訳）『子ども　その権利と責任』（玉川大学出版部，1977年）。

(38)　森田・前掲書注(18)12頁。

いか，家族の自律性を破壊し，結局子どもにとって不幸な結果を招かないか，家族から解放された子どもを政府権力による抑圧や疎外から誰が守るのか[39]，といった難問を提起する。

他方，子どもが未成熟であるが故に自律を制限してでも「保護」されるべき点があるとしても，それが「人の固有の権利」としての（狭義の）人権であることを思えば，自由の規制は，(i)その行為が「長期的にみて未成年者自身の目的達成諸能力を重大かつ永続的に弱化せしめる見込みのある場合」[40]のような限定されたケースにおいて，しかも(ii)規制の態様は必要最小限度でなければならない。規制の是非を考える際に，前述のように，合理的な判断能力を身につけるには自由を行使する練習が必要（ガーヴェイ）という点に留意する必要もあるだろう。また，選択を内容としていない「人格主体」としての子どもの持つ権利については，子どもだからという理由での制約は認められない。

7　子ども・親・国家の関係

子どもの権利をめぐる議論で「保護」の要素を無視しえないとすれば，当然「誰が保護すべきか」が問われる。従来法学の各領域において，子ども・親・国家の三者間の法関係に注目する視点が弱かったことが指摘されている[41]。憲法学は子どもあるいは親と国家との関係のみを問題とし，家族法学は国家との関係を視野から遠ざけ，教育法学は子どもと親との関係を問うことをせず，少年法では親の法的地位の問題を取り上げなかった，というのである。

近年，三者の法関係に着目した研究が各法領域でなされているが，ここでは憲法学からの一つの試みを取り上げる[42]。それによると，子どもの保護を図る親・国家の権限の調整には３つの局面がある。

①　親と国家が対峙する場合（親権喪失手続を親が争う事例，児童福祉法 28

(39)　佐藤幸治・中村睦男・野中俊彦『ファンダメンタル憲法』33 頁（佐藤執筆）（有斐閣，1994 年）。
(40)　佐藤・前掲書注(32)137 頁。
(41)　横田光平『子ども法の基本構造』11-12 頁（信山社，2010 年）。
(42)　米沢広一『子ども・家族・憲法』249 頁（有斐閣，1992 年）。

条による施設入所等），親・国家双方が，自己の養教育権の行使こそが子どもを保護し，自律能力を形成させると主張する。この場合，子どもの保護や自律能力の形成は，第一義的には親の下で実現されるべきであるが，親の養教育権にも限界があり，特に，親の下に放置しておけば子どもの将来に取り返しのつかない負担が生じる場合には，国家によって子どもを親から引き離すことが正当化される。その根拠として，子どもの養育・発達について第一義的責任を有するとする児童の権利条約18条1項，そして，虐待等の場合に国が法律に従って子どもを親から分離することを認める同条約9条1項があげられる。

② 子どもと国家が対峙する場合（校則の違法を争う事例，子どもの信仰と教育内容の衝突等），子どもの自律の最大化の要請と親の養教育権の保護の要請とが一体となって国家に向けられることになるから，国家による子どもの保護の要請に，原則的に優位する。

③ 国家の関与の下で子どもと親が対峙する場合（第三者が人身保護請求によって年長の子どもの親の下からの「釈放」を求める事例等），親による子どもの抑圧を国家が放置しすぎるのもよくないが，一方，国家の手を借りて親からの子どもの自律を実現することは，国家による家族の自律的機能の侵害につながる危険もあるので，争いの対象や子どもの年齢等に応じて，個別的に解決するほかない。

これに対しては，子どもに対する親の義務について十分な考察が加えられていない，親との関係での子どもの自由について国家との関係と合わせて包括的に捉えられていない，との指摘があるものの(43)，小児医療に関わる問題を考察する際の重要な視点を提供するものである。

日本国憲法には上記三者関係を憲法的に規律する規定は存在しないが，諸外国には一定の議論がある。アメリカでは，1920年代の連邦最高裁判所の判例によって，子どもの養育に関する親の権利が認められたが(44)，他方で，子ども自身の意思が親の権利の中に吸収されるという結果を招いた。もっとも，後の判決において最高裁は，子どもの利益の観点からネグレクト等の場

(43) 横田・前掲書注(40)15-16頁。

(44) 山本龍彦「アメリカ憲法 ── 子どもの権利・親の権利・国家の役割」小山剛=玉井真理子編『子どもの医療と法（第2版）』116-132頁（尚学社，2012年）。

合に州による介入を正当化している。その結果，親の宗教的信条に基づいて子どもの輸血を拒否する決定に州が介入することは正当化されている。

フランスでは，憲法レベルでの権利保障というより民法上の権利保障の問題として，子どもの保護の観点から国家主導で親権剥奪を積極的に行っており，子どもの治療が必要であるにもかかわらず親が拒否する場合には親権が制限されることがある(45)。

ドイツでは，基本法に「子どもの育成・教育」を「両親の自然的権利」であり「両親に課せられた義務」とし，国家共同体による監視を認める規定がある（6条2項)。親の権利は国家との関係では自由権であるが，子どもの保護のための権利であり義務であるから，「監視」の結果子の福祉が害されると認められるときは国家の介入が許される(46)。ドイツの他国とは異なる特徴は，他の私人による侵害から各人の基本権法益を保護すべき国家の作為義務（国家の基本権保護義務）が認められる点である(47)。例えば，子どもの生命・健康という基本権法益を私人である医師や親から保護するという形であらわれる。小児医療で問題となる生命・身体・健康に関する子どもの福祉の内容は比較的客観化可能であり，親の養育権に対する国家の介入の余地は広いといわれる。

ドイツでは子どもの基本権を保護するための国家介入を認め，フランスでは民法上の権利保障の問題として国家主導により親権を制限し，アメリカでは判例により認められた親の養育権を判例によって制限するという違いがあるものの，いずれも子どもの権利ないし利益の観点から国家が親子関係に介入することを認めている。ただ，ドイツを除いては，子どもの権利が国家の介入を正当化するという構図になっていないことに注意が必要である。

---

(45)　新井誠「フランス憲法 ── 国家による子どもの権利保護」小山=玉井編・前掲書注(43)167-174頁。

(46)　嶋崎健太郎「ドイツ憲法 ── 子どもの医療をめぐる4極関係と基本権保護」小山=玉井編・前掲書注(43)144-148頁。

(47)　嶋崎・前掲論文注(45)151-160頁。

Ⅲ　小児医療と子どもの権利――いくつかの場面

1　入院や個別の医療行為への説明と同意（インフォームド・コンセント）

患者が意思能力を欠く幼児の場合，誰かが代わりに医療契約を締結せざるを得ないのは明白だが，その法的性質については争いがある（法定代理説，監護権説，第三者のためにする契約説）(48)。医療契約の締結に関わる問題とは別に，個別の医療行為に対する同意の問題がある。医療行為の中には生体への侵襲と見られるものが含まれており，これが適法となるためには，緊急の場合などを除いては患者の同意が必要とされる。同意なき医療行為は，刑法上の傷害罪（刑法204条）となり，民法上は不法行為（民法709条）等を構成する可能性がある。医療契約は，その後に行われる医療行為すべてに対して包括的に同意したものではないから，医療契約の締結とは別に，個々の医療行為ごとに同意が与えられなければならない(49)。この同意は，医師による説明（病状，医療行為の内容，予想される危険性，代替可能な他の治療法等）を前提とする（インフォームド・コンセント）。個別の医療行為に対する同意は，生命・身体・健康という人格的利益に直結する決定であるから，一定の判断能力さえあれば，未成年者であっても原則として本人によってなされなければならない。未成年者がみな同意能力(50)を欠くわけではなく，学説では，女子の婚姻年齢，義務教育の最終年限，遺言能力，自身で養子縁組をできる年

(48)　寺沢知子「未成年者への医療行為と承諾（一）（二）（三・完）――『代諾』構成の再検討」民商法雑誌106巻5号87頁以下，106巻6号65頁以下，107巻1号56頁以下（1992年），寺沢知子「『承諾能力』のない人への治療行為の決定と承諾――未成年者と高齢者を中心に」潮見佳男他編『民法学の軌跡と展望』（日本評論社，2002年）113頁以下。

(49)　札幌地判昭和53年9月29日判時914号85頁，広島地判平成元年5月29日判時1343号89頁等。医療契約から当然に予測される軽微な侵襲については，医療契約締結と同時に包括的な同意が与えられていると見ることができる。

(50)　同意能力について，判例は，「自己の状態，当該医療行為の意義・内容，及びそれに伴う危険性の程度につき認識し得る程度の能力」（札幌地判昭和53年9月29日判時914号85頁）などとしている。

齢等から，15・16 歳であれば一般的に同意能力を認めてもよいとする見解が唱えられている(51)。

それでは，患者がこのような同意能力を有していない場合にはどうすればいいのだろうか。同意能力を欠くとされる小児については，法定代理人である親権者（または未成年後見人）の同意によって医療行為ができるとするのが判例・通説である(52)。ただ，親権者の同意が，本人の決定権を代わって行使するのか（代諾），それとも親権者固有の権限（身上監護権）に基づいて行うのか，親権者の権限は治療を拒否する権利を含むほど広大なものなのか，見解は分かれている(53)。

それでは小児には自己決定権に基づくインフォームド・コンセントは無関係なのだろうか。ある医事法学者はインフォームド・コンセントを，患者の肉体の完全性および自己決定権確保を目指し，裁判規範として機能する「第一性格の IC」（点としての IC）と，患者の福祉の確保を目的とし，医療者の自律規範によって担保される倫理規範としての「第二性格の IC」（プロセスとしての IC）に二分する(54)。

医療の場では，法的な同意権が親権者にあるとしても，小児患者が病気を受け入れ，その上で病気と闘っていく意欲，あるいは病気と上手に付き合っていく余裕が生まれるという意義があるため，小児自身へのインフォームド・コンセントの重要性が強調されている(55)。ただ，小児の場合，成人や年長の未成年者のインフォームド・コンセントとまったく同様に考えるわけに

(51) 寺沢・前掲論文注(47)「未成年者への医療行為と承諾（一）」民商法雑誌 106 巻 5 号 88 頁（1992 年）参照。イギリスの家族法は 16 歳以上の医療行為同意権を認めている。家永登『子どもの治療決定権 ── ギリック判決とその後』110 頁（日本評論社，2007 年）。アメリカの州法でも，14〜16 歳を医療上の決定が自主的にできる年齢としている。松田一郎「子どもは何時大人になるのか」小児保健研究 59 巻 2 号 155 頁（2000 年）。

(52) 岩志和一郎「医療契約・医療行為の法的問題点」新井誠編『成年後見と医療行為』（日本評論社，2007 年）75 頁。

(53) 家永・前掲論文注(1)37 頁。

(54) 家永登「小児医療における子どもの権利（ 2 ）法律の側から」家永登=仁志田博司編『シリーズ生命倫理学 7 周産期・新生児・小児医療』228 頁（丸善出版，2012 年）。

(55) 白幡聡「小児医療におけるインフォームド・コンセントの留意点」白幡聡=藤野昭宏編『小児医療とインフォームドコンセント』59-60 頁（医薬ジャーナル社，2010 年）。

はいかない。そこで，アメリカ小児科学会生命倫理委員会が1985年に打ち出したインフォームド・アセントの概念が注目される[56]。同委員会によれば，インフォームド・コンセントは治療を拒否する権利を含むものであり，子どもに対する適切なケアの提供のために，小児医療に対するインフォームド・コンセントの直接的な適用には限界があると判断した。小児医療には，「親の許諾（Parental Permission）」と「患児の賛同（Patient Assent）」という2つの概念が適用される。前者が標準的なインフォームド・コンセントの要素をすべて含むのに対し，「患児の賛同」は，①子どもの発達に応じて自分自身の状態を適切に気づけるように支援する，②検査や治療によって起こりうることを子どもに説明する，③子どもの理解を臨床的に評価する，④子どもの意見を真剣に熟考しているかを評価しながら，提案されたケアを受容する子どもの意思の表明を引き出す，という要素を含むとされている。ただし，乳幼児には「親の許諾」のみの適用が奨励されている。

これに対し，国連児童の権利委員会の一般的意見7号「乳幼児期（early childhood）の子どもの権利の履行」（2005年）は，乳幼児の権利保障の不十分さを指摘し，乳幼児を「権利主体」であるのみならず「社会的主体（social actor）」と位置づけるとともに，乳幼児期は他者や社会的環境の影響の下で自分自身のかけがえのなさに気づく重要な時期と位置づけ，乳幼児の意見表明の権利（児童の権利条約12条）の意義を強調している[57]。

児童の権利委員会がいうように，小児医療に関しては子どもに固有の権利としての意見表明権が重要である。前述のように，意見表明権の主体は判断能力のある子どもに限定されない。年少の子どもこそ，（自己決定ではなく）意見表明により医療に参加し，自身の尊厳性を確認することを求められているのである。

なお，児童の権利条約批准（1994年）をきっかけに，日本でプレパレーション（病気や医療行為について子どもに説明し心構えや心の準備ができるようにすること）が小児医療分野に導入されている[58]。法的概念としてのイン

(56) 山本智子「日本の小児医療における Informed Assent 理念の課題」生命倫理19巻1号6-8頁（2009年）。

(57) 山本・前掲論文注(55)8-9頁。

(58) 松森直美・蝦名美智子・今野美紀他「手術を受けた子どもへのプレパレーションに

フォームド・コンセントの枠組みを超えて，小児の権利を守るための試みとして注目される。

3　プライバシー

プライバシーの権利は，「人格主体」としての子どもが持つ権利として位置づけられ，小児にも大人と同様に保障される。しかし，病院という特殊な環境で育つ故にプライバシーを大事に思えない小児がそれを要求することは難しい。だからこそ，小児患者のプライバシー保護意識を育てることを自らの役割と捉える小児看護師が多いという前述の調査結果は心強い。

4　親による治療拒否（医療ネグレクト）

この問題に対しては，子ども・親・国家の三者関係を踏まえて対応すべきであるが，前述のように，子どもの権利の視点から直ちに一定の結論を見出すことができない状況である。日本では，長い間ほとんど法的対応がなされてこなかったが，最近になっていくつかの試みがなされていることが注目される。

子どもの治療を親が拒否することが児童虐待の一種（医療ネグレクト）と認められれば，児童福祉法上の一時保護制度（33条1項）や措置承認審判制度（28条1項）を利用し，児童相談所長や施設長が治療に同意するという対応が提案されているが，理論上・実際上限界がある。また，親権喪失宣告制度（民法834条，児童福祉法33条の7）の利用も考えられるが，親権剥奪という重大な結果をもたらすため，宣告がなされるのは稀である(59)。ただ，近年，親権喪失宣告の審判に先行して親権者の職務執行停止および職務代行者の選任（家事審判規則74条）の保全処分を命じた例が見受けられ，注目される(60)。そして，2011年，児童虐待防止のため改正された民法は，親権の一

関する親の意識」日本小児看護学会誌20巻2号1頁以下（2011年），山口孝子・堀田法子・下方浩史「幼児への処置に関するプレパレーションの促進要因と阻害要因の検討 ── 意識と実態とのずれに着目して」日本小児看護学会誌18巻3号1頁以下（2009年）。

(59)　保条成宏・永水裕子「日本法の現状と課題」玉井=永水=横野編・前掲書注(8)46-49頁。

(60)　保条・永水・前掲論文注(58)50-53，61-65頁。

時的制限制度を新設し，その請求資格を子ども自身にも与えた（834条の２）。

5　終末期医療

小児医療において終末期が問題となる場面には，(i)ある程度の闘病期間の末，治癒が困難で死が間近に迫っていると担当医が判断した時，最期の時をどのように迎えるか，延命処置を行うかどうかを患児・家族と共に考える場合（小児がん医療），(ii)急性に発症し救命だけはできたものの，今後意識の回復は期待できず，今以上の延命治療を行うかの判断を仰ぐ場合（救急医療）がある[(61)]。近年小児がん治療は目覚ましい進歩を遂げているが，現在でも患児の20〜30％は治癒が望めないという現実がある。

大人の終末期医療についても個別的な対応に終始している現実のなかで，小児本人が「知りたいか，知りたくないか」を判断できるとは限らないという困難がある[(62)]。また，親の意向が小児本人の意思に沿ったものであるかどうかを見定める必要もあることを考慮すると，小児への告知がいかに複雑であるか推し量ることができよう[(63)]。医療現場では，長い闘病生活の間に患児・家族・医療者間の信頼関係を築くことが可能な小児がん医療の場合と，それが難しい救急医療の違いを踏まえて対応を変える試みがなされている[(64)]。

6　「子どもの権利」の二層性

法的に厳密に捉えれば，子どもの権利が小児医療の問題の解決に貢献することはあまりない，という身も蓋もない結論に落ち着きそうである。権利だけで小児医療を適正化することはできないのは確かだろう。しかし，これまで述べてきたように，医療の現場が子どもの権利を意識して問題を顕在化し，法の側が権利論を深めるという対話の中で，これまでになかった試みが医療の場でなされ，状況を変えつつあるのも確かである。法は「権利」の内包と

(61)　小澤美和・細谷亮太「延命治療とインフォームド・コンセント」白幡=藤野編・前掲書注(54)274-275頁。
(62)　玉井=永水=横野編・前掲書注(8)240頁（加藤太喜子・桂川純子・鈴木泰子執筆）。
(63)　玉井=永水=横野編・前掲書注(8)240頁（加藤太喜子・桂川純子・鈴木泰子執筆）。
(64)　小澤美和・細谷亮太「延命治療とインフォームド・コンセント」白幡=藤野編・前掲書注(54)275-278頁。

外延を厳密に捉えるのに対し，医療はそこにいる小児患者の状況の改善のために「権利」を拡張してでも活用しようとする。「権利」の意味はあったと信じたい。

3　フランスにおける未成年者の医療

澤野和博

I　成年の患者に対する医療行為についての同意・拒絶

フランスでは，1994年生命倫理法（1994年7月29日の法律第653号）が，民法典第16-3条第2項として，「その者の状態が治療のための手術を必要としているにもかかわらず，その者がそれに対する同意をできる状態にない場合を除き，事前に本人の同意が取得されなければならない」とする規定を新設し，医療行為の実施に患者の同意が必要であることが制定法化されている(1)。さらに，患者の権利および保健システムの質に関する2002年3月4日の法律第303号が，公衆衛生法典法律の部第1111-4条第1項に，「いかなる者も，保健専門職従事者とともに，保健専門職従事者から提供された情報または推奨を考慮に入れて，自己の健康に関する決定を行う」とする規定を挿入し，具体化が図られている。

他方，患者の権利および保健システムの質に関する2002年法は，公衆衛生法典法律の部第1111-4条第2項に「医師は，選択の結果についての情報提供がなされた上での患者の意思を尊重しなければならない。医師は，治療の拒絶または中断を欲する患者の意思が患者の生命を脅かす場合には，避くべからざる治療の承諾を納得させるためにあらゆる手段を尽くさなければならない。」という定めをおき，患者による医療行為の拒絶のケースにおいても，患者の意思が優先されるべきことを明らかにした(2)。同条の規定は，その後も，患者の意思を最優先する方向に修正を重ねられ，2016年6月現在，以下のような規定となっている。

「公衆衛生法典法律の部第1111-4条

1　いかなる者も，保健専門職従事者とともに，保健専門職従事者から提供された情報または推奨を考慮に入れて，自己の健康に関する決定を行う。

2　すべての者は，治療を拒絶し，または，受けない権利を有する。ただし，患者のケア，特に緩和的なサポート等は，なお医師によって行われなければ

（1）　1995年医療倫理法典第36条第1項（現行の公衆衛生法典政省令の部第4127-36条第1項）も，「検査または治療を受ける者の同意は，あらゆる場合において探求されなければならない」と定めるにいたった。

（2）　同項は，現在，修正を加えられ第3項となっている。

ならない。

3　医師は，選択の結果およびその重大性について本人に対して情報提供をした後，本人の意思を尊重する義務を負う。あらゆる治療を拒絶または中断するというその者の意思がその者の生命を脅かす場合，本人は，相当な期間内に再度の判断を行わなければならない。本人は，医療団体の他の構成員に対して援助を求めることもできる。これらの手続き全体は，患者の医療一件書類に記載されなければならない。医師は，死にゆく者の尊厳を守り，法律の部第1110-10条に掲げる緩和ケアを与えて，生命の終末期の質を確保しなければならない。

4　本人の自由かつ明晰な同意がない場合，いかなる医療行為も，いかなる治療も，行われてはならず，この同意はいつでも撤回することができる。

5　本人が自己の意思を表明することができない場合には，緊急なときまたは不可能なときをのぞいて，法律の部第1111-6条に定める被信頼者または家族に対して，もしくは，それらの者がいないときには，本人の近辺者(3)に対して意向確認した上でなければ，いかなる手術も，いかなる検査も，行うことができない。

6　本人が自己の意思を表明することができない場合，本人の死亡をもたらす可能性のある治療制限または治療中断は，法律の部第1110-5-1条に掲げる合議手続がとられ，かつ，事前の指示または，事前の指示がないときには法律の部第1111-6条に定める被信頼者，それもいないときには家族もしくは近辺者に対して意向確認した上でなければ，行うことができない。治療制限または治療中断については，理由の付された判断を，医療一件書類に記載しなければならない。(第7項以下省略)」

このように，フランスにおいては，日本におけるのとは異なり，成年者に関する医療のあり方について成文化がきめ細やかに進んでいるが，未成年者に対する医療について理解していくためには，私法上の一般ルールとして未成年者がどのように取り扱われるのかという側面と，医療に関連する場面において，その原則的なルールから離れて，どのような特別ルールが定められているのかといった側面について理解しておくことが必要である。そこで，まず，私法上の一般ルールとして，未成年者がどのように親権者によって保護されているか（Ⅱ），未成年者がどのように自己にかかわる事項の決定に

(3)　従来，procheの訳語としては，「近親者」という語をあててきたが，必ずしも，親族に限る概念ではないため，誤解を避けるため，従来から本人の周辺で生活し，親交を深めてきた者という意味を持たせる造語として，「近辺者」という語を用いることとした。

かかわっていくか（Ⅲ），未成年者にかかわる事項の決定に親権者以外の第三者がどのようにかかわっていくのか（Ⅳ）という点について概観を紹介した後に，フランスにおける未成年者に関する医療行為の決定についての独特なルールについて見ていくこととする（Ⅴ）。

Ⅱ　保護の対象としての未成年者

1　未成年の民事無能力の原則

フランスにおいては，男女とも，年齢が18歳に達していない者(4)が未成年者として取り扱われる（民法典第388条第1項）。そして，未成年者の身上に関して，民法典第371-1条は，「親権は，子の利益を究極の目的とする権利および義務の総体であ」り（第1項），「親権は，子の成年または（未成年）解放の時まで，安全，健康，精神について子を保護し，子の身上に対して払われるべき尊重の中で育成を行い，発達を可能にするために，父母に帰属する」とし，親権の原則的なあり方を明示している（第2項）。また，未成年者の財産に関しても，民法典第388-1-1条は，「法定の（財産）管理人は，法律または慣習が未成年者が自分自身で行為することを認めている場合を除き，すべての民事行為について未成年者を代表する。」として，法定財産管理権者（親権の行使者がいる場合には，親権の行使者と重なる(5)）に未成年に関する行為の決定権限があることを示している。他方で，同法典第414条は，

（4）　身分証明書等が提示されず，当事者の主張する年齢が疑わしい場合であっても，当事者が同意したときか，裁判所の判決によるときでなければ，年齢を判断するためのレントゲン検査をしてはならないものとされている。そして，たとえレントゲン検査がなされたときであっても，その結果は，錯誤の可能性を明らかにするだけであって，その者が未成年者であるか否かを確定するものとはならない。結局，疑わしきは，本人の利益に取り扱われる。同様に，未成年であるかどうかを確認するために，思春期第一次・第二次性徴検査を行うこともできない（民法典第388条2項ないし4項）。

（5）　親権が両親によって共同で行使されている場合には，父母のそれぞれが法定管理人となり，それ以外の場合には，法定管理権は，親権を行使する父または母に帰属する（民法典第382条）。したがって，親権の帰属と法定管理権の帰属は，原則として異ならないことになる。

「成年は，18歳に達した時と定める。この年齢において，各人は，自己が利益を享受できる権利を行使できるようになる」と定め，18歳に達すると自己の権利を自分自身で行使できるようになるものとしている。これらの規定から，子は，成人年齢に達するか，または，成人年齢に達する前に未成年者の状態から脱することを認めるフランス法に特有な未成年解放（émancipation）という手続（後述Ⅲ3）を受けるかのいずれかの時までは，原則として，その判断能力の成熟の度合いにかかわらず，自己の有する権利を行使できないものと理解されている(6)。

2　親権の帰属

親権は，法的親子関係が定立している子の父母に帰属する（前掲民法典第388条第2項）。完全養子縁組 adoption plenière，裁判所による親の遺棄宣告（後述Ⅳ5）または親権の取り上げ（retrait de l'autorité parental）（後述Ⅳ6）がない限り，親権自体が父母から剥奪されることはない。

ただし，法的親子関係の定立の仕方が日本法とは異なることに注意しなければならない。まず，分娩したという事実から，法律上の母子関係が当然に生じるとは解されていない。フランスでは，そもそも，民法326条によって女性に匿名出産 accouchement anonyme をすることが認められているうえ(7)，匿名で保険施設に入院したのではない場合でも，出産をした生物学上の母は子の出生証書に自己の名が記載されることを拒むことができる(8)。また，父子関係について，女性が婚姻期間中に妊娠，または，出産した場合には，その者の夫が子の父と推定されるものとされているが（民法第312条），出生証書の父親の欄に氏名が記入されないと，その推定が排除されることになっている（同313条）。したがって，法律上の母子関係および法律上の父

(6)　契約については，民法典第1124条（2016年10月1日施行の2016年2月10日のオルドナンス第131号による改正債権法においては，第1146条）が，「以下の者は，法律の定める範囲において，契約を締結する能力がない。1　解放されていない未成年者（以下省略）」と定めており，未成年の無能力が正面から示されている。

(7)　一般には，「Xとしての出産 Accouchement sous X」と表現されている。少年社会援助機関が費用を負担することや，出産前後の手順については，社会事業・家族法典第222-6条に定めが置かれている（後述Ⅴ5(d)）。

(8)　V. Bonnet, Droit de la famille 5^{e}éd., Larcier 2015, p.43

子関係の定立が，生物学上の母および父の意思に大きく委ねられているといえる(9)。

また，子が完全養子 adoption plénière に付された場合には，その子はその時点から養親だけを親とし，従来の父母との関係は完全に断絶するので，養親だけが親権の保持者ということになる。子について単純養子縁組 adoption simple が行われた場合にも，民法典第 365 条によって，養親は，婚姻に対する同意権を含む親権に基づくすべての権限を取得する。従来の父母も親権を失わないが，配偶者の連れ子と養子縁組する場合を除き，養親だけが親権の行使権者となる（配偶者の連れ子と養子縁組する場合には，原則として，従前から子の親権者であった他方配偶者のみに行使権限が帰属する）。

3　親権行使（権限）exercise de l'autorité parental の帰属

現在のフランス親権法は，親権の帰属の問題と，その親権の行使権限の問題とを分離しているところに特徴があるが，その親権行使権限は，原則として，父母の双方に存し，両者が共同して行使するものとされている（民法典第 372 条 1 項）。ただし，父母の一方と子との親子関係はすでに定立していたが，父母の他方と子との間の親子関係の定立が遅れ，子の誕生の日から 1 年以上が経過してしまっていた場合，先に親子関係が定立していた者だけが親権の行使者となる。また，父母の一方と子との親子関係はすでに定立していたが，父母の他方と子との間の親子関係が後に裁判上で宣言された場合も，先に親子関係が定立していた者だけが親権の行使者となる（同条第 2 項）。もっとも，このように父母の一方のみに親権行使権限が与えられた場合でも，父母が共同で大審裁判所の主任書記に対して共同親権行使権限を求める申述をしたとき，および，家事事件裁判官（juge aux affaires familiales）が共同親権行使権限を認める判決を下したときには，父母が共同で親権を行使することができるようになる（同条第 3 項）。

また，父母が別居したり，離婚したりした場合でも，原則として，親権の行使権限の帰属は変わらないものとされている（民法典第 373-2 条）。この点

（9）　フランス法の特徴としてこの点を強調するものとして，西希代子「フランスにおける親子と児童虐待」町野朔ほか編『児童虐待と児童保護 ── 国際的視点で考える』147 頁（SUP 上智大学出版，2012 年）。また，実情を推測させるものとして，注(29)を参照。

は，離婚をすると一方の者だけが親権を行使することになる日本法とは異なる。ただし，子の利益が命じる場合には，家事事件裁判官は，父母の一方のみに親権の行使権限を与えることができる（民法典第 373-2-1 条）(10)。

父母は，判断能力の喪失，不在またはその他の理由によって意思を表明することができなくなった場合には，親権の行使権限を失う（民法典第 373 条）。そして，父母の一方が，死亡や親権の取り上げなどを原因として親権ないしは親権の行使権限を失った場合には，他方が一人で親権を行使することになる(11)（民法典第 373-1 条 1 項）。父母が別居をしていた場合でも，原則として，残存する父母が親権の行使者となる（民法典第 373-3 条）。もっとも，家事事件裁判官は，父母の別居後，父母の親権行使の態様について判断する際に，親権の行使権限を有することになる方の者が将来死亡したとしても，残存父母に子を委ねない旨をあらかじめ定めておくことができる（同条 3 項）。

4　親権の行使態様

親権行使権限が父母の双方に存する場合には，両者が共同してその権限を行使するか，他方の同意をもって一方の者が親権を行使するというのが法律上の建前である（民法典第 372 条第 1 項）。ただし，父母の一方が子の身上に関する「通常の行為 acte usuel」を行った場合には，善意の第三者との関係では，父母の他方の同意をもって当該行為を行ったものとみなされ（民法典第 372-2 条），さらには，相手方の善意も推定されるものと解されているで，実際には，他方の同意を得ていなかったとしても，第三者との関係で効力が

(10)　このような場合において，親権を行使できなくなる者に，すべてを奪われたと感じさせないですむというところに，親権の帰属と親権の行使権限を分けることの一つのメリットがある。実際，親権を行使できなくなった方の親も，子の扶養及び育成の状況を監督する権利及び義務を保持し，子の生涯に関係する重要な選択について情報提供を受けるものとされている（同条第 5 項）。また，扶養料支払義務など，親子関係から発生する義務は，日本におけるのと同様に，親権行使権限の有無とはかかわりなく存続することになる。

(11)　親権の行使者が 1 人になってしまった場合における子の財産管理について，かつては，裁判所の監督の下における法定（財産）管理という単純な法定管理とは異なる制度が適用されるものとされていたが，2015 年 10 月 15 日のオルドナンスによって当該制度が廃止され，親権の行使者が複数人であっても，単独であっても，同一の制度に服することとなった。

否定されることはほぼないことになる。

日常的な危険性の少ない行為が通常の行為とされることになるが，逆に，将来にまでわたって子に影響を残す可能性があるような行為は，通常の行為とはいえず，それを行うためには父母双方の同意が必要となる(12)。具体的には，公立の学校からミッション系の学校に転校させること，当初子に付されていなかった父または母の姓を通称（nom d'usage）として子の名称に追加すること(13)，子がテレビに出演するのを許可すること，雑誌への子の写真の掲載を許可すること，（16歳未満の）子の国籍放棄の申立てを行うことなどは，父母双方で決定することが必要であると考えられている。

子どもの身体に関わる行為のうち治療行為については後述するが，治療行為以外の行為も，子の将来にわたって影響を与えるものがほとんどであるため，両親双方の同意が必要であることが多い。例えば，タトゥーやピアッシングについては，皮膚の侵害を伴うタトゥーおよびピアッシングの施術に関する衛生的健康的条件を定める2008年2月19日のデクレ第149号が「親権保持者のうちの一人または後見人のうちの一人の書面による同意なしに，未成年者に対して政令の部第1311-1条および政令の部第1311-6条に掲げる技術を用いることを禁止する。未成年者に対してこれらの施術を行う者は，3年の間，当該同意の証拠を示せるようにしておかなければならない。」と定め，条文上は親権保持者の一方の同意書のみが要求されているだけであるが，学説は，このような行為については，少なくとも，父母の双方が了承することが必要であると解している(14)（さらに，このような身体への侵襲を伴う行為について，本人の同意も不可欠であると解されていることについて，後述V 3を参照。）。

親子関係にかかわる訴訟において子の遺伝子鑑定を行おうとする場合には，困難な問題が提起される。通常の行為とはいえないため，両親双方の同意が必要であるということになるが，そうすると両親の一方が他方に対して親子

(12) 日常的行為とそれ以外の重要な行為との具体的な区別については，栗林佳代「フランス」床谷文雄ほか編『親権法の比較研究』4頁（日本評論社，2014年）において詳しく検討されている。

(13) Cass. 1re civ, 3 mars 2009, n° 05-17163, Bull. civ. I, n° 42.

(14) P. Bonfils et A. Gouttenoir, Droit des mineurs 2e éd., Dalloz 2014, p.446.

関係の不存在を主張する訴訟を提起しようとする場合に，同意の要件を満たすことが実際上不可能になってしまうためである(15)。

また，ある手続きにおいて，法定（財産）管理人（親権行使権者）と未成年者とが利益相反の関係に立つ場合には，後見裁判官が特別（財産）管理人を選任し，その特別（財産）管理人が代理行為を行うことになる（民法典第388-2条）。親子関係の存否にかかわる遺伝子鑑定ついては，このような特別（財産）管理人を活用することが考えられる。

親権の行使の態様に関して問題が生じた場合には，父母の一方または検察官の申立てに基づいて，大審裁判所の家事事件裁判官がそれらの問題について裁判する(16)。第三者が，親権者の親権行使によって子のおかれている状況に問題が生じていると考えるときには，検察官に申立てをする。この場合，検察官の判断を通して，家事事件裁判官の判断を仰ぐかどうかが決定されることになる。子は，「第三者」ではないため，直接検察官に対して申立てをすることができず，第三者を通して検察官に申立てをしてもらうか，育成扶助措置を求めて少年事件裁判官に申立てをするしかないようである(17)。

---

(15)　この場合，法律の規定はないが，少なくとも，未成年者が判断能力を有している場合には，未成年者自身の同意が要求されなければならないとされている。P. Bonfils et A. Gouttenoir, *op.cit*, p.445.

(16)　この点，「子の利益が要求することが何かについて父母の意見が一致するに至らなかった場合には，当該父母が従前行ってきた慣行が，当該父母にとって規則に代わる。そのような慣行がない場合，または，そのような慣行の存在もしくは当該慣行の合理性について争いがある場合には，父母の任意の一方は，家族事件裁判官に申し立てを行うことができ，家事事件裁判官は父母の勧解を試みた後に審理を行う。」としていた民法典第372-1-1条が2002年3月4日の法律によって廃止されたことにより，家事事件裁判官は管轄を失い，子どもが危険な状態に置かれている場合は子ども事件裁判官に解決を委ね，子どもが危険な状態にない場合には斡旋者 mediateur の制度を用いていくしかないと解する立場がある（例えば，P.Salvage-Gerest, «Le juge aux affaires familiales (de l'homme orchestre du divorce à l'homme orchestre de l'autorité parentale)», Dr. fam. 2003. Chron. 12.）。しかし，多数説は，「家族事件の担当を委ねられている大審裁判所の裁判官は，本節の範囲内でその者に付託された問題を，未成年者たる子の利益を守ることに特に配慮して解決する。」とする民法典第373-2-6条第1項を根拠に，子の身上に関する親権の行使にかかわる問題一般について家事事件裁判官が解決権限を有していると解しており，判例もそのようにとらえているようである（P.Murat (ed.), DROIT DE LA FAMILLE 6^{e}éd. Dalloz 2013, n°234.39 参照）。

家事事件裁判官が親権の行使態様等について裁判をする際には，未成年者である子の利益の保護の観点に従って判断するものとされているが，特に，①これまで行われてきた親権の行使態様や父母の間でこれまでに交わされた合意(18)，②子によって表明された感情，③父母における責務履行や他方の権利の尊重に向けられている態度，④専門家の鑑定結果，⑤社会調査 enquête sociale(19)または再社会調査によって収集された情報，⑥父母の一方が他方に対して行った精神的・肉体的な抑圧・暴力などが考慮に入れられる（民法典第373-2-12条）。

---

(17)　F.Terré et D.Fenouillet, Droit civil Les personnes Personnalité-incapacité Protection 8^{e}éd. Dalloz 2012, p.446

(18)　父母は（別居・離婚などをしている場合に限られない），あらかじめ親権の行使態様を定める合意書を作成し，家事事件裁判官から認証を受けておくこともできる（民法典第373-2-7条）。

(19)　この社会調査は，通常は，各控訴院が5年ごとに作成するものとされている名簿に記載されている社会調査員（enquêteur social）が家族事件裁判から指名を受けて実施する。社会調査員となるための固有の国家資格があるわけではないが，社会調査の対象となる事項にかかわる事業についての十分な実務経験が求められている。実際には，社会福祉アシスタント（assistant de service social）（この資格については，菅原京子「アシスタント・ソシアルの歴史からみたフランスの『社会的なるもの』」法政理論第39巻第3号（2007年）13頁参照）や，育成指導員（éducateur）（Ⅳ 3参照）などの資格を有する者がほとんどであり，パリ控訴院の2016年度のリストへの掲載数は，個人61，法人6という数である。依頼を受けた社会調査員は，父母のそれぞれと2回以上の面談をする。そのうち1回は，本人の自宅で行い，必要であると考える場合には，その際に，普段同居している第三者や，同居しているその第三者の子との面談をも行う。その際に，社会調査員は，①家族構成等の家族の状況，父母の個別の経歴およびカップルとしての経歴，子の住居および受け容れ環境についての状況，家計の状況，子の扶養・子の生活・父母の対応力の概要，父母それぞれの問題点，父母の計画，期待および希望，父母の立場の衝突状況，最初の面談以降の変化，ならびに，父母の子についての発言等を聞き取り，②子ども一人一人と面会したうえで，それぞれの親の前にいる状態も確認し，③学校，託児所，社会福祉機関，医師，セラピスト等，子を取り巻く周辺者とコンタクトをとる。そして，当該家族の身分構成，社会調査の経過，父母の生活環境および職業活動，現在の家族の状況，父母の経歴，カップルの経歴・家族の経歴，別居後の父母の関係，父母および子との面談の報告および第三者から収集した情報等を記載したうえで，状況の総括，詳細な検討，結論および提言を示した社会調査報告書を作成して，家族事件裁判官に提出する。詳細については，司法大臣の2009年3月12日のデクレ第285号を参照。

親権行使権限を有する親権者であっても，自己のほしいままに親権または法定管理権を行使したり，行使しなかったりすることができるわけではない[20]。民法371-1条1項および2項からも明らかなように，親権者に対してこのような権限が与えられている究極の目的は，子の利益を保護することだからである。したがって，名目上は親権の行使としてなされたとしても，子の利益とかけ離れた行為については，前述のような親権行使態様についての争いの中で家事事件裁判官によって効力を否定されたり，後述の育成扶助措置についての手続きにおいて少年事件裁判官によって効力を否定されたりすることになる。また，親権の行使権者は，未成年者の財産や健康を保護する義務を負うのであり，その義務の不遵守は刑法上の犯罪を構成することもある。実際，フランスにおいては，刑法典第227-15条および第227-16条によって，15歳未満の未成年者に対して親権行使権限を有する者が「当該未成年者における食料または看護を途絶させ，未成年者の健康をおびやかす」行為を行った場合には，7年の懲役および100000ユーロの罰金で罰するものとし，さらにその結果未成年者が死亡するに至った場合には，30年の懲役で処罰するものとされている。さらに，同法典第227-17条によって，父又は母が，「正当な理由なく，法定の義務を怠り，未成年者である子の健康，安全，精神または育成をおびやかした」場合にも，2年の懲役及び30000ユーロの罰金で罰するものとされている。

Ⅲ　権利の主体としての未成年者

1　未成年者自身による決定が認められる場合

民法典第388-1-1条ただし書きは，法律または慣習が認めている場合には，未成年者が自分自身で行為を行うことを認めている。そのような行為は，「通常の行為（ate usuel）」ないしは「日常的行為（acte courant）」と呼ばれ

(20)　そもそも，法定管理権については，後見裁判官の許可なしに処分行為を行うことが禁止され（民法典第378-1条），子の財産を一方的に減少させるような行為はたとえ許可があったとしても行うことができない（民法典第387-2条）など，親権行使者によってなされる行為についての制約が明文で定められている。

てきており，財産にかかわる行為に関して言えば，管理行為に含まれるものである場合もあれば，処分行為に含まれるものである場合もある(21)。日常的行為であるか否かの判断は，最終的には裁判所の判断に委ねられることになるが，地域・社会一般での慣行や当該家庭での慣行に基づいて判断されてきており，一般的に，未成年者にとって重大な負担をもたらす危険のない行為が通常行為とされてきている。

2　未成年者の意思表明権

未成年者は，原則として，日常的行為以外は，自己にかかわる決定を自分自身で行うことはできないが，「父母は，子を，その年齢および成熟度に応じて本人にかかわる決定に参加させる」ものとされている（民法典第371-1条3項）。これは，子を権利の主体として取り扱うものとする1990年の子どもの人権条約の基本理念に基づくものであり，その中でも特に，「諸国は，適切な判断を行うことができる子どもに，自己にかかわるあらゆる問題について自由に自己の意見を表明する権利を確保しなければならない」とする第12-1条に基づいている。

また，子が自由に意見を表明できるのは，子に関する事柄が父母によって決定される際だけではない。同条約第12-2条において「国内法の手続き準則に合致する形で，子どもに，本人に関する裁判上または行政上のあらゆる手続きにおいて，あるいは直接に，あるいは代理人または適切な機関を介して，意見聴聞の可能性を与えなければならない」とされているのを受け，フランスの民事訴訟法典は，第338-1条から第338-12条にわたる「裁判上の子どもの聴聞」という1節において，子にかかわるあらゆる手続きの際に，裁判上で未成年者自身が聴聞を受けることができることを定めている(22)。

---

(21)　なお，前掲の2016年改正債権法においては，日常的行為（acte courant）にあたらない財産的な行為を未成年者自身が行った場合には，改正後の1178条以下の規定が適用になり，その行為は無効なもの nul として取り扱われるのに対し，それらの行為にあたる財産的な行為を未成年者自身が行った場合には，改正後の1149条が適用され，過剰損害（lésion）を理由とする取消の対象となるものとされている。これらは，従前の判例・学説における取り扱いを明文化したものである。

(22)　事件がすでに評議の段階に入っていたため，子どもからなされた聴聞の申し立てについて対応しないで控訴院が判決を下した事案において，「子の優越的な利益の最優先

3 (未成年)解放(émancipation)

未成年者は，成年に達する前であっても，(未成年)解放を受けることによって，成年と同様の権限を獲得し，親権の下から抜け出ることができるものとされている(民法典第413-6条・第413-7条)。

(未成年)解放が認められるケースの1つめは，婚姻をした場合である(民法典第413-1条)。これは，日本の民法753条と同様の規程であり，法律上当然に(未成年)解放の効果が生じる。ただ，未成年者が婚姻をするためには，原則として男女ともに18歳に達していることが必要であるから，婚姻によって(未成年)解放が生じるのは，挙式の地を管轄する共和国検事が民法典第145条を根拠としてに重大な理由に基づいて婚姻の年齢条件具備を免除した場合だけであり，きわめてまれにしか生じない。この場合でも，婚姻が認められるためには，少なくとも，親権保持者である父母の一方の同意が必要である(民法典第148条)。

(未成年)解放が認められるケースの2つめは，16歳以上の未成年者について，父母の共同の申立てまたは父母の一方の申立てに基づいて(23)，正当な理由があると認める場合に後見裁判官が解放を宣告することによってなされる場合である(民法典第413-2条)。この手続きにおいては，宣告の前に，後見裁判官が，父母の共同の申立てに基づく場合には，本人の聴聞を，父母の一方の申立てに基づく場合には，本人の聴聞および，意思を表明することができないときを除き，父母の他方の聴聞を，それぞれ行う。父も母も有しない未成年者は，家族会の申立てに基づき，(未成年)解放の宣告を受けることができる(民法典第413-3条)。未成年者に父母がいない場合において，当該未成年者が解放に対応することができる状況にあると思われるにもかかわらず後見人が迅速な対応をしないときには，家族会の構成員または未成年者

および子の聴聞を受ける権利が，子の申し立てを考慮に入れることを控訴院に課しているにもかかわらず」，聴聞の申し立てについて判断せずに判決したことを理由に，控訴院判決を破棄した破毀院判決がある(Cass.1^{re}civ, 18 mai 2005, n°02-20613, Bull. civ. I, n° 212.)。

(23) (未成年)解放の申立をする権限は，親権の保持者に帰属しており，親権の保持者は親権の行使権限を失っていてもこの権限を行使できると解されている。

本人は，後見裁判官に（未成年）解放について議決するための家族会を招集するよう申し立てることができる（民法典第413-4条）。

このように，（未成年）解放は，未成年者の成長に合わせて，16歳以上の者に成年者と同等の状況に置くことを可能にした制度であるが，原則として，親権者（の一方）の同意がなければ用いることができないという制約がある。

Ⅳ　第三者の関与

1　後見（tutelle）

父母の双方が死亡した場合，父母の双方が親権行使権限を剥奪されている場合，子が父，母のいずれとも，法的な親子関係を確立していない場合（民法典第390条），または，父も母も親権を行使することができない状態にある場合（民法典第373-5条）には，後見が開始される。また，後見裁判官は，父母の双方又は一方が親権を行使している場合でも，重大な理由がある場合には，子の血族もしくは姻族または検察官の申立てに基づき，または，職権により，いつでも後見を開始することができる（民法典第391条）。後見が開始されると，後見裁判官は，4名以上の者を構成員に指名して家族会を召集し，その家族会が後見人を指名する（民法典第404条）(24)。また，死亡によって親権の行使者がいなくなる場合については，最後の親権行使者が遺言で後見人になる者を指名しておくか，または，当該指定のための申述を公証人の前でしておくと，原則として，家族会はその指名に拘束される（民法典第403条）。いずれのケースにおいても，裁判によって親権を取り上げられている父母は，後見人になることができない（民法典第395条3号）。

後見人は，同じく家族会から指名される後見監督人の監督の下で，未成年者の身上に対するケアを行い，法律または慣習が未成年者自身に行うことを認めている行為を除き，すべての民事上の行為について未成年者を代理することになる（民法第408条1項）。しかし，日本の後見人の権限とは異なり，

(24)　最終的に，家族会は，後見裁判官，後見人，後見監督人を含む計5名以上の構成員から構成されることになる。後見裁判官は，他の構成員とは異なり議決の際に投票権を持たないが，賛否同数の議案について採決権を有する。

フランスの後見人の決定権限には制約が多い。フランスの後見人は，家族会で決定されたことを実行する者という性格を強く持っているし，後見が開始されても親権保持者が存在する場合もあるからである。まず，後見人は，未成年者の財産については，自らの判断で保存行為および管理行為を行うことはできるが（民法典第504条1項），処分行為については，家族会による許可（50000ユーロまでの取引であれば，後見裁判官による許可をもってこれに代えることもできる）を得たうえでしか行うことができず（民法典第505条1項）(25)，被保護者の利益に反する行為はまったく行うことができないものとされている（民法典第509条）。また，未成年者の身上にかかる決定については，親権保持者が存在する場面における後見の場合には，親権保持者に決定権限が残っており，後見人は，子を直接に監護するときに限り，子を委ねられた者として，通常の行為（acte d'usuel）の決定ができる（後述Ⅳ7）。親権保持者が存在しない後見の場合には，家族会が，未成年者の養育（entretien）および育成（éducation）について，父母が従前表明した意思を考慮に入れて，一般的な状況を決定するものとされている（民法典第401条1項）。したがって，子を第三者の下に居住させるといった決定(26)，子の信仰すべき宗教の決定(27)，家計の方針などは，同条に基づいて家族会が行う。その他，未成年の養子縁組についての同意（完全養子縁組について民法典第348-2条・単純養子縁組について民法典第361条），未成年の婚姻についての同意（民法典第159条），未成年解放の申立て（民法典第413-3条），訴訟における非財産的権利の主張（民法典第408条2項）については，民法典の個別の規定によって家族会の権限とされている。結局，後見人に委ねられているのは，日々の事柄についての決定のみということになる。例えば，未成年者に外泊許可をすること，義務教育を受けさせること，通常の医療行為や予防接種を受けさせること，子と兄弟姉妹，尊属または第三者との関係を監督・調整すること等が，後見人の権限ないし義務である。

---

(25) 管理行為・処分行為については，民法452条，496条および502条が適用される保佐または後見に付されている者の財産の運用行為に関する2008年12月22日のデクレ第1484号に付属されている別表1・別表2に該当行為の例が記載されている。

(26) Cass.1re civ, 5 mai 1986, n°84-80035, Bull. civ. I, n° 118.

(27) Cass.1re civ, 23 juin 1953, S.1954.1 . 37, obs. Nerson.

後見に付されている未成年者自身が自己の判断で行うことができる行為の範囲は，父母によって親権が行使されている場合と同様である。したがって，法律または慣習によって本人自体が決定することが認められているいわゆる「通常の行為（ate usuel）」については，未成年者が単独で決定することができる。そうすると，後見人のみに決定が委ねられている事項はきわめて少ないことになる。

また，後見が行われている際においても，緊急な事情があると考えられる場合には，後見裁判官が，未成年者の利益のために仮の措置を命じることができる（民法典第397条4項）。

後見人の選任に関しては，まずは，親族の中から候補者を探すものとされている。しかし，親族等に後見人のなり手がいない場合には，県による後見が行われることになる（民法典第411条1項）。この場合は，県会議長が後見人となる一方で，後見監督人および家族会は構成されず（同条2項），家族会の役割を後見裁判官がはたすことになる。

また，①子が父母の双方と親子関係が定立しないまま県少年社会援助部局に委託され，2ヶ月以上が経過した場合，②養子縁組に承諾する権限を有している者によって国の後見子とする意図で子が県少年社会援助部局に委託され，2ヶ月以上が経過した場合，③父母の一方によって国の後見子とする意図で子が県少年社会援助部局に委託され，6ヶ月以上の間父母の他の一方が子の世話をする旨の意思を当該機関に示さなかった場合，④父母の双方を持たない子が後見に付されないまま県少年社会援助部局に委託され，2ヶ月以上が経過した場合，⑤子の父母が民法典第378条または第378-1条に基づいて親権の全部を取り上げられたために親権者が存在しなくなり，同法典第380条により子が県少年社会援助部局に委託された場合，⑥裁判所によって遺棄宣告がなされたことにより，子が県少年社会援助部局に委託された場合には，当該未成年者は，国の被後見子（pupilles de l'État）となり（社会活動・家族法典第224-4条），通常の後見とは異なる取り扱いがなされる。すなわち，国の被後見子については，国の代理人たる県知事（préfet）が後見人となり（ただし，実際には，社会統合局県局長が代行する），県会から指名された代理人，福祉活動のメンバー，有識者等が家族会の構成員となる一方で，後見監督人は置かれず，後見裁判官のコントロールも受けない。そのような体制のもとで，国の後見子には，養子制度の活用などを中心とした子の将来計画が策定され，その実現に向けた試験託置（民法典第345条）などが行われていくことになる[28]。

2　行政機関による対応

危険な状態にある子ども（enfance en danger）に対する行政による対応としては，全国要保護少年対策電話受付部局（Service National d'Accueil Téléphonique pour l'Enfance en Danger（SNATED））が24時間体制の「119（allô enfance en danger（要保護児童相談ダイヤル119））」を設け，危険な状態にある子ども，または，そのような状態にある可能性のある子どもの発見に努めるなど，国レベルのものもある。しかし，フランスでは，各県の県会議長が家族問題の予防のための社会活動を実施する義務を負っており（社会活動・家族法典政令の部第221-1条），実際の行政的な予防・援助活動は主として各県に担われている。その中でも，危険な状態にある子どもや家族に対して必要な援助を行っていく中心的な機関は，県少年社会援助部局 service de l'Aide sociale à l'enfance（ASE）[29]である。この機関は，未成年者の健康，安全および精神を危険な状態におく可能性のある，または，子の育成，子の

(28)　2014年度に新たに国の被後見子になった者の数はフランス全土で1032人であり，2014年12月31日における国の被後見子の総人数は2435名である。そのうち，928名が遺棄宣告に，887名が親子関係の定立がなかったことによるものであり，両者で全体の74%を占めることになる。また，同年中に，国の被後見子のうち773名が養子縁組のための試験託置に付されている。以上の数値については，La situation des Pupilles de l'État Enquête au 31 décembre 2014, sur le site de l'ONED : www.oned.gouv.fr を参照。なお，養子縁組全般については，栗林佳代「フランスの養子縁組制度 ── 養子法の概要と現地調査による実務の実態」佐賀大学経済論集47巻6号1頁（2015年）が詳しい紹介を行っている。

(29)　この機関は，主として，未成年者に健康・安全・精神を危険にさらすような状況や，未成年者の育成・成長の妨げとなる状況が生じている場合に，当該未成年者及びその家族に必要なサポートを与えること，そのような状況が生じることを予防すること，緊急な場合に未成年者に対して保護活動を行うこと，裁判所の育成扶助命令等に基づいて危険な状態にある未成年者を受け容れることなどを目的とした独立法人化していない県の部局である（社会事業・家族法典法律の部第221-1条）。フランスにおける危険な状態にある子の実際上の保護について，中心的な役割を果たす機関である。

肉体，感情，知性および社会性の発達をひどく脅かす可能性のある当該未成年者またはその家族に対して，物質上のサポート，育成上のサポートおよび精神上のサポートを与えることを目的とした，独立法人化していない県の部局であり（同法典法律の部第221-1条），何よりもまず，子どもにとって危険な状態が生じるのを予防することに力を注いでいる。そして，これらの様々な使命を履践していくために，ASEは，認可された公的団体または私的団体（アソシアシオン）[(30)]，もしくは，育成指導員（éducateur），保育士（assistant maternel），里親（assistant familial），社会福祉アシスタント（assistant de service social）といった経験と知識を有する個人を活用していくことが認められている。したがって，親権者または後見人がいるにもかかわらず，子どもに適切な保護や決定が行われていない場合に，それに第一次的に関与していくのは，県のASEおよびそれに統括されている諸団体・ソーシャルワーカーということになる。

ASE等によるサポートは，在宅支援の形式で行われるのが原則である（同法典法律の部第222-2条参照）。生活環境の安定が子の利益に資すると考えられているからである。したがって，まずは，ASEまたは認可されているアソシアシオンの職員などが問題となっている家庭に出向き，現況を把握し，適切な助言，精神的・物質的サポート，家事サポート，子どもの育成サポートなどを行う（同法典法律の部第222-3条）。また，県会議長の決定に基づいて，日中の全般にわたって，または，時間を限定して，未成年者をASEまたは認可されているアソシアシオンの施設に受け容れて，育成支援・家族支援を行うこともできる（同法典法律の部第222-4-2条）。さらには，子を従来の生活環境の中で維持しておくことが，暫定的にもできないという場合には，親権保持者に対して子をASEに委託することを提案し，その承諾を受けたうえで，継続滞在型のサポートを与えていく（同法典法律の部第222-5条）という形態に移行していくことになる。

(30)　社会サポートを利用する者を受け容れる施設・機関として認可される態様等については，社会活動・家族法典法律の部第313-1条以下に規定が置かれている。なお，近時のフランスの児童保護にかかわるアソシアシオンの調査報告として，吉井美知子「調査報告　フランスにおける子どもの保護の実態 ── アソシアシオンの活動を中心に」三重大学国際交流センター紀要8巻137頁以下（2013年）がある。

ASEのサポートは，未成年者（および21歳未満の若年成年者）が現実に十分な物質的サポートや家族的サポートを与えないと社会への統合が困難な状態にあること，および，本人達が援助を求めたことを前提としているので（同法典政令の部第221-2条第3項），親権者の書面の同意がなければ，ASEの判断だけでは，未成年者を入所させることはできない（同法典法律の部第223-2条1項）。したがって，未成年者がサポートを必要とする状況にあるにもかかわらず，親権者等の保護者が同意をすることを拒む場合には，原則として，検察官に申立てをし，少年事件裁判官に対して育成扶助措置の申立てをしてもらわなければならないことになる（同条3項）。

ただし，緊急性があり，かつ，未成年者の法定代理人が入所についての同意を与えることが不可能な状態にある場合には，ASEによる仮の措置として，同意がない状態で子を入所させることができる。ただし，このような措置をとった場合には，その旨を即座に共和国検察官に通知しなければならない（同条2項）。そして，子を家族に返還することができないとき，または，5日の期間において法定代理人が同意をすることができないか，同意を拒み続けるときには，育成扶助措置のための手続きをとっていくしかないことになる（同条4項）。

また，家族との居住を放棄した未成年者に切迫した危険のある場合，または，切迫した危険のあるおそれのある場合には，ASEは，予防活動の範囲内において，当該未成年者を，最長72時間の間，入所させることができ，即時に，父母その他の親権行使権者または後見人および検察官に，その旨を通知する。当該期限の終わりの時点までに子どもを家族のもとに戻るようにさせることができなかった場合には，親権者等の同意を得ることができれば，ASEへの入所許可手続きを行い，同意を得ることができなければ，やはり育成扶助措置のための手続きをしなければならないことになる（同条5項）。

また，結婚前の女性，産前産後の母親，乳幼児へケアを行う任務およびそのような立場にいる者について問題が生じないように予防活動を行っていく任務を負っている県母子保護部局（service de protection maternelle et infantile (PMI)）も，危険な状態にある子どものサポートに深く関わっている。PMIは，乳幼児及び産前産後の女性がかかわる家庭問題に直接サポートを行っていくとともに，ASEや県の社会保障機関と連携して，危険な状態にある未成年者への援助に関連した様々な活動を行っている。具体的には，乳幼児の育成活動をサポートする保育士 assistant maternel や，児童を自己の家庭に預かり持続的に育成を行う里親家族 assistant familial を県会議長の名において認可し，監視し，統制するとともに，6歳未満の子を受け容れる施設・機関の監視および統制をも行っている。

さらに，県には，社会福祉振興局（service de développement social（SDS））とか県社会福祉局（service social département（SSD））と名付けられる，自己の人生の独自性を再発見することまたは発展させることが困難な状況にある者を援助する一般的な使命を担う独立法人化していない部局が設置されている（同法典第123-2条）。これらの県の公的な社会活動部局は，主として，国の要請に基づいて援助や調査を実施するが，それぞれの部局の職員が，問題を抱えている市民に対して，それぞれの部局の専門的分野におけるサポートを提供している。

このように問題のある子どもや家族に対して対応する一次的な任務は県の諸機関に担われているが，それで対応しきれない状態，すなわち，子が危険な状態（en danger）にある場合には，県会議長は，早急に検察官に通知を行い（同法典法律の部第226-4条参照），問題を裁判所の手に委ねていくことになる。

3　少年事件裁判官の関与 —— 育成扶助措置

民法典第375-1条1項は，「育成扶助措置は，解放されていない未成年者の健康，安全または精神が危険な状態にある場合，または，それらの者の育成の状況，または，それらの者の身体的，感情的，知的および社会関係的な発達の状況が重大な危険にさらされている場合に，父母の共同による，父母の一方による，子を委ねられている個人もしくは機関による，未成年者自身による，または，検察官による申立てに基づいて，裁判所によって命じられることができる。」としている。また，例外的に，子供事件裁判官は，職権で，育成扶助措置に関する判断に入ることもできる。2で述べたように，県の行政機関等では未成年者の状態に対応することができず，県会議長から通知を受けて検察官が少年事件裁判官に申立てを行った場合には，検察官は，事件を少年事件裁判官に付託した旨の通知を県会議長に対して行う（社会活

動・家族法典法律の部第226-4条第Ⅰ段第2項)。

育成扶助措置の対象は，親権の行使のあり方に起因して危険な状態におかれている未成年者であり，当該未成年者の国籍や父母の国籍を問うことなく，命じることができる[(31)]。ただし，未成年解放されている未成年者は，親権の行使自体が問題とならないため，当該措置の対象とはならない。

少年事件裁判官は，必要がある場合には，最終的な判断を下す前であっても，民法典第375-5条に基づき，仮の措置として，子の状況の調査・観察のための機関や子へのサポートにとって適切な機関・個人に子を委ねることができる。緊急性を理由に当事者の事前の聴聞なしに子を施設へ入所させた場合には，少年事件事件裁判官によって，判決の日から15日内に当事者が召喚されなければならず，この期間内に召喚がなされない場合には，父母等の請求に基づき未成年者の返還がなされることになる（民事訴訟法典第1194条第2項)。

さらに，検察官も，8日以内に少年事件裁判官に問題を付託するという条件の下で，育成扶助措置の申立ての前後において，当事者の事前の聴聞なしに少年事件裁判官と同様の仮の措置を命じることができる（民法典第375-5条2項)。ただし，少年事件裁判官は当該問題を付託された日から15日内に当事者が召喚されなければならない（民事訴訟法典第1184条第3項)。仮の託置措置判決に対して控訴がなされた場合，控訴院は控訴の申立てから3ヶ月以内に判断する（同法典第1193条2項)。

少年事件裁判官は，育成扶助措置の審理にあたって，父，母，後見人，子を託されてきた個人または機関の代表者，および，判断能力のある未成年者を聴聞し，それらの者に当該審理が行われている理由を伝える（同法典第1182条第2項)。また，聴聞するのが有用であると思われるその他のすべての者について聴聞を行うことができる（同条3項)。さらに，少年事件裁判官は，職権で，または，当事者もしくは共和国検事の申立てに基づき，未成年者およびその父母の人格および生活状況にかかわる情報収集措置をとることができる（同法典第1183条)。具体的には，社会調査（注(19)参照)，医学的検査，精神医学上の鑑定・心理学的鑑定，育成指導付調査等が同条に列挙

(31)　Cass.1re civ., 20 févr 1964 : JCP G 1964，Ⅱ，13848.

されているが，その他の方法を用いることもできる。少年事件裁判官は，このように様々な情報収集措置を実施することによって取得した結果を自由に評価して，未成年者および父母に与える措置を決定することになる。

少年事件裁判官は，採用しようとしている措置について家族の同意を得るよう努力する義務を負っており（民法典第375-1条2項），当事者の状況と身上を配慮した上で，諸手続きおよび判決の中で，詳細に措置の目的，内容，帰結等についての説明をしなければならない。本案判決は，仮の措置を命じる判決から起算して6月内になされなければならず（民事訴訟法典第1185条第1項），たいていは3ヶ月ほどで判決が下される。通常は，判決の言渡しの期日に，未成年者自身も呼び出し，判決理由を説明し，その内容に協力するよう勧める。

判決に不服のある者（未成年者本人も含む）は，育成扶助措置を命じる判決が送達されてから15日以内に控訴院に控訴をすることができる（同法典第1191条）。しかし，2010年度において，育成扶助処置の裁判に付された未成年者の数が101041人であるのに対し，控訴が提起されている数は62件と非常に低い数にとどまっている[32]。この数字から，前述の少年事件裁判官による父母の同意の探求や説得が良好に機能しているものと思われる。なお，破棄申立てについては，検察官のみが行うことができるものとされている（同法典第1196条）。

少年事件裁判官が育成扶助措置として命じる本体的措置は，子の状態に応じて，いくつかの種類に分かれる。

まず，第一に，開かれた環境における育成活動（assistance en milieu ouvert（AEMO））と呼ばれる在宅支援である[33]。この形態が原則的であり（民法典第375-2条1項），指定された機関または個人が，当該家族に対してその住居において必要な援助・助言を与えるとともに，子の育成状態を継続観察していく。実際には，ASEに所属し，または，委託された育成指導員（éducateur）[34]，保育士（assistant maternel）等が，当該家庭に訪問して，育成サ

(32)　Annuaire statistique de la Justice. Édition 2011-2012.

(33)　この措置がとられる場合でも，指定機関に子を例外的に一時宿泊させる対応をとることが認められており（民法典第375-2条2項），柔軟な対応が可能となっている。

(34)　少年保護施設・機関の人員の約60%は，育成指導士であり，公務員として，また

ポートと継続観察を行っている。また，少年事件裁判官は，当事者に適切な機関に通所する義務などを負担させることもできる。

第二に，AEMOでは対応できないような場合には，子を親権行使者のもとから引き離して第三者に委ねる託置（placement）と呼ばれる措置が選択されることになる。少年事件裁判官が子を委ねる先として選択できるのは，①父母のうち現在子と居を同じくしていない者，②父母以外の家族の構成員または信用に値する第三者，③ ASE，④日中未成年者を受け容れるという形態，または，その他の支援形態をとる認可されている機関・施設，⑤通常のまたは特殊な保健または教育の機関・施設である（民法典第375-3条）。子を父母から引き離す必要がない場合は，④の委託先に託置され，実際上は従来通り父母（または，その一方）のもとで暮らすことが認められる。ただし，この形態による場合にも，法律上は託置がなされていることになるので，通常の行為の決定権は委託先の機関・施設にあることになる（後述Ⅳ7参照）。子を父母から引き離さなければならない状況である場合には，④以外の委託先に託置がなされる。

第三に，父母に委託先を知らせて面会・宿泊権などの行使を認めると子に危険を生じさせてしまうような場合には，父母に対して，委託先を匿名にし（同法典第375-7条6項），子に対して，一定の地域から出てはならないことを命じることができる（同条7項）。この場合，少年事件裁判官は，後述の同法典第375-7条2項に基づき，子に関する通常の行為でない行為についても決定を行うことができる権限を委託先の個人・機関・施設に与えることになる。

また，育成扶助措置には，原則として，2年以下の期限が定められ，なお措置の継続が必要な場合には，少年事件裁判官の理由の付された判決によって更新される（同法典第375条3項）。もっとも，父母が子の育成保護を行う能力を著しく欠いており，親の責務を果たすことが期待できない場合には，2年を超える期間を定めて機関または施設に子を委託する措置を命じること

は，民間のアソシアシオンの職員として，少年保護活動の中心的な役割を負っている。この職に対応する特別育成学士 Diplôme d'État d'éducateur spécialisé（DEES）という学位も，準備されている。また，このような資格を持つ者は，少年事件裁判官の下にも配置されており，少年のおかれている状況の調査・評価にかかわっている。

表：育成扶助措置における各種実数

	2010年	2011年	2012年	2013年	2014年
育成扶助措置のために少年事件裁判官に付託された未成年者数	101041	100499	102607	103828	107672
12月31日において少年事件裁判官に付託されている未成年者数	214898	217071	223392	226914	229264
育成扶助措置の総数（新規および更新）	327362	330697	336961	341332	344828
観察措置数	55835	54489	50507	51804	51805
開かれた施設での育成扶助措置数	139912	142645	145377	145294	144906
託置措置数	131615	133563	141077	144234	148117

出典：Les chiffres-clés de la Justice 2011-2015

ができる（同条4項）。育成扶助措置の下に置かれている未成年者については，育成指導士等によって報告書が作成され，1年ごとに（2歳未満の子どもについては6ヶ月ごとに）少年事件裁判官に交付される。

4　親権の委譲（délégation de l'autorité parentale）(35)

民法典377条は，第1項において，親権の委譲が必要な場合には，父母が，自らの意思で，親権の行使の全部または一部を他者に委譲するために，裁判官に申立てをすることができるとしている。他方，第2項は，父母が，子と別居しているにもかかわらず面会権を行使しないとか，子に必要な扶助料を思弁しないといったように，子に対して明らかに無関心である場合，または，父母が親権の全部または一部を行使することができない状態にある場合には，現に子どもを託されている個人，施設もしくはASE，または，家族の構成員が，親権の行使権限の全部または一部の委譲を受けるために，裁判官に申

(35)　フランスの親権の委譲に関する近時の研究論文としては，白須真理子「フランス法における親権の第三者への委譲（1)-(3・完)」阪大法学60巻1-3号（2010年）がある。

立てをすることができるとしている。第2項の状況においては，子の利益の保護のために，父母の意思に基づかない強制的な親権委譲を認めているのである。このように親権の委譲の制度は，親権の非譲渡性の例外として，裁判所の関与のもとで，任意に，または，強制的に親権の行使権限の移転を認めるものであり，子の利益を守るために，子を監護していくのにふさわしい者に決定権限を与えていくという機能を有する。

親権委譲についての審理は，377条第1項または第2項に定められている者の申立てに基づいて(36)，家族事件裁判官が行う（同法典第377-1条第1項)。家族事件裁判官は，親権委譲に関する裁判の途中において，子の利益の保護のために対応が必要な状況が生じた場合には，親権の行使に関する仮の措置を命じることができる（民事訴訟法典第1207条)。家族事件裁判官は，父，母，後見人，子を託されてきた個人または機関の代表者等の聴聞を行い（同法典第1208条第1項)，情報収集措置を実施するなどして有用と思われる情報を収集して，第1項に基づく申立ての場合には，「親権委譲の必要性」があるかどうかについて検討し，第2項に基づく申立ての場合には，親権者が「明白な無関心」の状態にあること，または，「親権者が親権の全部または一部を行使することができない状態にある」かどうかを判断して，親権委譲の可否についての判決を下す(37)。

親権委譲の判決が下されることによって，親権の全部または一部の委譲の効果が生じる（民法典第377-1条第1項)。家事事件裁判官は，一部委譲を認める場合には，判決において，委譲の範囲，すなわち，委譲される権能を定める。また，家族事件裁判官は，親権委譲者の同意を得て，父母またはその一方と親権の被委譲者との間において，親権の全部または一部を共有させることもできる（同法典第377-1条第2項)。

移転としての委譲が認められた場合には，委譲者である父母は親権の行使権限を失い，被委譲者が代わりに親権の行使を行うことになる。ただし，この場合でも，委譲者は，親権の帰属に伴う権限，すなわち，養子縁組に同意

(36) 第2項に基づく申し立ては，委譲を受ける候補者の同意を得た上で，検察官が行うこともできる（同条第3項)。

(37) 手続きの詳細については，拙稿「フランス — 医療における同意と未成年者の保護」小山剛ほか編『子どもの医療と法（第2版)』262頁（尚学社，2012年）を参照。

する権限，婚姻に同意する権限，未成年解放を認める権限は失わない。また，共有状態を生じさせる委譲の場合には，委譲者である父母も親権行使権限を失わず，委譲者と被委譲者とが共同して親権を行使することになる。これらの親権委譲の効果は，暫定的な側面を有する。すなわち，いずれの場合においても，新たな事情が証明されたときには，家族事件裁判官は，新たな判決によって，委譲された親権の取り戻しを認めたり，被委譲者を変更したりすることができる（同法典第377-2条第1項）。

5 裁判所による親の遺棄宣告（déclaration judiciaire de délaissement parental）

特に子が第三者に委ねられている場合において，何ら障害となる事由が存しないにもかかわらず，父母が子の育成，成長に必要な関係を子と保とうとせず，その期間が1年に及んだときには，大審裁判所は，申立てに基づいて遺棄宣告を出す。そして，大審裁判所は，宣告と同一の判決の中で，それまで子を委託されてきた個人・施設・ASEに対して当該子の親権を委譲する（民法典第381-2条5項）。この判決に対する第三者異議の訴えは，この同一性に関する詐欺，欺瞞または錯誤の場合にしか認められない（同条6項）。

この宣告は，親権の取り上げと同様に，親権の帰属自体を父母から奪う効力を持ち，宣告により父母は子の養子縁組に対する同意権等，親権にまつわる一切の権限を失うことになる。子は，この宣告により，子の将来にとってより好ましいより安定した国の後見子としての地位を手に入れることになる。そして，親の意思または育成扶助命令等によりそれまで子を委託されてきた者からみると，この遺棄宣言およびそれに基づく親権の委譲を受けることによって，子を，父母の意思とは関係なく，養子に付することができるようになる。

6 親権の取り上げ（retrait de l'autorité parentale）

親権の取り上げは，親権の委譲とは異なり，親権の行使権限ではなく，親権の帰属自体を父母の意思に全く基づかずに父母から奪うことを認める制度である。

民法典第378条が裁量的に親権の取り上げが命じられうる場面として揚げているのは，次の3つの場面である。すなわち，「子の身上に対して犯された重罪または軽罪の正犯，共同正犯もしくは従犯として」，父母が有罪判決を受けた場合と，第二に，「その子によって犯された重罪または軽罪の共同正犯もしくは従犯として」，父母が有罪判決を受けた場合および第三に，「他の血族の身上に対して犯された重罪の正犯，共同正犯もしくは従犯として」，父母が有罪判決を受けた場合である（同法典第378条）。これらの刑事判決が下される際に，付随的な措置として，親権の取り上げについても審理され，判決されることになる。具体的な親権の取り上げの判断は，子の利益に即して行われる。すなわち，刑事裁判所は，父母が再び子の身上に対する犯罪に身を委ねてしまう危険があるかどうか，父母が育成義務を健全に履践する意思を有しているかどうか，子にトラウマを生じさせたかどうかについて判断して，有罪判決を受ける父母の親権を取り上げるか否かを決定する。ただし，父母が，子に対する強姦や強制わいせつの罪で有罪判決を受けた場合には，必然的に親権の全部または一部の取り上げがなされなければならないものとされている（刑法典第222-31-2条）。刑事裁判所が，親権を取り上げる権能を行使しなかった場合，検察官，当該家族の構成員，子の後見人，または，子を委託されているASEが大審裁判所に，親権取り上げの訴訟を提起することができる(38)。

親権の取り上げが生じる2つめの場面は，父母が「あるいは，虐待によって，あるいは，常習的かつ過剰な飲酒または麻薬の使用によって，あるいは，公知の不行跡，または，子が肉体的または精神的性質の圧力または暴力の証人となってしまうような父母の一方から他方へなされた犯罪行為によって，あるいは，養育の不行使または指導不足によって，子の安全，健康または精神を明らかに危険にさら」した場合である（民法典第378-1条第1項）。この場合，共和国検事，子の家族の構成員または後見人の申立てに基づいて，親権取り上げの対象となる父母の居住地の大審裁判所が合議により判断を行う。

親権取り上げの効果は，原則として，親権のすべての権能に及び，親権取り上げの判決を受けた父母は，特別の決定がない場合，すでに出生しているすべての子に対する親権を失う（同法典第379条）。ただし，裁判所は，状況に応じて，親権のうちの特定の権能のみ，または，特定の子のみを対象とす

(38)　Cass.1re civ., 16 févr. 1988 : Bull. civ. 1, n° 43.

る「部分的取り上げ」を言い渡すこともできる（同法典第379-1条）。

親権の取り上げの結果，その宣告を受けた父または母は親権を失うこととなり，養子縁組に対する同意権も失う。父母の意思に反しても子の養子が可能となるところに，親権取り上げの存在意義がある。ただし，その効果の大きさのためか，2010年において親権の全部取り上げが申し立てられた件数は，フランス全国で225件にとどまる(39)。

7　子を委託されている第三者の関与

子が親権者や後見人ではない第三者に委ねられることがある。そのような状況が生じる第1のケースは，国外での労働，疾病，旅行，自己の監護能力への不安など様々な理由に基づき，親権者保持者が任意に第三者に子を委ねる場合（後述参照）である。第2のケースは，父母の別居など(40)によって子の利益のために必要となったときに，家事事件裁判官が，父母の一方または検察官の申立てに基づいて子を第三者に委ねる判決を下した場合である（民法典第373-3条第2項）。父母でない第三者がそのような措置の必要性を感じた場合には，検察官に申立てをして家事事件裁判官に事件を付託するか否かの判断を仰ぐことになる。また，大審裁判所が親権者から親権の全部又は全部の取り上げを宣告する場合において，父母の他方が死亡しているか，親権行使権限を失っているときには，子を仮に委ねる第三者を指名して，子のための後見開始の申立てをさせなければならないものとされている（同法典第380条）(41)。これが，第3のケースである。さらに，子が危険な状態に置かれている場合には，少年事件裁判官が育成扶助措置として（同法典第375条），

(39)　Annuaire statistique de la Justice.Édition 2011-2012.

(40)　民法典第373-3条第2項は，別居の場合に適用されるルールに関する第1項に続けて規定されているために，条文の体裁上，別居の場合に限って家事事件裁判官にこのような措置をする権限が与えられているのか，親権者の親権行使に関連して，子を第三者に委ねた方がよいと思われる状況が生じた場合一般について権限が与えられているのかが明白でないが，判例・学説においては，一般に，別居の場面に限らず，何らかの理由でそのような措置をする必要性が生じた際に家事事件裁判官が介入していくことが認められている。

(41)　ただし，大審裁判所は，第三者に委ねる措置に代えて，子をASEに委ねるという選択をすることもできる。

または，育成扶助措置の決定前の仮の措置として，子を第三者に委ねることができる。これが，第5のケースである。さらに，緊急な場合には，子に関与していた子のための援助機関等から通知を受けた共和国検察官が，少年事件裁判官に事件を付託する前に，仮の措置として，子を第三者に委ねる仮の措置を命じる場合もある（民法典第375-5条2項)。これが第6のケースである。

裁判所により子どもが委託される場合の委託先としては，明文の規定はないが，子どもの物質面，精神面の双方に対するケアを行うのにふさわしい資質・能力を有する個人・機関が指名されることになる。条文上は，できるだけ血族を指名することが奨励されているが，実際には，いったんASE等に委ねられ，その後，認可されているアソシアシオンや里親のもとに移されることが多いようである(42)。いずれにしろ，少年事件裁判官やASEは，地域および専門分野に関するきわめて詳細な情報を持ち，多彩な状況に対応する能力を有しているようであり(43)，そのような豊富な情報に基づいて委託先の選択が行われているものと思われる。

子の委託を受けた個人・機関は，事実上，子の監護を行うことになるが，それらの者の子にかかわる事項についての決定権限が問題となる。この点について，民法典第373-4条は，「子が第三者に委ねられた場合でも，親権は，父母によって行使され続ける。ただし，子を委託された者は，監督および教育に関するあらゆる通常の行為 actes usuels を行う。」と定めている。したがって，原則としては，通常の行為については子を委託されている者が，通常の行為を超える行為については親権者に決定権限があることになる。しかし，そのままであると，親権保持者が拒絶権を濫用したり，正当な理由なく拒絶したりする場合，または，親権保持者が子にかかわる重大な事項につい

(42)　ASEは，社会活動・家族法典法律の部第221-1条2項によって，一般的に，自己の使命を果たすために認可されているアソシアシオンや個人を利用することができるものとされている。

(43)　少年事件裁判官が地域の情報を豊富に有していることについては，佐柳忠晴「フランスにおける親権・未成年後見制度 ── 児童虐待防止の視角から」季刊比較後見法制第2号（2015年）4頁，久保野恵美子「外国法調査報告書 ── イギリス及びフランス」法務省『児童虐待防止のための親権制度の見直しの必要性及びその内容に関する調査研究報告書』1頁（2010年）を参照。

て同意も拒絶もしないネグレクトの状態にある場合に，困難な状況が生じてしまうことになる。そこで，少年の保護を改正する2007年3月5日の法律第293号によって創設された民法典第375-7条第2項は，「少年事件裁判官は，第373-4条および親権保持者の同意なく通常でない行為（acte non usuel）を行うことを第三者に認める特別な規定を害することなく，子の利益が正当化するあらゆるときに，申立人がその措置の必要性を証明することを条件として，例外的に，子が委ねられている個人，機関または施設に親権に属する行為を行うことを認めることができる。」とした。このようにして，現在では，子を委託されている者は，少年事件裁判官に対し，ある一定の行為が子の利益にとって必要であることを証明することによって，遺棄宣告等を待つことなく，子にかかわる重大な行為についての決定を行うことができるようになっている。

V　未成年者に対する医療行為の決定

1　親権者保持者による決定の原則

公衆衛生法典法律の部第1111-2条の第5項1文および2文は，「未成年又は後見に付されている成年者の有する本条に掲げる権利は，場合に応じて，親権の名義人（les titulaires de l'autorité parentale）または後見人によって行使される。これらの者は，法律の部第1111-5条および法律の部第1111-5-1条を留保して，本条に定める情報提供を受ける。」と定めている。決定権が親権の保持者に帰属しているのか，親権の行使権限を有する者に帰属しているのか，同条の文言上は必ずしも明らかでないが，一般には，親権の行使権限を有する者に帰属していると理解されている(44)。この規定は，未成年者の身上にかかわる行為についての決定権限に関する民事法上の一般ルールをそのまま医療行為の決定に持ち込んだ規定であるとされている。したがって，原則として，未成年者の身上にかかわる行為を決定する権限の帰属に関するルールと，権限の行使に関するルールとが，そのまま未成年者の医療行為の

(44)　P. Bonfils et A. Gouttenoir, *op.cit*, p.444; P. Murat, *op. cit*, n° 223.91 参照。

決定についても適用されるということになる。

そのため，まず，未成年者本人は，原則として，未成年解放がなされない限り，自己に関する医療行為についての決定権を持たないということになる。そして，未成年者に代わって未成年者に関する医療行為に同意をする権限は，原則として，親権の行使権限を有する者に属し，親権行使権者が存しない場合には，後見人に属することになる。

2 決定権の行使態様

父母の双方に親権の行使権限が帰属している場合，その子の健康に関する決定は，民法典第372-2条による同意の推定が及ぶ範囲を除き，父母の双方によってなされなければならないことになる。逆に，問題となる医療行為が通常の行為に属するということになれば，同条の規定により，父母の一方のみの同意で開始することができることになる。同意の前提となる医療機関による情報提供も，親権の行使権限を持つ者に対して行われることになる（公衆衛生法典法律の部第1111-2条第5項1文）。

一定の予防接種のように義務的な治療となっているもの，一般的・日常的に行われている治療（擦り傷や軽い切り傷のような表面的な外傷，風邪のような軽い感染症，虫歯の治療のような日常的な歯科医療），子どもにとって日常的な治療（おたふく，はしか，水疱瘡，溶連菌感染等の治療）または，その子にとって断続的に行われている治療（アレルギー性鼻炎の継続治療，アトピー皮膚炎の継続治療，滲出性中耳炎の外来治療）などが，通常の医療行為に含まれることになることについては争いがない。反対に，子に重大な結果をもたらす医療行為，子にある程度重い負担を課すことになる医療行為は，通常の行為とはいえない。たとえば，歯科矯正の開始，ひどくなっていない虫垂炎の切除手術，鼠径ヘルニア内視鏡手術，扁桃摘出手術等の決定のように，外科手術を伴ったり，ある程度の期間の入院を必要とする医療行為は，内容がそれほど特別なものでないにしても，父母双方の同意が必要であるといえる。また，重大な副作用を生じさせる危険のある治療，延命措置の中止，または，緩和措置の縮小等についての決定も，通常の行為と考えることはできない。

親権行使権限が父母の一方のみに存する場合，医療行為の決定権限は，親権行使権限を有している父母の一方に属する。しかしながら，親権行使権限を持たない他方の父母も監督権（droit de surveillance）の名で，一定のコントロール権限を有している。したがって，他方の父母に対しても，子に関する重大な外科手術や重大な治療の選択肢については，説明がなされなければならない(45)。他方の父母は，家族事件裁判官の前において，医療行為の有効性を争うことによって，または，場合によっては，子どもがさらされる危険の大きさを主張することによって，不服を申し立てることができる。

特定分野の医療行為については，個別の規定によって，親権保持者の一方または双方の同意が必要であることが特に明示されている。例えば，治療目的または学問的目的のために行われる死亡した未成年者からの臓器摘出(46)について，同法律の部 1232-2 条は，原則として親権名義人の双方の書面による同意が必要であるが，例外的に，親権名義人の一方から意見を徴集することが不可能な場合には他方名義人のみの書面の同意によって実施することができるものと定めている。また，ヒトの身体を対象とする調査については，同法典法律の部第 1122-2 条第Ⅱ段第 1 項が，一定の例外を除き，親権の行使権者の双方の書面による同意が必要であるとしている。

子に後見が開始されているが，なお父母に親権が残っている場合，原則として，医療行為についての同意権は父母に存する。ただし，通常の行為に該当する医療行為については，後見人に同意権が認められる。また，父母の双方が存在しない場合，または，親権の取り上げを受けた場合に後見が開始されたときは，後見人が子に関する医療行為についての同意を行うことになる。ただし，後見人の判断のみによって決定できるのは通常の行為にあたる医療行為に限られ，子の一般的な状況にかかわる重大な医療行為については家族会の決定に従わなければならない（前述Ⅳ 1 参照）。また，子の医療行為に関する後見人の判断に対して子に不服がある場合には，家族会の招集を求めることができる。子が県による後見に服している場合には，家族会に代わって後見裁判官が同様の決定を行う。さらに，緊急な状況がある場合には，後見

(45)　ただし，その者は法定代理人ではないので，その者の請求に対して医療機関が未成年者についての医療文書を伝達しなくても違法ではないとされている（CE 21 février 1996, N° 149250（Inédit au recueil Lebon））。

(46)　生存中の未成年者からの臓器摘出は禁止されている（公衆衛生法典法律の部第 1231-2 条）。

裁判官が仮の措置によって子を医療機関へ入所させたりすることができる。

3 非治療行為

未成年者の身体にかかわる行為の中には，特定の疾病の治療・予防に関係しない非治療行為がある。親権者の持つ子の身上に対する決定権および医療同意権は，あくまでも子の利益をはかるために行使されなければならないという制約に服しているため，問題となる行為が治療目的で行われるのではなく，子ども自身に個人的な医学的な利益がもたらされない場合には，（たとえ親権者双方の同意があったとしても）親権者だけで当該行為の実施を決定することはできないものと考えられている。たとえば，宗教的儀式としての割礼(47)や陰核切除，優生学的な目的での断種などは，親権者の一方のみの同意のみで行うことができないだけでなく，子の意思に反して行うこともできない。前述した子の身体へタトゥー施術やピアッシングを行う行為についても同様である。これらの行為を，親権者の一方のみの意思で行ったり，子の意思に基づかないで行うと，子の身体の完全性に対する侵害として不法行為が成立することになる。

また，公衆衛生法典法律の部第2123-1条は，未成年者の身体に対する避妊目的の不妊手術を正式に禁止している。したがって，親権保持者は，それを行おうとしている理由がいかなるものであっても，この手術をおこなわせる決定をすることができない。

4 特定の医療行為についての父母の拒絶

子に医療行為を実施することが必要であると考えられるにもかかわらず，子の医療に関する決定権を有する父母が同意をしない場合における対応には，子の身体の状態およびその他の状況に応じて，いくつかのものがありうる。

---

(47) 子が11歳になっているような場合，宗教上の割礼は，本人の同意がなければ行うことができないとして，裁判上の許可を求めてきた父の訴えを却下した判決（CA Lyon, 25 juillet 2007, RTD civ. 2008, p. 99, obs. J. Hauser)，（男子への）割礼は両親が決定できるものではなく，医学的理由がないのであれば子の身体的完全性への侵害に該当するとしている判決（CA Cologne, 2 septembre 2011, RJPF 2012, n°9, p.43, J.-B. Thierry）など多くの判決がある。

まず，未成年者がすでに医療機関におり，医師において，医療措置をとらなければ命にかかわると判断されるような場合には，「親権名義人または後見人による治療の拒絶が未成年者または後見に付されている成年者の健康に重大な結果を引き起こす危険がある場合(48)，医師は，不可欠な治療を行う」と定める公衆衛生法典法律の部第1111-4条第7項2文に基づき，医師は，未成年者の健康に必要不可欠な治療を行うことができる。この様な緊急な場合には，親権者の意思に反しても，未成年者自身の意思に反しても，医療行為を行うことができることになる(49)。

しかし，このような対応は，未成年者がすでに医療機関の下に受け容れられていなければとることができない。極めて危険な状態にある未成年者がいまだ医療機関に入所していない場合には，状況を確認した関係者（社会援助サービスを行っているアソシアシオンの職員，県の援助部局の職員等）は，検察官に申立てをして対応を仰ぐしかない。申立てを受けた検察官は，状況に応じて，聴聞を行わないまま病院に入所させる仮の措置を命じつつ，事件を少年事件裁判官に付託する。病院への入所を命じる仮の措置は，少年事件裁判官に問題が付託された後，少年事件裁判官によって発せられる場合もあるが，いずれにせよ，医療機関に入所すれば，医療機関は当該未成年者に対して同法典法律の部第1111-4条第7項2文に基づく必要な措置をとることができることになる(50)。

次に，医療機関に入院している未成年者が，すぐに命にかかわるという緊急な状況におかれているわけではないが，医学的観点から見れば特定の医療行為を行わなければ重大な結果が残ってしまうと評価される状態にあるにもかかわらず，父母がその医療行為に同意をしないというケースが問題となる

(48) ボルドー行政控訴院2003年3月4日判決（MEDECINE et DROIT, Vol. 2011, N° 111に摘要が掲載）は，同上の要件がみたされるためには，①当該未成年者に切迫した生命にかかわる危険があったこと，および，②代替しうる他の方法がなかったことが必要であるとしている。

(49) 信仰に基づく輸血拒否のケースにおいて，緊急性を理由に，輸血したことにフォートはないとしたものとして，CA Bordeaux, 4 mars 2003, JCP Adm. 2003, n°51, p.15がある。

(50) 実際には，親権者の同意が任意になされるように，医療機関に親権者を同行させたりするようである（久保野・前掲注(43)12頁）。

が，このような場合，当該医療機関の責任者たる医師は，同法典政令の部第1112-35条第4項に基づき，「医師が必要な治療を行うことを可能にする育成扶助措置を発してもらうために，検察官に対して申立てをすることができる」ものとされている。検察官は，必要性を判断した上で，当該問題を少年事件裁判官に付託するか否かを決定する(51)。問題を付託された少年事件裁判官は，子・父・母および医師等の聴聞や医療鑑定等の措置によって得られた情報を考慮した上で，医療行為の実施が子の利益にとって必要であり，当該医療行為を実施しないことが父母の子に対する怠慢（carence）であると判断した場合には(52)，①子を医療機関に託置する育成扶助命令，②父母の子の健康を監督する権限を停止する育成扶助命令を出した上で，③民法典第375-7条第2項に基づいて，子の健康についての監護者を指名して，子の健康の責任者として行動させるといった手順を践んで，当該医療行為への同意の獲得を可能にする(53)。

医療機関と父母との間において未成年者の疾病を治癒させる効果のある複数の医療行為間の選択の争いがあるケース（現在の病院・医師から勧められているものとは異なる治療方法を他の病院・医師から勧められているような場合）においては，検察官や少年事件裁判官は，介入していくことができない(54)。この場合には，民法典第375-7条第2項が前提としている父母の子に対する怠慢があるとはいえないからである。したがって，現在，未成年者を入所させている医療機関は，転医していこうとする家族をひきとめることはでき

---

(51)　このケースでは，緊急性がないことが前提となっているので，仮の措置の検討は問題とならない。また，検察官には，刑事訴追し，刑事手続の中で親権の取り上げを行っていくという選択肢もある。

(52)　A. Aubry, Difficultés dans les relations de soin avec un mineur. Les reponses du procureur de la Republique, MEDECINE et DROIT, Vol. 2011, N° 111 は，①子が危険な状態にあるにもかかわらず，父母が，通常用いられている代替手段のない医療行為に反対している場合や，②親権者によって主張されている代替手段が現在の科学的知見と適合していない場合には，父母の子に対する怠慢 carence が証明されたことになるとしている。

(53)　A. Aubry, *Ibid*.

(54)　ナンシー控訴院 1982年12月3日判決（JCP 1983, éd.G, II, 20081, note G. Raymond.）およびアンジェール控訴院 2005年7月26日判決（A. Aubry, *Ibid*. に要旨が掲載）参照。

ない。

医療機関が勧める医療行為に父母の一方は同意するが，父母の他方が同意しない場合，医療行為の内容が通常の行為の範疇に含まれるのであれば，医療機関は当該医療行為を実施できる。当該医療行為が通常の行為の範疇に含まれない場合には，検察官を通していったん家族事件裁判官に事件を付託し（Ⅱ 4 参照），親権者の対応を統合してもらうことになる。

5　未成年者自身の関与

(a) 未成年者の意思表明権

未成年者を単なる保護の対象としてでなく，権利の主体として取り扱うという一般的な方針のもとで，民法典第 371- 1 条第 3 項が，成熟度に応じて，未成年者を本人に関する決定に参加させることを求めているが，同様に，公衆衛生法典にも，「未成年者または後見に付されている成年者の同意は，その者に自己の意思を表明し，決定に参加する能力がある場合には，常に，探索されなければならない」とする条項が挿入されている（同法典法律の部第 1111- 4 条第 7 項 1 文）。

また，同法典法律の部第 1111- 2 条 5 項 3 文は，「本人は，未成年者である場合には，その成熟度に応じた態様で，後見に付されている成年者である場合には，判断能力に応じた態様で，本人自身としても情報提供を受け，自己に関する決定に参加する権利を有する。」として，本人の健康状態および医療行為についての情報提供が，未成年者本人に対しても行われなければならないとしている。この情報提供は，医療行為の前提としての明晰な同意（インフォームドコンセント）を得るためのものではなく，未成年者の了解が治療の効果に深く関わってくることから，これから行われる治療の態様を本人に理解してもらい，心の準備をさせるものである。ただし，フランスにおいては，他の欧州諸国の立法とは異なり，未成年者に医療一件書類を閲覧する権利が認められていない。

(b) 未成年者の拒絶

医師から提案された医療行為に親権行使権限者が同意したが，未成年者本人が拒絶の意思を示したという場合における当該医療行為の実施の可否については，未成年者自身の同意が探求されなければならないとされている以上，未成年者が拒絶しても医療行為を行えるというのでは同条項を定めた意味がないと解するものがあるが[55]，一般的には，未成年者には，意思を表明する権利が認められているだけであり，未成年者の同意がなければ医療行為を行うことができないわけではないと理解されている[56]。

ただし，もう少し詳細に見ると，親権者および未成年者の望む内容が食い違う場面には，いくつかのものがあり得る。

1つめのケースは，治療効果を有する複数の医療行為の選択において，親子間で意見が分かれるケースである。親権者に決定権があるという原則論からいえば，親権者の選択に従うべきことになるが，未成年者の望む医療行為が多かれ少なかれ治療的効果を持つ場合には未成年者自身の意思が尊重されるべきであるとする立場もある[57]。

2つめのケースは，不治の病に冒されている未成年者が治療を拒絶するケースである。この点，人生の末期にある患者および人の新しい権利を創設する2016年2月2日の法律第87号によって公衆衛生法典法律の部第1111-4条に挿入された第2項が「すべての者」は，治療を拒絶する権利，または，受けない権利を有するとしているところからすると，不治の病に冒されている未成年者があくまでも医療行為を拒むという場合には，医療機関は医療行為を行うことができないように思われる。

3つめのケースは，治療効果があるが潜在的な危険を併せ持っている医療行為を未成年者が拒絶するというケースである。この場合も，原則論からいえば未成年者の拒絶の無視して医療行為を行うことができるように思われるが，実際にそのような状態で医療行為を無理強いしても，十分な効果をもたらすことができない可能性を高くするだけであり，きわめて慎重な行動が必

---

(55) A.Kimmel-Alcover, *L'autorité parentale à l'épreuve de la santé des mineures : chronique d'un déclin annoncé*, RDSS, 2005, n°2, p.265 および D.Vigneau, L'AUTONOMIE DU MINEUR EN MATIERE DE SANTE, La condition juridique du mineur, Litec 2003, pp.41.

(56) M.Dupont, C.Esper et C.Paire, *DROIT HOSPITALIER,* 4e éd, Cours Dalloz 2003, n° 597

(57) S. B. Desvaux, La relation de soin, Medecine & droit, Vol. 2011, n° 111.（必ずしも理由は明らかに述べられていないが，親権が子の利益を究極の目的とするものであることに根拠を求めているようである。）

要な場面であるといわれている。

(c) 未成年者自身の同意が必ず必要な場合

一定の領域の問題に関しては，本人の意思に基づくことが要請され，未成年者自身の同意がないとその医療行為を行うことができないものとされている。すなわち，他人の治療に用いるための血液またはその成分の採取（公衆衛生法典法律の部第1221-5条），兄弟姉妹，いとこ，叔父・叔母，甥・姪に対して移植するために例外的に行われることのある骨髄からの造血組織の採取（同法典法律の部第1241-2条）[58]，本人のために行われた外科手術の際に採取された細胞，組織，ヒト由来製剤，胎盤の事後使用（同法典法律の部第1245-2条2項），生物医学臨床実験への参加（同法典法律の部第1122-2条）については，未成年者本人が当該行為を拒絶する場合には，親権者の同意があっても行うことができない。したがって，たとえ，父母が重病に罹患している子に幹細胞等を移植するため，移植適合抗原を有する弟または妹を出産する目的で受精卵を選別・着床させ受胎したいわゆる「救世主兄弟」（英語では，Savior siblingまたはSavior baby，フランス語では，Bébé-médicamentまたはBélé double espoi）を出産しても，本人が骨髄液等の使用を拒む場合には，採取を行うことはできない。

また，人工妊娠中絶も，他の者がいない場所において未成年者本人が医師または助産師に申し立てるものとされているので（同法典法律の部第2212-7条），当該行為を行う意思が未成年者自身に存しなければ開始されることはない。親権者による医療行為の拒絶の場合と異なり，これらの場合に第三者が強制的に介入していく方法は存在しない。

(d) 未成年者の判断だけで医療行為の決定をすることができる場合

未成年者に関する医療行為の中でも，性交渉と関連する一定の医療行為については，特別な配慮がなされている。この分野は，特に本人の自律が求められ，かつ，年齢的にも成年に近い青少年が当事者となってくるためである。

まず，公衆衛生法典第2212-7条は，解放されていない未成年の女性が人工妊娠中絶を行うことを望んでいる場合において，本人がその者のおかれた

(58) 生存中の未成年者から，他人に利用させる目的における組織・細胞の採取，および，その他のヒト由来製剤の収集を行うことは，一般的に禁止されている（同法典法律の部第1241-2条）。

状態および当該行為の実施について秘密の保持を求め，親権者に意見を聞くことを拒んだとき（または，医療機関からの勧めに従い親権者に意見を聞いたが，同意を得ることができなかったとき）には，医療機関は，親権者の同意なく当該人工妊娠中絶およびそれと関連した医療行為を行うことができるものとされている(59)。

また，避妊についても，同法典法律の部第2311-4条および5134-1条によって，未成年者が，親権者の同意を得ることなく，避妊薬の交付を受けたり，その処方に必要な検査を受けたり，子宮内避妊具の挿入を受けたりすることができるものとされている。避妊薬や避妊用品一般については，家族計画・教育センター（centre de planification ou d'éducation familiale）が，秘密の保持を求める未成年者の申出に応じて，無償で交付する。緊急避妊薬（いわゆるアフターピル）については，薬局においても無償で交付されるが，緊急な場合には，高校や大学に勤務する看護師も，当該学生に対して緊急避妊薬を交付することができる。この場合には，その看護師が，当該未成年者について精神的なサポートが十分であるかどうか確認し，継続的な観察を行う。さらに，性交渉により感染する疾病の予防，検査，治療も，家族計画・教育センターにおいて，匿名かつ無償で受けることができる（同法典法律の部第2311-5条）。

出産については，社会活動・家族法典法律の部第222-6条に基づいて，自己の入院の事実および自己の身元情報について保険施設に秘密保持を求めることによって，実際には未成年者であっても，匿名のまま出産を行うことができる(60)。この場合，身元情報を記載する用紙は一切作成されず，いかな

(59)　実際にこのような方法をとるためには，いくつかの手順を踏んでおかなければならない。まず，未成年の女性は，施行令に定められている施設・機関等においてカウンセリングを受け，その証明書をもらってこなければならないが，カウンセリングを受ける際には，本人の選択する成年者に付き添われていなければならない（同法典法律の部第2212-4条）。次に，医療機関に秘密の保持を求めたときに，まずは，親権者に意見を聴いて同意をもらってくるように勧められる。そして，人工妊娠中絶が行われる際にも，本人の選択する成年者に付き添われていなければならない（同法典法律の部第2212-7条3項）。さらに，人工妊娠中絶の後にも，近時の避妊に関する情報の提供などを内容とした二度目のカウンセリングを受けることが勧められることになる。

(60)　妊娠した女性が自己の身元情報について保険施設に秘密保持を求めた場合，本人は，

る調査も行われないものとされており，入院費用および出産費用も，当該施設の存する県の ASE によって負担される。

(e) 子が自己の健康状態についての情報を親権者に伝えたくない場合

公衆衛生法典法律の部第 1111-5 条 1 項は，「民法典第 371-2 条の適用除外として，医師または助産師は，予防行為，検診，診断，治療または手術が未成年者の健康を守るために必要である場合において，当該未成年者が自己の健康状態の秘密を守るために親権者に対する問い合わせを明示的に拒んでいるときには，なされるべき医療上の決定に関する親権者の同意を省くことができる」とし，このような場合，「まずはじめに，親権者への問い合わせについての未成年者の同意を獲得するように努力し」，それでも「未成年者が問合せに対する異議を保持し続けるときには，医師または助産師は，予防行為，検診，診断，治療または手術を開始することができる」とし（同項第 3 文），未成年者本人の同意のみによって医療行為を開始できるものとしている。また，このようなケースにおいて親権者が情報提供を求めてきた場合，医師は，その申し立てを拒絶することになる（同法典政令の部第 1111-6 条 3 項）。

ただし，治療・手術の実施の際には，当該未成年者がその者に選択された成年者に付き添われていなければならない（同法典法律の部第 1111-5 条同項第 4 文）。ここでは，その付添人たる成年者に，医療行為前の相談相手としての役割，医療行為後の未成年の心身に対してサポートを施す役割，医療行為後に親権者と未成年者又は医療機関との間に紛争が生じた場合における仲介者としての役割をはたすことが期待されているように思われる。

未成年者の意思に基づく医療行為の秘匿を認めるこの取扱いは，医療行為

匿名出産の法的帰結（子との母子関係が定立されない等）およびすべての者にとって自己の身の上を知ることが重要であることについて説明を受ける。また，その者の健康状態，父の健康状態，子の出生に至った状況についての情報を残すことが奨励され，身元情報についても封書の形で残すように勧められる。封書が作成された場合には，子に与えた名および母によってその名が与えられたという事実，ならびに，子の性別，子の出生の日付，場所および時間などが，その外側に記載される。また，当該女性は，その者がいつでも自己の身元情報の守秘義務を解くことができること，および，そうしない場合には，自己の身元情報は法律の部第 147-6 条に定める条件においてしか伝達されることがないということの説明を受ける。

が未成年者の健康を守るために必要である場面に限られてはいるが，実質的に未成年者自身に判断権限を付与したのと同様の状況を生じさせており，未成年者が自己のあり方を自分自身で選択していくという道にたどり着くための門として，一般には好意的に受け容れられているように思われる。また，この取扱いは，未成年者が親権者に一定の事実を知られたくないために医療行為を受けることを断念するという悲惨な状況を回避するという意味ももっており，未成年に対して必要な医療を施していくという観点においても重要な制度である。

ただし，この制度にも問題点がないわけではない。同法典政令の部第1111‐6条第2項によって，親権者への問合せに対する未成年者の拒絶を文書にしておくことが奨励されてはいるが，事後に，親権者が病院に対して民事責任を請求してきた場合，当該拒絶の際に未成年者に同条に定める拒絶をするのに十分な判断能力があったといえるかどうか，医師・助産師・看護師が親権者への問合せに対する未成年者の同意を得るためのできるだけの努力を医療行為前に履践したかどうかを，当該書面によって十分に証明することができないからである(61)。結局，慎重な医療関係者は少年事件裁判官に申立てをするという手段にはしってしまうことになり，内密にしておいてほしいという未成年者の期待をかなえることができないことになる。また，医療費をどのようにして支払うのかも問題となってくる。出産，人工妊娠中絶，避妊，性感染症治療のように，個別の規定により匿名で医療行為を受けることが認められている場合には，法律の規定上，本人に医療費が生じないものとされているので問題はないが，それ以外の医療については，親権者に秘匿したまま医療を受けるのを認めるのであるから費用が生じないと解すべきであるのか，医療費が発生し，保険を使わざるを得ないと解するのかが必ずしも明らかでないのである。保険を使わざるを得ないということになると，医療を受けたことを親権者に対して知られたくないという未成年者からの要請に応えるのは，困難になってしまうことになる(62)。さらには，より根本的に，重大な医療行為を自己の判断のみで行い，発生した結果を一人で背負うこと

---

(61) S. B. Desvaux, *op.cit.*

(62) C.Rey-Salmon, Secret medical et personnes vulnerables: le cas du mineur, D.2009, n°.39.

になる未成年者の心理的な負担も，重要な問題として指摘されている[63]。

(e) 未成年者自身がCMUの名義人である場合

公衆衛生法典法律の部第1111-5条2項は，「その家族関係が破綻している未成年の者が疾病出産保険および普遍的疾病補償の創設に関する1999年7月27日の法律第641号によって設置された追加的補償を自己の名義において享受している場合，当該未成年者の同意のみが要求される」としている。このような極端なケースにおいては，父母の同意を要求するという伝統的な対応は不適切であり，立法者も破綻した家族関係の特殊性に合わせざるを得なかったのである[64]。

したがって，自分自身が普遍的医療保障（CMU）の名義人になっている未成年者は，家族関係が破綻している場合という限定は付くものの，実際上は，自己の判断だけで医療行為を行うことができることになり，医療機関も親権者の同意を得てくるように未成年者を説得したり，成人の同伴者に引率させたりする必要がない。

Ⅵ　まとめにかえて

フランスにおける未成年者の医療行為の決定に関する法的状況については，2つの特徴を指摘することができる。

1つめ特徴は，当事者（子，父母，そして，場合によっては，社会）の利益のバランスを図るためのルールが複数の異なるレベルにおいて存在し，それぞれのレベルで困難な問題に対応することができるようになっている点である。親子関係の存在のレベルでの対応，親権の帰属のレベルでの対応，親権の行使権限のレベルでの対応，行為選択の目的のレベルでの対応，医療行為の種類のレベルでの対応，医療行為の重大性のレベルでの対応，自己の身体にかかわる情報の秘匿の問題のレベルでの対応といったように重層的にルール設定がなされ，対応主体もアソシアシオンであったり，行政であったり，裁判所であったりする。そして，実務は，それらを柔軟に使い分けることにより，最も異論の少ない結論に到達することができるようになっている（例

(63)　S. B. Desvaux, *op.cit.*

(64)　G. Rousset, Le mineur en établissement de sante, LAMARRE 2004, pp.59.

えば，他の欧州諸国とは異なり，判断能力がある程度備わってきた未成年者にラディカルに決定権を与えるということはしないが，医療行為の種類を絞って決定権を認めたり，自己の医療情報の父母に対する秘匿を認めることにより反射的に自律を認めるといった手法をとって，同様の結論を導いている)。

２つめの特徴は，ルールを成文化する迅速性である。基本的な権利について定める条文についてさえ，毎年のように改正が行われ，新ルールが成文化される。研究者にとっては，苦労が絶えないが，医療実務においては現在存在する法令に従っておけば良いということになるので，悩むことなく活動を行うことができる。日本の立法者が，医療行為実施のための同意権の所在，考慮されなければならない拒絶の範囲といった基本的な問題にさえ，立法上の態度を明らかにしないでおり，実務に萎縮的効果を生じさせているのと極めて対照的である。現在フランスでとられている制度が最善のものであるというわけではないが，まずルール設定をし，問題が生じれば，さらなる議論をしてそれに対応するという積極的な立法態度は見習わなければならないであろう。

また，フランスの制度の中には，(未成年者の出産・中絶・避妊についての制度設計など）日本においてこれまで重視されてきていない当事者の利益や制度の実益を基礎としているものがあり，日本においてルール設定の議論をする際に，貴重な材料となるものも少なくないと思われる。

4　小児医療と生命倫理

河原直人

I　はじめに

小児の保健医療をめぐる生命倫理問題は，成人のそれと共通するものもあるが，特に，下記の問題がしばしば注視される。

すなわち，こどもの医療上の意思決定と，その価値判断をめぐる「最善の利益」に係る問題である。

こどもの医療上の意思決定に際しては，そのこどもの医学的な状況に加えて，社会的な状況が価値判断の重大な要因たりうる。こどもが自分の生命に関する状況についての一定の理解をもって何らかの意見表明を行う場合，成人と同じ俎上でなくても，相応の配慮をもって，それが価値判断の要因として考慮されることは重要である。一方，その意見が，客観的に，こども自身の福利にそぐわないものならば，成人による意思決定の援助も必要になると考えられる。

しかし，こどもたちは，特に重篤な慢性の病気にかかっている場合，両親の選択を導くような発言をすることもあるという(1)。

いずれにしても，こどもの医療上の最善の利益をめぐる問題については，短期的な見地のみならず，長期的な見地からも考慮する必要がある。また，こどもの負担やリスクについて総合的な判断を継続的に行うことで，実現可能な選択肢の中から，最善の処置を検討することも重要である。この「最善の利益」という概念は，重篤な疾患を持つこどもへの処置を，差し控えたり，中止したりすることを検討する場合，しばしば念頭に置かれるものでもある。その捉え方は，立場や状況によりおのずから変容するおそれもあり，継続的かつ多面的な検討を行うとともに慎重を期すことが求められる。

これらをふまえて，次項では，生命倫理の諸原則と共にこどもの医療をめぐる倫理的視座について検討してみたい。

（1） Loretta M. Kopelman, 'Ⅲ. Health Care and Research Issues', Encyclopedia of Bioethics (4th ed.), pp.532-545（和訳は，掛江直子訳「こども　Ⅲ. 保健医療および研究に関する問題」:『生命倫理百科事典 第2巻』1133-1142頁〔丸善，2007年〕を参照）。

Ⅱ　こどもの医療をめぐる倫理的視座

生命倫理（バイオエシックス）の重要な4つの視座として，＜自己決定の視座＞，当事者の＜恩恵の視座＞，特定の個人の価値判断や道徳的・倫理的基準をふまえつつ，その個人の生活している社会における合意や，公共政策に関連しての＜公正の視座＞，さらには，医療のサービス等に関して差異を設けてはならないとする＜平等の視座＞が挙げられる(2)。

まず，＜自己決定の視座＞のもとにある「自律尊重の原則」をこどもの医療上の価値判断において，どのように捉えるべきかについて検討してみたい。

そもそも「自律」とは，他者による支配的な介入と，自らの意味のある選択を阻む個人的限界から自由なもの――いわば「自己の個人的支配の概念」(3)と捉えられるものである。

また，自律的行為とは，他者の統御的な拘束に服従するものではない(4)と同時に，「個人の思想や行動が他者に重大な危害を＜与えないかぎり＞，その個人の見解や権利を尊重しなければならない」と表現されるものである(5)。

なお，患者個人の自律は，以前から医学的決定について自らの道徳的な立場を表明していた場合，その患者に意思決定の能力のあった時に確立された枠組みに基づき，代理の者によって保護されることになる。そして，その患者の信念や価値観，希望が，その患者から表明されていない場合は，＜恩恵の視座＞に立ち返り，その患者の利益に最も役立つであろう，最良の客観的な判断に従った保護を確保するための選択がなされることになる。さらに，その患者が意思決定の能力があるときに何らの意向も表明しておらず，その患者を家族のだれかが保護することが適切と考えられるような場合，家族と

(2)　木村利人『いのちを考える――バイオエシックスのすすめ』18-21頁（日本評論社，1993年）。

(3)　Tom L. Beauchamp, James F. Childress : 1994, “Principle of Biomedical Ethics”, Fourth Edition, Oxford University Press, New York, p.121（訳書は，永安幸正，立木教夫監訳：『生命医学倫理』〔成文堂，1997年〕80頁を参照）.

(4)　Tom L. Beauchamp, James F. Childress : Ibid., p.126（訳書は，永安・立木監訳・前掲注(3)84頁を参照）.

(5)　同上，126頁（訳書は，永安・立木監訳・前掲注(3)84-85頁を参照）。

の関係性が考慮されながら，その患者の利益になることが目標とされることになる。

ところで，自律尊重の原則は，十分自律的に行為し得ない人々――例えば，未熟であるとか，無能力であるとか，無知であるとか，強制されているとか，あるいは，他者から搾取されているような立場にある人々，また，幼児，非理性的な自殺衝動に駆られている人や薬物に依存している患者等には，適用できないものであるため，これら非自律的な人間の行動は，その行動から生じうる危害から彼らを守るために，<恩恵の視座>から有効に統御される(6)必要が生じうる。この視座のもとに「善行（恩恵）の原則」があり，この原則は，こどもの権利，尊厳，そして，それらにアプローチするための「生命の質」（Quality of Life: QOL）や「最善の利益」の捉え方などとも密接な関係を有すると考えられる。

ただし，「生命の質」の概念・定義は曖昧であり，それにアプローチする規範や評価尺度も様々である。例えば，そもそもの「生命の質」の判断は全く主観的なものか，あるいは，生命の質判断を導くような客観的な基準はあるのかという問いは重要である。さらには，「生きるに値しない」と判断されうるほどの状態の生命というものが存在しうるのか，そして，その生命維持を止めることを誰が決定するべきなのか，といった問いも忘れてはいけない(7)。

一方，「生命の神聖性」（Sanctity of Life）なる概念をめぐって，「すべての人間は互いに同等の尊厳と価値を有するが，その基準は個々人の成熟度によるものではない。それゆえにすべての人間は――理性と自我をもつ者のみならず――生存する権利を有している(9)」という考え方があることにも注意しておかなければならない。

（6）　同上，127-128頁（訳書は，永安・立木監訳・前掲注（3）86頁を参照）　なお，原著では，仁恵と自律の衝突をめぐって，正当化され得るパターナリスティックな介入についての議論においても，非自律的な人を保護する天蓋（canopy）として自律尊重原理を用いるべきかどうかの問題が扱われている（271-291頁）。

（7）　Stephen G. Post（editor in chief）,“Encyclopedia of Bioethics”, 3rd edition, Macmillan Reference USA, pp.1388-1406.

（9）　Hui, Edwin C. 2002. At the Beginning of Life: Dilemmas in Theological Bioethics. Downers Grove, IL: InterVarsity Press.

社会的に弱い立場にあって，意思決定能力が十分ではない患者に対して，代理で決定する者による専断や乱用が起きないような「生命の質」を捉えるための基準を，継続的に考えていくことが重要である。

また，生命の質の諸問題に関連して「最善の利益」が考量されることもしばしばある。「こどもの最善の利益」をめぐっては，以前から「年齢による線引き」に係る議論を伴う場合も多くあった。しかし，今日ではむしろ事例ごとの合理的な状況判断とともに，両親，医療従事者，さらに，社会との関係性をも含めた様々な議論がなされている(8)。

なお，上記の「善行（恩恵）の原則」に関連して「無危害（侵害回避）の原則」という倫理原則がある。この原則とリスクの諸問題への対処は不可分の関係にあると考えられ，患者への身体的・心理的・社会的なリスクを最小化するための処置につながるものであることも留意しておく必要があろう。

ただし，本人が自律的な行為を行うことが困難な状況の多い小児医療において，患児自身が，非自律的な行為者として周囲（医療提供者を含む）からみなされた場合，親側からの一方向的な父権的温情主義 —— すなわち，パターナリズムによって，患児側の視点そのものが否定される事態も懸念される。その際，患児を保護するという目的のもと，恩恵や無危害のあり方のみが強調され，肝心の患児がないがしろにされ得るおそれについても注意しておく必要はあろう(10)。

さて，最後に＜公正の視座＞や＜平等の視座＞のもととなる「正義（公正）の原則」について俯瞰しておきたい。この原則をめぐっては，功利主義，平等主義，リバタリアニズム，契約論の見地から議論が喚起されていることにも留意しておく必要があろう（**表１**）。

いずれにしても，様々な正義（公正）をめぐる議論が世の中には存在しているが，医療上の公正性を検討する上では，配分的な正義に係る諸議論はも

（８） Anne M. Dellinger, Patricia C. Kuszler, 'Infants, Public Policy and Legal Issues', Encyclopedia of Bioethics (3rd ed.), pp.1257-64.

(10) Tom L. Beauchamp, James F. Childress：Ibid., 'Case 2: Nondisclosure of Prostate Cancer', 512-513 頁（訳書は，永安・立木監訳・前掲注(３)264-265 頁を参照)。

(11) Loretta M. Kopelman, 'III. Health Care and Research Issues', Encyclopedia of Bioethics (4th ed.), 532-545 頁 .

表1：正義（公正）をめぐる代表的な議論(11)

1．功利主義の立場	少数よりも多数のこどもたちのため，社会的に有用，且つ，費用対効果が良い医療が追求されることが考えられる。但し，こうした共通善のために，特定のこどもたちを不当に締め出されてしまうこどもが生じることには注意を要する。したがって，公正性を価値あるものとするため，すべてのこどもたちが基本的なケアを受けるべきということが重要となる。
2．平等主義の立場	すべての人々が可能な限り平等に，同じ物的資源，サービス，利益にアクセスできることが求められる。しかし，アクセスの平等性ではなく，その結果の平等性が求められる場合，データの収集・公開の方法によって年齢の偏りなどの差別は生じうる。特定の結果に注目することで，ある特定の集団に有利に働く施策があるならば，それは問題となる。
3．リバタリアニズムの立場	概ね，意思能力のある成人は，第三者に害を及ぼすのを防ぐ場合を除いて，国家によっていかなることも強制されないという考え方が提示される。したがって，こどもの医療については，その保護者の責任であり，国が負うべきものではないということになるが，こどもを危険な目に合わせたりする親に対して，国が特に介入して保護することは許容される。
4．契約論の立場	機会の公正性に社会が責務を持ち，こどもたち一人ひとりに適切な医療が供給されなければならない旨が主張される場合がある。功利主義同様，契約論の立場においても，医学的・社会的な必要性を順位付け，誰がサービスの利益をより多く受けるかを決定するための公平で客観的なシステムが存在することが前提とされている。しかし，その前提自体が疑わしく，そこに個人的・社会的な偏見が伴うことも否めない。

とより，手続的な見地にも留意していくことを忘れてはいけない。したがって，こどもの医療の課題においても，「正義（公正）の原則」をめぐる課題は，恣意的な差別を除去し，競合する様々な価値に対して適切な均衡をもたらす枠組みをいかに与えられるかということにあるだろう(12)。その際，こど

(12)　河原直人「ヘルスケアにおける公正の原則とその適用のあり方について」臨牀看護30巻12号1784-1790頁（2004年）。

もたちが自らの福利を享受する機会を増大させる環境を整えていくことが重要になると考えられる。

以上，生命倫理の視座，それらのもとにある倫理原則について述べたが，これらは主に米国を中心として，その適用のあり方がしばしば議論されてきたものである。この原則とは別に，「バルセロナ宣言」に代表される「欧州の生命倫理4原則」──すなわち，「自律（autonomy）」，「尊厳（dignity）」，「脆弱性（vulnerability）」，「統合性（integrity）」の観点があることも留意しておきたい。

1995年から1998年にかけて，欧州評議会は，「欧州のバイオエシックスとバイオ・ローにおける基本的な倫理原則」研究プロジェクトを支援し，その哲学的・政策的な合意事項が，1998年のバルセロナ宣言に盛り込まれた。同宣言は，欧州のバイオエシックスやバイオ・ローのみならず，国際的な倫理規範をあらためて捉えなおすものとして注目された(13)。

特に，こどもの医療においては，人間の限界性をも考慮した脆弱性の観点からのアプローチが極めて重要となろう。また，個々の患児を，単に疾病の主体としてみなすのではなく，その身体的・心理的・社会的な価値を統合的に捉えることも求められよう。そして，それらの「指導的な価値(14)」として，人間，そして，生命の「尊厳」を捉え直すことも忘れてはならないだろう。

Ⅲ　こどもに係る法的枠組みと倫理的対応について

さて，ここで，こどもに係る法的枠組み及び倫理的対応についてあらためて俯瞰してみたい。わが国では，こどもについて言及された法文は数多くある（**表2**）。

(13)　四ノ宮成祥=河原直人編著『生命科学とバイオセキュリティ』123-180頁（東信堂，2013年）。

(14)　Christian Byk（甲斐克則・天田悠訳）「人間の尊厳は不要な概念か？ 法的パースペクティブ」比較法学45巻2号117-125頁（2011年）。

表 2：「こども」に係る法文の例

【児童福祉法第 1 条の 2】	すべて児童は，ひとしくその生活を保障され，愛護されなければならない。
【児童福祉法第 2 条】	国および地方公共団体は，児童の保護者とともに，児童を心身ともに健やかに育成する責任を負う。
【母子保健法第 3 条】	乳児および幼児は，心身ともに健全な人として成長してゆくために，その健康が保持され，かつ，増進されなければならない。

一方，「こどもの権利条約」（1989 年国連総会採択・1994 年日本批准）についても確認しておきたい。同条約は，1）生きる権利，2）育つ権利，3）守られる権利，4）参加する権利に大別されるが，いずれも，あくまで「こどもの側」からの権利を捉えていることが特徴的である。同条約で述べられる内容はいずれも重要であるが，以下は，特に，こどもの医療に関連して考慮されるべきと考えられる部分を抜粋したものである（表 3）。

表 3：小児医療における価値判断に特に関連すると考えられる「こどもの権利条約」の条文の例

【第 1 条】	こどもの定義：18 歳未満のすべての者を対象
【第 3 条】	最善の利益の考慮：児童の最善の利益が考慮されるものとする
【第 5 条】	父母の指導： ・児童がこの条約において認められる権利を行使するにあたり，父母もしくは（中略）法定保護者又は児童について法的責任を有する他の者が，その児童の発達しつつある能力に適合する方法で，適当な指示および責任，権利および義務を有する。
【第 6 条】	生命，生存および発達に対する権利： ・すべての児童が生命に対する固有の権利を有することを認める ・児童の生存および発達を可能な最大限の範囲において確保する。
【第 9 条】	親と引き離されない権利： ・児童がその父母の意思に反して，その父母から分離されないことを確保する。ただし，権限のある当局が（中略）その分離が児童の最善の利益のために必要であると決定する場合は，この限りではない。

【第12条】	意見表明権： ・自己の意見を形成する能力のある児童が，その児童に影響を及ぼす全ての事項について,自由に自己の意見を表明する権利を確保する。 ・この場合において，児童の意見は，その児童の年齢および成熟度に従って相応に考慮されるものとする。 ・このため，児童は特に，自己に影響を及ぼすあらゆる司法上および行政上の手続において，国内法の手続規則に合致する方法により,直接に又は代理人もしくは適当な団体を通じて聴取される機会を与えられる。
【第13条】	表現の自由についての権利： ・表現の自由についての権利には，（中略）あらゆる種類の情報および考えを求め，受け，および伝える自由を含む。
【第14条】	思想・良心・宗教の自由： ・思想・良心・宗教の自由についての児童の権利を尊重する。 ・父母（場合により法定保護者）が児童に対し，その発達しつつある能力に適合する方法で指示を与える権利および義務を尊重する。
【第17条】	適切な情報へのこどものアクセス権： ・児童が国の内外の多様な情報源からの情報および資料，特に児童の社会面，精神面および道徳面の福祉並びに心身の健康の促進を目的とした情報および資料を利用することが出来ることを確保する。
【第18条】	父母の責任： ・父母（場合により法定保護者）は，児童の養育および発達について第一義的な責任を有する。児童の最善の利益はこれらの者の基本的な関心事項となるものとする。
【第19条】	虐待・放任からの保護： ・児童が（中略）あらゆる形態の身体的もしくは精神的な暴力，傷害もしくは虐待，放置もしくは怠慢な取り扱い，不当な取り扱い又は搾取（性的虐待を含む）から児童を保護するため，すべての適当な立法上，行政上，社会上，および教育上の措置をとる。
【第24条】	健康・医療への権利： ・到達可能な最高水準の健康を享受すること並びに病気の治療および健康の回復のための便宜を与えられることについての児童の権利を認める。

上記の「こどもの権利条約第3条」（こどもの最善の利益原則）をめぐる主たる問題として，当該の利益をどのように捉えるべきかについて，しばしば議論となる。こどもの意思不在のままに，その「最善の利益」が関係者間で考量されるおそれに注意しなければならない。

また，こどもの権利と親の権利についての整合性をはかっていくことも重要な課題である。特に，親の指導と責任をどのように捉えるべきかということをめぐっては，こどもの権利条約第5条（父母の指導）及び18条（父母の責任），第9条（親と引き離されない権利），第19条（虐待・放任からの保護）にも留意の必要がある。

現状では，従来の民法規定にあるように，子に対する親の包括的な支配が可能となるとも考えられ，親権について誤った認識が広がるおそれにも注意しておきたい（**表4**）。

表4：民法における親権に係る条文の例

【民法第818条】	成年に達しない子は，父母の親権に服する。
【民法第820条】	親権を行う者は，子の監護および教育をする権利を有し，義務を負う。
【民法第834条】	父又は母が，親権を濫用し，又は著しく不行跡であるときは，家庭裁判所は，子の親族又は検察官の請求によって，その親権の喪失を宣告することができる。

なお，こどもの意見表明・参加権の主たる問題──こどもの意見表明をどのように捉えるべきか，ということも重要である。すなわち，こどもの権利条約第12条（こどもの意見表明権），同条約第14条（思想，良心および宗教の自由）である。現状では，こどもの自由な価値観に基づく意見表明のあり方をめぐって，アセントに係る取組が進められているが，今後，意思決定の俎上でいかに活用できるかはなお課題といえよう。

これに関連して，こどもの情報アクセス権の問題も忘れてはならない。すなわち，こどもの権利条約第13条（こどもの表現の自由 j についての権利），同条約第17条（適切な情報へのアクセス権）に係る内容である。これについては，医療者や親からの情報のみでは不十分となる場合は勿論のこと，ともすれば偏った情報のみにこどもが依拠せざるを得ない状況を生み出すおそれにも注意しておきたい。

ところで，2006年4月，日本小児科学会倫理委員会は，日本小児科学会の代議員350名（男性318名，女性15名，無記入17名）を対象として，質問票の郵送により，個人情報保護に関するアンケート調査を実施した。発送数（代議員数）は596，回答数は350（58.7％）であった。回答者の属性として，大学病院が138名で最も多く，次いで，診療所81名，一般病院65名，公立病院33名，小児病院・小児医療センターは28名などであった。このアンケートでは，医療者側と患児，および，その親権者との関係についての設問も含むものであり，それらの結果の概要は次の通りである(15)。

すなわち，患児および親権者に診療情報を提供する際の対象については，「患児と親権者それぞれに説明」と回答した医師が285名と最多であり，次いで「親権者のみに説明」が44名，その他，「状況による」，「患者年齢による」，「症例による」などであった。

また，患児および親権者に診療情報を提供する際の対象については「患児と親権者それぞれに説明」と回答した医師が285名と最多で，これらのうち，患児本人への説明についても配慮し始める年齢として「12歳以上から」と回答した医師が138名で最多，次いで「6歳以上から」が96名，「15歳以上から」は21名，「18歳以上から」は4名であり，その他，「本人が分かれば何歳でも（理解力による）」7名，「10歳以上」が5名，「9歳以上」が2名であった。

診療の過程で，患児および親権者に対して，診療情報を説明・提供する際の方法としては，「親権者に説明文書を交付，患児には口頭による説明」142名で最多，次いで「親権者に説明文書を交付，患児用の説明文書も用意」34名であり，その他，診療記録の呈示等については「状況による」が23名であった。

以上から，当時の大半の小児科医たちが，患児と親権者それぞれに配慮した説明を行っている状況が明らかになった。また，患児へ説明する年齢基準については様々な意見に分かれたが，概して，「6歳以上」と「12歳以上」

(15) 河原直人・杉本健郎・田中英高・田辺功・田村正徳・谷澤隆邦・吉岡章・土屋滋「個人情報保護に関するアンケート集計報告」日本小児科学会雑誌111巻5号（2007年）55-62頁。

に大きく意見が分かれる結果となった。

しかし，各設問項目について，「状況による」と回答した医師が依然多くいて，事例ごとの検討も必要であることが推察された。

いずれにしても，医療上の年齢に係る考え方は様々である。一定の目安は今後も考察されるべきと考えられるが，ただちに法的枠組みに委ねようとするのではなく，倫理の俎上からも，臨床上の柔軟な対応を検討していく余地が未だ多くあることも，意識しておく必要があろう。

なお，当該の医療対応が妥当なものであるか否かを確認するため，第三者機関，あるいは，施設内の倫理審査委員会など，第三者的な視点を設けることの重要性はこれまでにも随所で語られてきた。

しかしながら，必ずしもそれらすべてが当初の理想のように機能していないのが現実である。

医療に接続しうる福祉分野を見ても，日本の児童福祉施設は，1）施設が管理的体質や外部社会に対する閉鎖的体質を持っているため，外部の第三者に人権侵害の事実を告知することも難しいこと，2）施設単位の苦情処理システムについて，具体的な内容は施設経営者に委ねられ，実効性が疑問視されていること，3）都道府県ごとの社会福祉協議会に設置される適正化委員会は，独立組織ではあるものの，個々の施設に対する権限は不十分であることなどの問題点が指摘されてきた[16]。医療分野においても，こどもの権利を第三者が実質的に保障していくことが往々にして困難であることは想像に難くない。

米国では，1983年の小児科学会提案及びICRC（連邦規則45-CFR-Part84; 1984年1月勧告）による「小児患者のためのバイオエシックス委員会」（Infant Bioethics Review Board / Infant Care Review Committee）の法的要件がはやくから整備されており，注視されてきた。このモデルでは，新生児・小児患者を対象として，患者の家族・関係者および施設内スタッフなどの要請により開催されるものである（誰でも連絡可能）。構成要件は，医師，看護師，宗教・倫理専門家，法律家，身障者またはその組織代表，地域代表，院内医療

(16)　日本弁護士連合会『こどもの権利条約に基づく第2回日本政府報告に関する日本弁護士連合会の報告書』2003年6月1日。

スタッフ，病院管理者など，最低8人とされた[17]。

わが国でも倫理委員会の制度自体は普及しているが，こどもの諸問題に特化した審議主体は未だ多くないのが実情といえよう。こどもの権利を第三者的に審議し，一定の影響力をもって助言を与えうる制度設計について，今後も継続的に検討されることを期待したい。

ところで，ここで，第34回世界医師会総会で採択された「リスボン宣言」(1981年）についても付言しておきたい。同宣言は，医師は常に患者の最善の利益に従って行動すべきであると同時に，患者の自律性と正義を保証するために同等の努力を払わねばならない旨を骨子として，11か条の原則よりなるものである。

その第5において，「法的無能力の患者」(The legally incompetent patient) についての規程 ── すなわち，a）患者が未成年者あるいは法的無能力者の場合，法域によっては，法律上の権限を有する代理人の同意が必要とされること。それでもなお，患者の能力が許す限り，患者は意思決定に関与しなければならないこと，b）法的無能力の患者が合理的な判断をしうる場合，その意思決定は尊重されねばならず，かつ患者は法律上の権限を有する代理人に対する情報の開示を禁止する権利を有すること，c）患者の代理人で法律上の権限を有する者，あるいは患者から権限を与えられた者が，医師の立場から見て，患者の最善の利益となる治療を禁止する場合，医師はその決定に対して，関係する法的あるいはその他慣例に基づき，異議を申し立てるべきことと，救急を要する場合，医師は患者の最善の利益に即して行動することを要すること，が定められている[18]。

したがって，同宣言から，こどもの場合であっても最大限その意思が尊重され，合理的な判断が可能な場合はその意思を尊重することが求められているといえよう。また，医師は，その立場からみて，こどもの保護者などが，こどもにとって最善の利益となる治療を拒否していると考えられる場合は異

(17)　木村利人,「日本における医の倫理の問題性とバイオエシックス」周産期医学21巻3号（1991年）337-340頁。

(18)　日本医師会「WMA 患者の権利リスボン宣言」和訳版，http://dl.med.or.jp/dl-med/wma/lisbon2005j.pdf，2016年3月25日アクセス。

議を申し立てることが可能であること，そして，緊急の場合は，こどもの「最善の利益」に即して対応すべきことが，国際的なコンセンサスとなっていることもうかがえる。

Ⅳ　こどもを対象とする医学系研究に関する諸問題

さて，ここでは，こどもを対象とする医学研究の諸問題について考えてみたい。

こどもの医療上の価値判断を考えるとき，厳密には医療とは区別されるものの，医学研究における倫理的配慮も重要となる。こどもを対象とする場合の研究の方針は，治療に関する方針と同様，個々の権限の原則（誰が決定するのか）と指導の原則（どのように決定されるべきかという実際的な指示）から成り立っているという指摘があるが，他にも下記のような議論があることが留意されるべきである（表5）。

表5：こどもを研究対象とする場合の価値判断に係る代表的な議論(19)

1．リバリタリアニズム（自由主義）に基づく解決法（親の代理的な価値判断による）	両親が同意すれば，こどもを対象とする研究も許容される。ただし，法的・道徳的な見地から，親の権利は，こどもの健康の機会や福祉を増進させ，こどもへの危害を予防，除去，軽減させることを前提としている。両親は，こどもの利益にならないと予期される研究にこどもを参加させる権限は有しない。
2．ニュルンベルク綱領に基づく解決法（同意がなければ研究は実施しない）	こどもは，インフォームド・コンセントを得ることができる意思能力者としてみなれていないため，こどもには適用されない。研究が直接，そのこどもの利益になる場合でさえ，こどもの研究参加が禁じられることになるが，あまりにも限定的である。
3．リスク対利益（risk-benefit）による解決法	研究がこどもに直接利益をもたらすものか，あるいは，研究によって不当に危害などを及ぼすものでなければ，こどもを対象とすることが許容される。ただし，研究の社会的有用性と，こどもの尊重・保護とのバランスをとるために，リスクが高ければ高いほど，こどもへの保護

(19)　Loretta M. Kopelman, 'III. Health Care and Research Issues', Encyclopedia of Bioethics (4th ed.), 532-545頁（訳書は，掛江・前掲注(1)1133-1142頁を参照）。

	と同意要件がより厳格かつ入念になされることが要求される。この考え方は，米国や英国，世界医師会，国際医科学機関評議会なども賛同している。米国の被験者保護法（1993年）では，研究対象者が公平に選ばれること，研究対象者に対するリスクが最小化され，期待される成果との関係において合理的であるという判断に基づき，倫理審査委員会などの承認がなされる。研究者は研究対象者の安全と秘密保持に十分配慮するとともに，両親の同意を得なければならず，可能であれば，こども自身の賛意を得なければならない。ただし，両親や医師が同意しており，こどもが当該研究に参加することで，そのこどもにとっての治療上の重要な利益が得られると判断されるような場合は，こどもの拒否に拘束されない。
4．危害対利益（harms-to-benefit）による解決法――米国の被験者保護法（1993年）では，こどもを対象とする研究は4つのカテゴリーに区分される。この規則では，リスクが増大すればするほど厳格な要件が文書で求められることになる。なお，地域の倫理審査委員会は，4つのカテゴリーのうち最初の3つにおいてのみ研究を承認することができる。	第1のカテゴリー：両親の同意とこどもの賛意を得るとともに，最小限のリスクを超えるリスクを伴わない場合，当該研究が認められるというものである。
	第2のカテゴリー：最小限のリスクを超えるリスクを伴うが，下記にあてはまる場合は研究が認められる。 ①　各々の研究対象者に期待される利益によって，リスクが正当化される。 ②　利益との関係において，各々の研究対象者のリスクが，その他の選択肢と同じように，少なくとも許容されうるものである。 ③　両親の同意と，こども自身の賛意を得られる。
	第3のカテゴリー：個々の研究対象者への直接の利益は期待せずに行われる研究は，そのリスクが最小限のものをわずかに上回るに過ぎないような場合，下記にあてはまる場合は研究が認められる。 ①　医療，教育，あるいは心理的側面で，実際のこどもの状況，あるいは，予期される状況と同じ程度のもの ②　こどもの障害や症状などの重要な情報を結果的にもたらすもの ③　両親の同意とこども自身の賛意を得るものである場合に認められるというものである。 第4のカテゴリー：上記の第3番目までのカテゴリーで認められない研究でも下記にあてはまる場合は認められることがある。 ①　当該研究が，こどもの健康や福利に重大な影響を及ぼすことに対し，それを理解したり，予防したり，

	緩和したりするための合理的な機会を提供するものである場合 ②　当該研究の価値と倫理性について専門委員会によるコンサルテーションが行われ，パブリックコメント，親の同意，こども自身の賛意を得ることで適切に決定がなされることが，米国保健福祉省によって承認される場合

特に，今後も懸案となるのは，リスクの定義やその評価のあり方について明確な基準がないことである。ハンチントン病の患者を対象として採血が行われる場合のように，身体的リスクは低くても，心理・社会的リスクが高い場合があることが指摘される例もあり，リスク評価の難しさは依然として懸案となっている(20)。今後，それらの解釈の標準化に向けた取組が期待されるところである。

ところで，世界医師会による「ヘルシンキ宣言」では，その第19条および第20条において「社会的弱者グループおよび個人」に関して遵守すべき事項が明示されている。また，同宣言の第37条にある「未実証の治療」は，「診療と研究の境界線上」にあるような場合について述べられたものであるが，成人同様，こどもを対象とする場合も，特に配慮が求められるところである（**表6**）。

一方，わが国では，2014年12月に「人を対象とする医学系研究に関する倫理指針」（文部科学省・厚生労働省告示第3号）が公表されたが，その第1（目的および基本方針）において「社会的に弱い立場にある者への特別な配慮」（日米EU医薬品規制調和国際会議で合意されている医薬品の臨床試験の実施に関する基準のガイドライン（ICH-GCP）では「Vulnerable Subjects」と示される）が挙げられていることに注意が必要である。

2015年に公表された同指針のガイダンスでは，上記の「特別な配慮」に

(20)　Loretta M. Kopelman, 'III. Health Care and Research Issues', Encyclopedia of Bioethics (4th ed.), 532-545頁（訳書は，掛江・前掲注(1)1133-1142頁を参照)。

(21)　日本医師会「WMAヘルシンキ宣言」和訳版，http://dl.med.or.jp/dl-med/wma/helsinki2013j.pdf，2016年3月25日アクセス。

表6：ヘルシンキ宣言におけるこどもを研究対象とする場合の価値判断に係る留意事項[21]

社会的弱者グループおよび個人	
第19条	あるグループおよび個人は特に社会的な弱者であり不適切な扱いを受けたり副次的な被害を受けやすい。 すべての社会的弱者グループおよび個人は個別の状況を考慮したうえで保護を受けるべきである。
第20条	研究がそのグループの健康上の必要性または優先事項に応えるものであり，かつその研究が社会的弱者でないグループを対象として実施できない場合に限り，社会的弱者グループを対象とする医学研究は正当化される。さらに，そのグループは研究から得られた知識，実践または治療からの恩恵を受けるべきである
臨床における未実証の治療	
第37条	個々の患者の処置において証明された治療が存在しないかまたはその他の既知の治療が有効でなかった場合は，患者または法的代理人からのインフォームド・コンセントがあり，専門家の助言を求めたうえ，医師の判断において，その治療で生命を救う，健康を回復するまたは苦痛を緩和する望みがあるのであれば，証明されていない治療を実施することができる。この治療は，引き続き安全性と有効性を評価するために計画された研究の対象とされるべきである。すべての事例において新しい情報は記録され，適切な場合には公表されなければならない。

ついて，1）倫理審査委員会における有識者からの意見聴取，2）インフォームド・アセントの取得等，3）必要に応じて，研究対象者の自由意思の確保に配慮した対応（公正な立会人の同席など），4）研究対象者の選定に際して，その必要性について十分に考慮すること，などが明示されている。

また，その第2（用語の定義）の（17）「代諾」については，「生存する研究対象者の意思及び利益を代弁できると考えられる者であって，当該研究対象者がインフォームド・コンセントを与える能力を欠くと客観的に判断される場合に，当該研究対象者の代わりに，研究者等又は既存試料・情報の提供を行う者に対してインフォームド・コンセントを与えることができる者」と定義づけられている。

さらに，同じく第2の（19）では，「インフォームド・アセント」について「インフォームド・コンセントを与える能力を欠くと客観的に判断される研究対象者が，実施又は継続されようとする研究に関して，その理解力に応じた分かりやすい言葉で説明を受け，当該研究を実施又は継続されることを理解し，賛意を表することをいう」と定義づけられている（ガイダンスでは，アセントが小児の場合に限定されない旨も明示されている）。

これらをふまえて，同指針の第13の1では「代諾者等からインフォームド・コンセントを受ける場合の手続等」が規定されている。ここでは，当該研究対象者が，未成年者（同指針のガイダンスでは民法の規定に準じて満20歳未満であって婚姻したことがない者と定義）であって，且つ，中学校等の課程を修了している又は16歳以上であり，研究を実施されることに関する十分な判断能力を有すると判断される場合，研究実施における侵襲の有無に応じて，研究対象者本人・代諾者それぞれのインフォームド・コンセント，あるいは，親権者などが拒否できる機会（オプトアウト）の対応などが規定されている。また，上記に続く第13の2では，研究者等又は既存試料・情報の提供を受ける者がインフォームド・アセントを得る場合において遵守すべき事項も定められている（**表7**および**表8**）。

表7：インフォームド・アセントを得る場合の手続等

（1）研究者等又は既存試料・情報の提供を行う者が，代諾者からインフォームド・コンセントを受けた場合であって，研究対象者が研究を実施されることについて自らの意向を表することができると判断されるときには，インフォームド・アセントを得るよう努めなければならない。ただし，1（3）の規定（「代諾者からインフォームド・コンセントを受けた場合であって，研究対象者が中学校等の課程を修了している又は16歳以上の未成年者であり，かつ，研究を実施されることに関する十分な判断能力を有すると判断されるときには，当該研究対象者からもインフォームド・コンセントを受けなければならない」とする規定）により，研究対象者からインフォームド・コンセントを受けるときは，この限りでない。
（2）研究責任者は（1）の規定によるインフォームド・アセントの手続を行うことが予測される研究を実施しようとする場合には，あらかじめ研究対象者への説明事項及び説明方法を研究計画書に記載しなければならない。
（3）研究者等及び既存試料・情報の提供を行う者は，（1）の規定によるインフォームド・アセントの手続において，研究対象者が，研究が実施又は継続されることの全部又は一部に対する拒否の意向を表した場合には，その意向を尊重するよう努めなければならない。ただし，当該研究を実施又は継続することにより研究対象者に直接の健康上の利益が期待され，かつ，代諾者がそれに同意するときは，この限りでない。

表8：人を対象とする医学系研究に関する倫理指針におけるインフォームド・コンセント及びアセントに関する事項(22)

未成年者を研究対象者とする場合のインフォームド・コンセント及びインフォームド・アセント（第5章・第13）

研究対象者が中学校等課程修了又は16歳以上の未成年者であって「十分な判断能力を有する」と判断される場合

<table>
<tr><th>侵襲の有無</th><th>研究対象者と代諾者</th><th>中学校等の課程を未修了であり，且つ16歳未満の未成年者*</th><th>中学校等の課程を修了している又は16歳以上の未成年者*</th><th>20歳以上</th></tr>
<tr><td rowspan="2">侵襲有り</td><td>研究対象者</td><td>インフォームド・アセント
自らの意向を表すことができると判断される場合
（努力義務）</td><td rowspan="2">代諾者からのIC
＋研究対象者からのIC
（研究対象者単位のICは不可）</td><td>IC</td></tr>
<tr><td>代諾者**</td><td>IC</td><td></td></tr>
<tr><td rowspan="2">侵襲無し</td><td>研究対象者</td><td>インフォームド・アセント
自らの意向を表すことができると判断される場合
（努力義務）</td><td rowspan="2">研究対象者からのIC
＋親権者等へのオプトアウト</td><td>IC</td></tr>
<tr><td>代諾者**</td><td>IC</td><td></td></tr>
</table>

*「未成年者」は，民法の規定に準じて，満20歳未満であって婚姻《こんいん》したことがない者を指す。（ガイダンス第13-1-7）。
**「代諾者」研究対象者に記載される代諾者等の選定方針については，研究対象者が未成年である場合は，親権者又は未成年後見人が基本とされる（ガイダンス第13-1-2）。

研究対象者が中学校等課程修了又は16歳以上の未成年者であって，研究を実施されることに関する「判断能力を欠く」と判断される場合⇒代諾者からインフォームド・コンセントを受ける。この場合も，研究対象者が「自らの意向を表すことができる」と判断される時は，研究対象者からインフォームド・アセントを得る《努力義務》。

アセント取得年齢の目安は，おおむね7歳以上《文書によるアセントはおおむね中学生以上》)。

出典：「人を対象とする医学系研究に関する倫理指針」ガイダンス，平成27年2月9日参照。http://www.lifescience.mext.go.jp/files/pdf/n1500_02.pdf 一部筆者加筆

なお，同指針のガイダンスでは，上記(1)の「研究を実施されることについて自らの意向を表することができると判断されるとき」について，個々の研究対象者の知的成熟度に応じて対処することが望ましい旨が述べられると

(22)　九州大学ARO次世代医療センター「人を対象とする医学系研究に関する倫理指針について」，http://www.med.kyushu-u.ac.jp/crc/research/rinrishishin.html，2016年3月25日アクセス．なお，本表は文科省・厚労省「人を対象とする医学系研究に関する倫理指針」ガイダンス96頁の表を参照しつつ，本文の趣旨に沿って一部表現について改編されたものである。

ともに，ICH において合意されている「小児集団における医薬品の臨床試験に関するガイダンス」に関する質疑応答集（Q & A）」（平成13年6月22日厚生労働省医薬局審査管理課事務連絡）について言及されている点は重要である。ここでは，小児被験者からアセントを取得する年齢について，米国小児学会のガイドラインを参考に，おおむね7歳以上（文書によるアセントは，おおむね中学生以上）との目安が脚注で示されている（表9）。

表9：小児臨床試験ガイダンスの質疑応答集（厚生労働省医薬局審査管理課事務連絡）で示されるコンセントとアセントの関係(23)

	対象	根拠
同意文書（コンセント）	代諾者（法的保護者）	GCP 省令50条
アセント文書	小児被験者（概ね中学生以上）1）	法的根拠なし（IRB・責任医師の判断）
アセント2）	小児被験者（概ね7歳以上）2）	法的根拠なし（IRB・責任医師の判断）
1）アセント文書あるいは同意文書に，同意の署名と年月日を小児被験者本人が記入すべきである。 2）中学生未満の小児に対してもできる限り小児被験者本人が同意の署名と年月日をアセント文書に記入することが望ましい。本人からの署名が得られない場合，あるいは文書を用いずに口頭でアセントが取られた場合は，代諾者に署名された同意文書に，本人からアセントが取られたことを記載するべきである。		

上述の ICH で合意されている「小児集団における医薬品の臨床試験に関するガイダンス」は，小児用医薬品の開発における重要な事項及び小児集団に対し安全かつ有効で倫理的な臨床試験を行なう方法の概略を示すものとして制定されたものである(24)。ただし，同ガイダンスは，医薬品医療機器等法の定める基準に沿って運用されるものであり，厳密には，上述の「人を対象

(23)　ICH-E11 臨床試験「小児集団における医薬品の臨床試験に関するガイダンスに関する質疑応答集（Q & A）について」（平成13年6月22日 厚生労働省医薬局審査管理課事務連絡）https://www.pmda.go.jp/files/000156578.pdf，2016年3月25日アクセス。

(24)　厚生省医薬安全局審査管理課長通知「小児集団における医薬品の臨床試験に関するガイダンスについて」（平成12年12月15日 医薬審第1334号），https://www.pmda.go.jp/files/000156072.pdf，2016年3月25日アクセス。

とする医学系研究に関する倫理指針」の適用範囲外となり得る。

同ガイダンスでは，その適用範囲として，小児の臨床試験で主たる問題となる（1）小児用医薬品の開発プログラムを開始する際に考慮すべき事項，（2）医薬品の開発過程で小児用医薬品開発を開始する時期，（3）試験の種類（薬物動態，薬物動態／薬力学（PK/PD），有効性，安全性），（4）小児患者の年齢区分，（5）小児臨床試験での倫理問題，が挙げられている。

同ガイダンスでは，医科学的な見地からも「小児患者の年齢区分」が例示されており，「発達生物学（developmental biology）及び発達薬理学（developmental pharmacology）を考慮する」ことや「発達（身体的，知的及び社会心理的）に関する問題がいくつかの年齢域に共通していないかを考慮に入れること」の必要性が言及された上で，「早産児」，「正期産新生児（0から27日）」，「乳幼児（28日から23ヶ月）」，「児童（2歳から11歳）」，「青少年（12歳から16又は18歳）」の5つの区分が示されていることも留意しておきたい。

特に，同ガイダンスの2.6.3項（インフォームド・コンセント及びインフォームド・アセント）では，1）同意取得可能な集団で得られる情報をより脆弱な集団又は本人の同意が得られない集団から得るべきではないこと，2）障害者又は施設に入っている小児での臨床試験は，こうした集団に主として見られる特有の疾患や病態を対象とする場合，あるいは，これら小児患者の状態により医薬品の体内動態又は薬力学効果が変化することが予想される場合に限られるべきことが示されている。また，2.6.4項（危険の最少化）とともに，2.6.5項（苦痛の最少化）についての規程があることも注意を要する。

同ガイダンスから，こどもを対象とした医学研究の俎上で，その意思決定や倫理的価値判断のあり方を考える際，上述のような科学的知見に基づく「研究デザイン」の見地からの検討が極めて重要となることが分かる。

V まとめ

医療上の意思決定に関する問題に向き合う時，「親の権利は絶対ではないが，こどもの医療上の決定において，強力な要素（formidable factor）であり，たとえ，その親が，模範的な親（model parents）でなくても，それに変わりはない[25]」という考え方（Tabatha R. v. Ronda R., 1997）に象徴されるように，患児の保護者たる親の価値判断や意思決定が前提とされ得ることに，私たちはあらためて気付かされる時がある。

しかし，こうした親の責任と，医療従事者や施設の責任との関係が，「こどもの最善の利益」の価値判断をめぐって，社会の中で明確に位置づけられていないのも事実である。

医療の場合であっても，研究の場合であっても，こどもの最善の利益を念頭に置きつつ，各々の問題について準拠し得る法規，ガイドラインやガイダンスなどの枠組みを参照することは勿論必要である。

ただし，法規やガイダンスでは対応しきれない事柄が，臨床の現場では数多くあるはずである。これらの隙間を埋めていくための倫理的対応こそがこれからも不可欠である。また，科学的な見地からのアプローチは勿論重要であるが，数値でただちに捉えることができない人間・社会の価値観の諸問題が，こどもの医療上の意思決定にも影響を与えている場合があるかもしれない。それゆえ，結果のみの考察で終始することなく，プロセスを重視した対応をもって，法と倫理を接続させていく工夫も求められることになろう。

こうした法と倫理のそれぞれの対応がゆるやかに繋がるところにこそ，親，医療従事者，そして社会の様々な立場からの協働作業の真価が発揮されるべきともいえる。したがって，こどもの生命の質に対するアプローチはもとより，そのこども自身の最善の利益について，こども自身とその家族，医療従事者らが共に考えながら，必要に応じて社会に問題提起して合意形成をはかっていくことが今後もいっそう重要となると考えられる。

(25)　Anne M. Dellinger, Patricia C. Kuszler, 'Infants, Public Policy and Legal Issues', Encyclopedia of Bioethics (3rd ed.), pp.1257-64.

5　アメリカにおける小児の終末期医療

永水裕子

I　はじめに ── 重症新生児の治療中止をめぐる問題

本稿の検討対象はアメリカにおける小児の終末期医療であるが，重症新生児の治療中止をめぐる問題についてはすでに紹介がなされているので，本稿では考え方の転換点等の重要事項について触れる程度にし，遷延性植物状態や昏睡状態にある未成年者の生命維持治療の中止・差し控え，および蘇生禁止命令が問題となった裁判例に関する問題に焦点を絞って論じる。

重症新生児の治療をめぐる対応には，医療技術の発達やその時期の倫理観が色濃く反映されているが，まず1960年代から70年代にかけて，新生児集中治療室において人工換気や経口によらない栄養補給という技術が発展してきたのに伴い，救命はできたものの重症な障害が残る子がでてきたことから，それらの技術を受けるのは誰か，そしてどの程度までそれらの技術を使うべきかという道徳的な問題が生じてきた(1)。そこで，新生児医療の専門家はこの問題を検討していくために，哲学者や神学者に助けを求めるという当時としては異例な対応をとった(2)。1972年に開催された「現在の産科及び新生児ケアにおける倫理的ジレンマ」と題する会議には，Joseph Fletcher（神学，医療倫理，当時67歳）とRobert Veatch（哲学，当時33歳）が参加しており，Fletcherは，結果が手段を正当化する可能性があるとして原理に基づく功利主義の見解を展開した(3)。これに対して，Veatchは，どの新生児の生命が保護に値するかを決定するために利用される実体的な基準についてはあま

(1)　John D. Lantos & William L. Meadow, Neonatal Bioethics: The Moral Challenges of Medical Innovation, John's Hopkins University Press, 23-36 (2006).

(2)　*Id*., at 37.

(3)　*Id*., at 39において，Report of the 65th Conference on Pediatric Research: Ethical Dilemmas in Current Obstetric and Newborn Care. Columbus, Ohio: Ross Laboratories, 1973が引用されているが，原典を入手することはできなかった。なお，このRoss Conferenceの参加者29人のうち22名が医師，残りには神学，法律，生命倫理の専門家が含まれていた（David J. Rothman, Strangers at the Bedside: A History of How Law and Bioethics Transformed Medical Decision Making, BasicBooks, 194 (1991) 日本語訳として，デイヴィッド・ロスマン著（酒井忠昭監訳）『医療倫理の夜明け ── 臓器移植・延命治療・死ぬ権利をめぐって』（晶文社，2000年）がある。）。

り述べず，そのような子について決定する権利を誰に与えるべきかの決定に利用される手続的な基準について述べ，当時としてはラディカルであると考えられる提案をしている[4]。すなわち，医師ではなく親が決定権を有するべきであるというものである。ある行為を許容すべきか，あるいは禁止すべきかという抽象的な道徳原理から意思決定の過程に焦点を変えるべきであるという Veatch の発言は，それ以降の数十年にわたる生命倫理における焦点の転換点となったのである[5]。少なくとも終末期の意思決定に関しては，患者による意思決定の過程の重要性に焦点があたるようになったのである[6]。この会議では，意思決定過程に親だけでなく第三者（神学，法律，社会学，心理学の専門家や普通の市民など）の支援を求めるべきであるという主張もなされている[7]。さらにこの時期に，生命維持治療を中止するのが適切である場合について倫理的提案がなされている。すなわち，集中治療が有害であると思われるような場合も存在しており，それらの場合とは，新生児期で亡くなってしまうだろう場合，大きな苦痛なく生きることができない場合，人間としての活動に少なくとも最小限でも参加することができない場合であるとする[8]。

1982 年にはダウン症候群と食道閉鎖症を患っている新生児に対して食道閉鎖症の矯正手術を行わないという親の決定がインディアナ州の裁判所で支持され，新生児がそのまま亡くなったという Baby Doe 事件が起こり，障害をもつ新生児の治療をめぐる連邦レベルでの議論が行われた[9]。その結果と

（4） LANTOS & MEADOW, *supra* note(1), at 39-40.

（5） *Id*, at 40.

（6） *Ibid*; ROTHMAN, *supra* note(3), at 195.

（7） ROTHMAN, *supra* note(3), at 196.

（8） LANTOS & MEADOW, *supra* note(1), at 41; A.R. Jonsen et al., Critical Issues in Newborn Intensive Care: a conference report and policy proposal. Pediatrics 1975; 55 (6): 756, at 760-61.

（9） LANTOS & MEADOW, *supra* note (1), at 66-84. ROBERT F. WEIR, SELECTIVE NONTREATMENT OF HANDICAPPED NEWBORNS: MORAL DILEMMAS IN NEONATAL MEDICINE, Oxford University Press, 127-140 (1984). その概要については，永水裕子「アメリカにおける重症新生児の治療中止 ── 連邦規則の批判的考察とわが国に対する示唆」桃山法学 8 号 1 頁以下（2006 年），甲斐克典「小児の終末期医療」甲斐克則編『終末期医療と医事法』287-289 頁（信山社，2013 年）を参照。詳細については，丸山英二「重症

して，1984年児童虐待防止改正法（CAPTA）の成立，およびその施行規則が策定された。この規則は，州に対して規則を遵守することを条件に連邦からの補助金を受けることができるというだけの効力しか有していないが，生命を脅かされている病状の障害を持つ乳児にとって「医学的に必要な治療」を差し控えることは医療ネグレクトに該当するという内容のものである。ほとんどすべての場合が「医学的に必要な治療」に該当することとなっているが，例外として以下のいずれかに当てはまる場合には，「医学的に必要な治療」の差し控えには該当しないとされている。すなわち，「(i)乳児が慢性的かつ不可逆的な昏睡状態にある場合，(ii)そのような治療を行うことが単に死の過程を長引かせるか，乳児の生命を脅かす病状すべてを改善または矯正するのに効果的でないか，またはその他の点で乳児の生存にとって無益である場合，(iii)そのような治療を行うことが乳児の生存にとって事実上無益であり，かつそのような状況下での治療が非人間的である場合」である(10)。なお，この連邦規則は，CAPTAの大改正により当初施行を予定されていたCAPTAプログラムにもはや適用されないため，2015年に削除された。Federal Registerによれば，1996年のCAPTA改正以来，「(通常，『ベビー・ドウ』として知られている）障害児の保護は，現在では『州によるプラン保証（State plan assurance)』という形で制定法に含まれている。とりわけ各州は，CAPTAの§106(b)(2)(c)(11)の下で，生命を脅かされている症状の障害児から医学

障害新生児に対する医療とアメリカ法──二つのドウ事件と裁判所・政府・議会の対応（上）（下）」ジュリスト835号104頁（1985年），836号88頁（1985年），および，同「重症障害新生児に対する医療についてのアメリカ合衆国保健福祉省の通知・規則（1）」神戸法学雑誌34巻3号644頁（1984年）を参照。

(10)　45 C. F. R. § 1340.15(b). 現在42 U.S.C.S. § 5106g(a)(5)に全く同じ規定が置かれている。

(11)　これは，45 C.F.R. § 5106a(b)(2)(c)（補助金の資格要件の一つ）に規定されている。その内容は，以下の通りである。すなわち，児童虐待，ネグレクト防止のためのプログラムへの補助金について，州はプランを立てるが，その内容として，この法律の目的達成のために補助金をもらって行う活動の記述を含まなければならないのであるが，医療ネグレクト関係においては，(c)に以下のような規定がなされている。「州が，（生命を脅かされている症状の，障害を有する乳幼児に医学的に必要な治療の差し控えが行われた事例を含む）医療ネグレクトの通告（reporting）に対して対応する手続を有していること，以下のことについて規定する手続またはプログラム，あるいは（州の児童保

的に必要な治療を差し控えられているという報告に対し対応する手続を設けなければならない。さらに，CAPTA § 111[12]において，『医学的に必要な治療の差し控え』が定義されている。もはや，生命を脅かされている症状の障害児や家族へのサービスを改善するための州への特別補助プログラムや基金の必要はなくなったのである。」[13]

1990年代以降には，新生児医療に関する連邦政府や連邦議会による活動はほとんど行われていないが，それは医療過誤訴訟などの裁判として争われ，政策策定につながっていった。ほとんどの訴訟における争点は，親には治療停止あるいは治療を継続するよう要求する権利があるのかである。通常の話し合いにおいて医療従事者と親の見解の不一致が解決できない場合に裁判となるのであるが，親が生命維持治療中止を求めても，病院側がその州の法によれば治療中止が認められないと主張する場合だけでなく，病院は生命維持治療の継続が子のためにならないと考えているのに対し，親が治療継続を求めるという場合が出てきたのもこの時期の特徴といえるだろう[14]。

護サービス制度の中に）両方を有していることの保証。すなわち，(i)適切な医療施設内部にいて，その施設から指名された個人との協力及びコンサルテーション，(ii)（生命を脅かされている症状の，障害を有する乳幼児に医学的に必要な治療の差し控えが行われた事例を含む）医療ネグレクトの疑いがある場合における，適切な医療施設内部の施設から指名された個人による迅速な通知（notification），(iii)州法の下で，州の児童保護サービス制度により，法的救済を求める権限，その中には，生命を脅かされている症状の，障害を有する乳幼児に対して医学的に必要な治療の差し控えを防止するために必要な限りにおいて，適切な管轄裁判所において法的手続を開始する権限を含む。」この他にも，42 U.S.C.S. § 5106c(a)(4)には，保健福祉省長官は，司法長官と相談のうえ，各州が「児童虐待又はネグレクトの被害者である疑いのある障害又は深刻な健康に関する問題を有している子どもたちに関する症例の評価と調査」を発展，確立，運営することを補助するために州へ補助金を出す権限があると規定する。

(12)　これは，42 U.S.C.S. § 5106g(a)(5)に規定されている。

(13)　80 Fed. Reg. 16577, 16579 (March 30, 2015). この連邦規則削除の効力発生は2015年6月29日である。

(14)　Lantos & Meadow, *supra* note(1), at 99-108. 永水・前掲注(9)6-7頁参照。永水裕子「子どもの治療方針をめぐる紛争解決のための適正手続 —— アメリカ法を素材として」保条成宏編『医療ネグレクトと法・倫理・ソーシャルワーク —— 子どものための「関係性の法」構築』（ミネルヴァ書房，近刊）。

Ⅱ　未成年者の生命維持治療の中止・差し控えに関する裁判例

1　判断能力のない未成年者の場合の生命維持治療拒否権

判断能力のない未成年者の生命維持治療の中止・差し控えの問題をめぐっては，(a)判断能力のない未成年者にも生命維持治療拒否権があるのか，あるとした場合，それを行使するのは誰か，(b)親が行使するとした場合の手続的・実体的安全弁は何か。裁判所での審理は必要なのか。(c)生命維持治療の中止・差し控えの基準は代行判断基準（本人に判断能力があればどのような決定をしたかを基準とするもの）か最善の利益基準（本人にとって客観的に最善となるものは何かという客観的な基準）か。最善の利益基準である場合には，いかなる要素を考慮しているか。(d)生命維持治療の中止・差し控えの場合の医学的証拠などの証拠基準は厳格なものであるべきか，という問題点が浮かび上がってくる。さらに，判断能力のある可能性のある未成年者の場合はどうかという問題もある。そこで，裁判例を分析しつつこれらの問題点にこたえていきたい。

(a) 生命維持治療拒否権およびその行使

生命維持治療の中止・差し控えに関する裁判例として頻繁に引用されている *In re* Guardianship of Barry, 445 So. 2d 365 (Fla. Ct. App. 1984) は，持続的植物状態のまま（制定法上の脳死には該当しない。）生後36時間からずっと病院においてつながれている生後10か月の子どもの呼吸器・生命維持装置を外すか否かが問題となったケースであるが，フロリダ州中間上訴裁判所は，判断能力のない未成年者にも生命維持治療拒否権があることを認めた。すなわち，「1980年に当州の最高裁は，関係する家族がすべて同意をする場合には，憲法上のプライバシー権によって末期的病状を患う成年で判断能力ある者に，通常外の治療を拒否し，又はその中止を命じる権利が与えられると判示した。」「すべての自然人についてプライバシー権を明文で定めた憲法中の規定は，自然人がその権利を行使する能力を有するか否かで区別をしていない。もし無能力者にその権利を行使する能力者と同じ権利が与えられなければ，憲法上のプライバシーの権利は空虚な権利になってしまう。」とする。その上で，その権利を行使するのは誰かの問題について，「成熟するに至っていない子の場合には，通常これらの決定を下さなければならないのは，両親とその医学的助言者である。そして，裁判所の介入が必要又は望ましくなった場合には，親の決定が適切な医学的証拠によって支持されていることを当然の前提とはするが，裁判所は，主として子の福祉に責任を負う両親の決定によって導かれなくてはならないのである。」とする(15)。

同じく生命維持治療の中止・差し控えに関する裁判例として頻繁に引用される *In re* L.H.R., 321 S.E.2d 716（Ga. 1984）は，脳組織の85 − 90パーセントが破壊されており，不可逆的で回復の見込みがない小児を生命維持装置から外すことが問題となったケースであるが，Barry判決を踏襲している。少々長いが，ジョージア州最高裁の判決文を引用する。「ジョージア州においても他の州と同様に，能力ある成年の患者は，対立する州の利益がなければ治療を拒否する権利を有している。……このような治療の差し控え・中止を求める権利は，患者の無能力や若年のゆえに失われることのない憲法上の権利のレベルに達するものである。そして，回復の見込みのない末期的症状にあり，かつ慢性的植物状態にあって認識機能を回復する合理的可能性がないと診断された幼児について，治療を拒否ないし中止させる権利を行使することができるのは，その子どもの両親または法的後見人である。」「このような診断がなされた場合には，州は生命の維持に対してやむにやまれぬ利益を持つものではない。この段階において，生命維持装置の差し控えまたは中止の決定は，死にゆく過程を人為的に延長させないという決定に過ぎない。州

(15)　12歳3ヶ月のときにウイルス性脳炎にかかり，急性癲癇および急性呼吸停止に陥ったため，挿管がなされ，ずっと慢性的植物状態のままの被後見人（正確な年齢は不明であるが，17歳半以上）の水分・栄養補給治療中止が問題となったケース（*In re* Guardianship of Crum，580 N.E.2d 876（Probate Court of Franklin County，Ohio 1991）では，「オハイオ州は，Quinlan事件で認められた治療を拒否する権利がプライバシー権の中に含まれるという見解を踏襲している。これを判断能力のない者にも拡張しうるかについても，そのような者がそのような状況の下で治療拒否権を行使しただろう場合には，家族や後見人にその権利を行使することを許容するべきであるとした。ただ，この権利は絶対的なものではなく，その行使に対抗する州の利益が4つある。しかし，本件では，①生命の保持，②第三者の保護，③医プロフェッションの倫理的統合性，④自殺の防止という州の利益よりも，被後見人の利益が優越する」として，被後見人への栄養・水分補給中止を許可する権限を後見人に付与した。

は生命の延長に対しては利益を有するが，死ぬことの延長には利益を持たないのである。そして，この過程を終わらせるために下されるべき道徳的・倫理的決定を下すことができるのは，その子どもの代理人だけである。両親は子どもの自然的後見人なので，両親がいれば，後見人も訴訟上の後見人も任命される必要はない。」

ニュー・ヨーク州の Matter of A.B., 768 N.Y.S.2d 256 (Sup. Ct. 2003) も，裁判所の介入なしに，子どもに愛情を注いでいる親に本件のような決定を任せることが適切であるとする。「無能力，利益相反，あるいは両親間の不一致というような通常外の状況がなければ，遷延性植物状態の確定診断を受けた未成年子の親が，裁判所の介入の必要性なしに，子どもの最善の利益に従って生命維持治療を中止するかどうかを決定する権利を有するべきである。意見の不一致や虐待の疑いが生じた場合には，裁判所は常に解決を助けるため利用できるが，未成年子の死に行くプロセスを終わらせる決定というものは，……両親には子どもに対する法的，道徳的，倫理的責任があることから，彼らにとって個人的な決定である。」

では，両親の意見が不一致だった場合にはどのように考えればいいのだろうか。そのヒントとなる裁判例が存在している。それは，正確な診断はついていないものの脳幹が縮小又は退化するという退行性の神経の病気にかかっている 13 歳の未成年者の蘇生中止命令（以下，DNR 命令とする。）および生命維持治療の減少について両親の意見が分かれたため，病院が宣言的判決を求める訴えを起こした *In re* Jane Doe, 418 S.E.2d 3 (Ga. 1992) である。この事件において，ジョージア州最高裁は，DNR 命令への親の同意（一方の親のみでも可能）および他方の親によるその同意の撤回を巡る制定法の解釈を行っており，興味深い。すなわち，親が一人しかいない，または決定に参加しないことを望んでいる場合には，この制定法の下では一人の親の DNR 命令への同意で十分である。しかし，もう一人監護親（本件では父親）がいて，その者が DNR 命令に反対しているならば，その親はもう一人の親（本件では母親）が行った同意の撤回をすることができるとして，最高裁は，一度同意を与えた親のみが同意を撤回できるという主張を退けるのである。その理由は，二人の親が子どもに対する法律上の監護権を有している場合には，それぞれが子どもに対して同等の意思決定責任を負担しており，DNR 命令が制定法の規定の下で撤回されたならば，病院はすべての患者は蘇生に同意しているという制定法上の推定に従わなければならないというものである。

子どもの終末期医療が問題となる場面において，両親あるいは監護権を有する親がいない事案もあり(16)，特に，虐待を行って子どもに重傷を負わせて遷延性植物状態にさせた者が，子どもの生命維持治療の中止を阻止するために，自らを「事実上の親」として認定するよう裁判所に申し立てたが認められなかった事案もある。例えば，Care and Protection of Sharlene，840 N.E.2d 918（Mass，2006）は，重傷を負って病院に運ばれた，不可逆的植物状態のSharlene（以下，Sとする。）（11歳）について，生命維持治療をすべて中止するとともに，心肺停止の際のDNR命令をカルテに記載することを社会福祉局が少年裁判所に請求した事案である。養母及びその夫（継父）に虐待されたため，Sがそのような重傷を負った可能性が高いが，養母は自殺し，継父は少年裁判所に対して自らを「事実上の親」として認定するよう申し立てたが棄却された。また，少年裁判所は，栄養チューブも含めたSの生命維持治療の中止，およびDNR命令の記載を命じたため，継父が上訴した。これに対して，マサチューセッツ州最高裁は，少年裁判所の命令を是認する判決を出している。すなわち，継父が「事実上の親」であるかは，先例から導き出されるが，「事実上の親」として認められる基準は，「子どもと事実上の親との絆が，何よりも，愛に満ち，子を育むものであること」であるが，本件の継父はこれに該当しないとされる。このように，継父にはSとの間に法的な親子関係がないことから，Sに関する医療上の決定に参加する権利はなく，それは監護権限を有している社会福祉局の権限内にあるとされる。そして，生命維持治療に関する事実審裁判官の決定を以下のようにまとめている。

「……Sは請求された命令について何らの選好を表現することはできない。Sはカトリック信者であるが，彼女や彼女の家族が積極的な信者であったのか，あるいは請求された命令を妨げるような宗教的信念や確信があったのかどうかについての証拠はない。Sの法律上の母親は死亡し，生物学上の母親の親としての権利は終了している，Sの生物学上の母親と母方の祖母は，生

(16)　*In re* C.A.，603 N.E. 2d 1171（Ill. App. Ct., 1992）も両親自身が要保護児童であり監護権を有していない事案である。

命維持装置の撤去を支持している。Sは不可逆的かつ永続的な昏睡状態にあり，人がまだ生存していると考えられるための最小限の脳機能しか有していない。周囲の状況に気づいてもいないし，痛みや不快も経験していない。事実審裁判官は，Sが現在の医学的状態および予後を合理的に考慮できるならば，命令を出せという社会福祉局及び彼女の弁護士の共同の請求を受け入れることであろう」と考える。その上で，マサチューセッツ州最高裁は，継父にはこの命令を争う訴訟適格がないこと，およびこの命令は，全ての利害関係者から証言を聞き，網羅的かつ熟慮されたGAL（訴訟上の後見人）の報告書を受け，適切な事実に基づき認定をした経験豊かな裁判官によるものであること，Sの弁護士も，現存する家族のメンバーも命令に反対していないこと，さらに，医学的証拠によれば，Sが遷延性植物状態にあり，将来彼女の認知能力が回復される可能性がないこと，この命令によって医療倫理の原則が侵害されることはないことから，この命令を維持すべきであると述べる。

監護権のない母親による生命維持治療中止の申立てが問題となったカリフォルニア州の*In re* Christopher I., 131 Cal.Rptr.2d 122（Ct. App. 2003）においては，1歳半の子どもが父親の虐待を受けて遷延性植物状態になり母親もそれを知っていて子を守らなかったことから，まず，両親の監護権が剥奪され，子が少年裁判所の要保護児童とされ郡の社会福祉局に監護権が与えられるという審判が行なわれた。その審判の途中で子の生命維持治療中止についても問題となり，これについては医学的証拠に基づく審理が必要であるとして少年裁判所では取り扱わなかったが，その後母親が生命維持治療中止の申立てを裁判所に対して行ったことを受けて，虐待を行った父親は，監護権のない彼女には訴訟適格がないと主張したが，少年裁判所は，母親には監護権がないが，Cの福祉に対する利益を有しているため，制定法に従い，Cの最善の利益が何であるかについて当裁判所の判断を求めることができると判示した。

この他にも，子どもの終末期医療の場面において親の手続的デュー・プロセスを侵害したことが問題となった裁判例も存在する。In the Matter of AMB, 640 N.W.2d 262（Mich. Ct. App. 2001）は，心臓病，心臓肥大により左肺が押しつぶされていて，水頭症ほか脳に障害を有している赤ん坊が新生児集中治療室に転送され入院したが，その母親には精神障害の疑いがあり，その妊娠は実父の性的虐待によるものである可能性が高いことから，親の関与なく州のFamily Independence Agency（福祉局）のケースワーカーが当該赤ん坊の生命維持治療を中止するよう申立てを行ったというものである。家庭裁判所において，裁判ではなく審理人[17]が生命維持治療の中止を認める決定を下したが，上訴の可能性を考え，その効力が発生するのは7日後であるとされていたのに対し，病院が翌日に生命維持治療中止を行ったため，赤ん坊が死亡した。ミシガン州控訴裁判所においては，裁判官ではない審理人には判断をする権限がないことから母親は裁判を受ける権利を奪われていること，主治医とは別の独立した医師の証言が必要なのにそれがないまま決定がなされたこと，母親に精神障害の疑いがあり判断能力のない可能性があるとして手続から除外されたが，そのような疑いがあるというだけで手続から除外するのは誤りであること，意思能力がない疑いがある（母親）ことや犯罪を犯した疑いがある（推定上の父親）からといって，手続的デュー・プロセスの権利を奪うこと（本件では告知・聴聞の権利を与えられていないこと）は憲法違反であることから，家庭裁判所における判断が誤りであったという判示がなされた。

同様に，親の権利が問題となった *In re* Stein, 811 N.E.2d 594 (Ohio Ct. App. 2004), rev'd, 821 N.E.2d 1008 (Ohio 2004) において，外傷により遷延性植物状態となり救急搬送されてきた生後5ヶ月の子について，生命維持治療の中止および両親が虐待をしたと思われることから独立した後見人を選任してその者が治療中止決定をすべきであると病院内倫理委員会が勧告し，検認裁判所でもそれが認められたことに対して両親が上訴した。これに対してオハイオ州最高裁は，「子どもが遷延性植物状態であるという事実は，虐待またはネグレクトの証拠がない限り，親の権利を否定する十分な理由とはならない。子どものために生命維持治療を中止する権利は，親の権利が永久的に終了させられるまでは子どもの親に帰属している。」として，後見人に生命維持治療中止権限を与える検認裁判所の命令は，親の権利を終了させる効果を有するため，親の権利を永久的に終了させる前に，後見人に生命維持

(17)　審理人とは，係属中の訴訟事件について裁判所に選任された当事者や証人を尋問しその内容を裁判所に報告する者，一定の目的に限って司法的権限を行使する補助裁判官職の一種のことである（田中英夫編『英米法辞典』（東京大学出版会，1991年）。

治療中止権限を与えた検認裁判所の命令は制定法上与えられた権限を逸脱していると判示した。

(b) 親が行使するとした場合の安全弁

In re Guardianship of Barry（前掲）は，裁判所の承認は必ずしも必要がないと判示する。すなわち，「幼児が永久的で不治かつ不可逆的な身体的又は精神的障害を患っており，その結果ほどなく死亡してしまう可能性が高い，という適格な医師の助言に支持された両親の決定は，通常裁判所の承認なくして十分であるべきなのである。もちろん，診断は常に少なくとも二人の医師によって確認されなければならない。」と述べ，安全弁として，二人の医師の医学的意見の一致を求めているのみである（後述の通り，その診断は高い証拠基準による必要がある。）。しかし，意見の不一致の場合などにおいては，裁判所が利用可能でなければならないことについても述べられている。L.H.R. 判決（前掲）は，「その診断と予後は，主治医によってなされなければならず，さらにそのケースの結果に利害関係を持たない二人の医師によって同意されなければならない。事前の裁判所による承認は必要ではないが，当事者間で意見が一致しないとき，虐待が疑われるとき，またはその他の然るべきケースにおいては，裁判所は利用可能でなければならない。又，病院倫理委員会への諮問も必要ではない。だからといって，その利用を排除するものでもない。」と述べており，基本的な姿勢はBarry事件を踏襲している。ジョージア州最高裁は，前述の*In re* Jane Doeにおいても，患者には治療を拒む権利がありそれは無能力であったとしても失われるものではなく，回復見込みのない末期的症状であり，かつ持続的植物状態にある乳幼児についてその権利を行使できるのは，その両親又は法的後見人であると述べた上で，安全弁として，そのような診断と予後は，主治医によってなされること，およびその症例の結果に利害関係を持たない二人の医師がそのような診断と予後について同意していることが必要であるとする。さらに，「事前の裁判所による承認は必要ではないが，当事者間で意見が一致しないとき，虐待が疑われるとき，またはその他の然るべき場合において裁判所は利用可能でなければならない」と判示されている。

ミシガン州の*In re* Rosebush事件（後掲）においても，裁判所の役割については，次のように判示されている。すなわち，ミシガン州のパブリック・

ポリシーは，医療に関する決定における患者，家族，医師，霊的アドバイザーの役割を尊重していると同時に，「裁判所が患者の利益を保護するのに必要でない限り，意思決定プロセスに介入する必要はない」というポリシーを有している。このポリシーは，判断能力ある成人だけでなく，未成年者の場合にも当てはまるのである。従って，「直接関係のある当事者が治療に関して対立している，または，裁判所の介入を許すその他の適切な理由が立証された場合にのみ」裁判所の介入が必要となるのである。

(c) 生命維持治療の中止・差し控えの基準

マサチューセッツ州においては，1977年のSaikewicz判決以来(18)，代行判断の法理が適用されるとする。審理の時に4か月半のチアノーゼ心臓病等の病気の子（生まれた時に親に捨てられ州の被後見人となっている。）のDNR命令が問題となった*In re* Custody of a Minor 3, 434 N.E.2d 601 (Mass. 1982）は，「①子どもが福祉局の監護の下にある州の被後見人であること，②子どもは，まだ判断を下せる能力を持っていないこと，③両親が，子どもに対する親としての責任を果たさなかったこと，④子どもは不治の病にかかっており，治療しても予後は暗いこと，⑤子どもの診断・予後についての医学的意見は明白かつ一致していること，⑥蘇生の試みは，苦痛を伴い，侵襲が大きいこと」から，Saikewiczケースに類似しており，Saikewiczケースで述べられた代行判断の法理によって判断すべきであるとする。その理由は，無能力者の「実際の利益と選好」をできるだけ反映させ，本人の個人的決定を確保することにより，無能力者の自由な選択と道徳的尊厳を確保するというものである。これに対しては，他州の裁判例において，幼年の場合には，本人の選好がないのであるから，代行判断は基準として機能しないと言われているが，Custody of a Minor事件では，幼年ゆえ無能力の場合には，「代行判断の法理」と「最善の利益」基準は矛盾しないとしてこの基準を維持しようとする。不可逆的昏睡状態の幼児のDNR命令が問題となった1992年のCare and Protection of Beth, 587 N.E.2d 1377 (Mass. 1992）においても代行判断の法理が使われた。すなわち，マサチューセッツ州最高裁判所は，「(1) あるとすれば，患者の明示された選考，(2) あるとすれば，患者の

(18)　Superintendent of Belchertown State School V. Saikewicz, 370 N. E. 2d 417 (Mass. 1977).

宗教的確信，（3）患者の家族への影響，（4）治療による副作用の可能性，（5）治療する・しない場合の予後」及び患者の現在および将来の無能力，そして患者の利益に対する州の利益（①生命保持，②無辜の第三者の保護，③自殺防止，④医プロフェッションの倫理的廉潔性の保持）を考慮に入れる。以上を本件に当てはめると，（1）はなく，（2）も家族との関わりがないから分からない，（3）もない。（4）蘇生措置は，身体への侵襲が大きい。（5）呼吸・心停止の場合，蘇生しなければ死ぬかもしれない。蘇生しても，治療不可能な脳死に近い状態のため，子どもが末期状態にあることに変わりはない。病状改善の希望なくずっと植物状態のまま昏睡状態で生き続ける事はできるかもしれないが，脳の損傷について予後は暗い。以上の認定事実は，呼吸・心停止の際に子どもが蘇生措置を拒むだろうという決定を十分に支持しているとして，DNR命令が認められたのである。

これに対して，HIVに感染・数週間早産・コカイン禁断症状・無呼吸心臓モニター，人工呼吸につけられる原因となった多くの合併症にかかっている幼児のDNR命令が問題となったイリノイ州の *In re* C.A., 603 N.E. 2d 1171（Ill. App. Ct.1992）においては，代行判断基準ではなく，子どもの最善の利益基準により判断される(19)。また，26週で生まれた早産児であり，気管支肺形成異常，ヘモグロビンSC病（hemoglobin SC disease），反応性気管病，胃食道逆流を患っており，その後昏睡状態になった幼児のDNR命令が問題となった *In re* K.I., 735 A.2d 448（D.C. 1999）においても，最善の利益基準が適用されるとしている。すなわち，母親と推定上の父の意見が不一致であり，K.I. が医療に関する口頭または書面での事前指示を行なっておらず，かつ，まだ意見や価値観も形成していない幼児であることに鑑みれば，そのような場合に「代行判断テストを適用しようとすることは，単に不可能であるだけではなく，判断能力を失った個人の希望に従うという目的を

(19)　これに対して，バージニア州で重度の神経学的問題を抱える1歳の子のDNR命令が問題となった *In re* Infant C., 37 Va. Cir. 351,　Va. Cir. Lexis 1111（Cir. Ct. Va 1995）においては，「裁判所は子どもの救命治療を中止することに同意する権限を有しているか否か」という問題に対して，「本件のような重要かつ不可逆的な問題に関しては，当州における明確な制定法上の権限が必要であ」り，それがない限り申立てを認めないとして，原審を維持している。

有する，代行判断基準の精神に抵触することになろう」とコロンビア特別区最高裁は述べ，事実審裁判所の判示と同じく，治療方針について選好を表明する能力を今までに欠いており，かつ永久に欠く未成年者に関するケースであり，かつ両親が適切な方針について意見が不一致な場合には，DNR命令発行の有無を決定するために適用される基準は，子どもの最善の利益であると判示した。同様に，10歳8ヶ月の時に交通事故にあい遷延性植物状態にある未成年者の生命維持装置の中止を医療スタッフらと相談の上両親が決定したが，検察官の介入を受けた *In re* Rosebush, 491 N.W.2d 633 (Mich. App. 1992) において，ミシガン州中間上訴裁判所は，患者にかつて判断能力があったか，成熟した判断力を有する未成年者である場合には，代行判断基準が適切なテストであるが，患者に判断能力が一度もない場合には，患者に判断能力があったならばどのような選択をしたかを確認することができないので，最善の利益基準を用いるべきである。従って，本件においても最善の利益基準を用いて，人工換気を撤去することを含む，娘の医学的治療に関するすべての決定を行う権限を与えた事実審の判断は適切であったとされた[20]。

では，最善の利益基準を使う場合に，どのような要素を比較衡量しているのだろうか。これについて言及したのが，頭部外傷あるいは揺さぶられっ子症候群の被害者のDNR命令が問題となったDivision of Family Services v. Tina Carroll, Ralph Truselo, Nicholas Truselo, 846 A.2d 256 (Del. Fam. Ct. 2000) であり，「未成年者から生命維持装置を撤去するために適用される利益について，特別に規定されているデラウェア州制定法や支配的な判例がない」ことから，デラウェア州家庭裁判所は他州の裁判例を引用し，そこで比較衡量されている要素を採用している。すなわち，「患者の現在の身体的，感覚的，情緒的，認識的機能に関する証拠，医学的症状，治療／治療停止それぞれから生じる身体的苦痛の程度，症状及び治療から生ずるであろう屈辱，依存，尊厳の喪失の程度，治療を行う場合と行わない場合の余命及び予後，選択しうる様々な治療法とそれぞれの選択から生ずるリスク，副作用，利益」であるとされる（ただし，これは限定列挙ではない。）。

(20) ニュー・ヨーク州も最善の利益基準を採用している (Matter of A.B., 768 N.Y.S.2d 256 (Sup. Ct. 2003))。

遷延性植物状態になった１歳半の子の生命維持治療中止が問題となった *In re* Christopher I.（前掲）では，要保護児童（本件の子は被虐待児）の生命維持治療が問題となった場合に，子どもの最善の利益を決定するための要素が述べられている点に特徴がある[21]。カリフォルニア州控訴裁判所は，ロサンゼルス郡の上位裁判所ルールを参考にして，以下のような要素を掲げる。すなわち，「（１）子どもの現在の身体的，感覚的，情緒的，および認識的機能のレベル，（２）治療をした場合としない場合の生命の質，余命，回復の見込み，その中には，治療継続の無益性も含まれる。（３）様々な治療の選択肢，およびそれぞれのリスク，副作用および利益，（４）病状から生ずる身体的苦痛の性質と程度，（５）施された治療が痛み，苦痛，または重大な合併症をもたらしている，あるいはもたらすおそれがあるか，（６）治療が中止された場合に子どもが感じる痛みまたは苦痛，（７）ある特定の治療が，子どもが得る利益と子どもに与える負担を比較衡量した場合に，釣り合っているかいないか，（８）治療の差し控えまたは中止による痛みまたは苦痛が回避可能または最小限度に抑えられる可能性，（９）病状および治療から生じる屈辱，依存および尊厳の喪失，(10) 家族の意見，これらの意見の背後にある理由，および家族に意見がない場合，または治療方針について意見が不一致の場合にはその理由，(11) 特定の治療方針を家族が擁護する動機，(12) 確認できるのならば，治療に対する未成年者の選好」である。もちろん，このリストだけで決まるわけではないし，考慮，分析，比較衡量されるべき要素を提供するに過ぎないことは控訴裁判所も述べているとおりである。

---

(21) 「ロサンゼルス郡の上位裁判所は，生命維持治療の継続または中止のどちらが要保護児童の最善の利益になるかを決定するときに考慮すべき要素のリストを挙げたルールを制定した。その要素とは以下のようなものである。(a)未成年者の現在の身体的，感覚的，情緒的，および認識的機能のレベル，(b)病状，治療，治療の終了から生ずる身体的苦痛の程度，(c)病状および治療から生じる可能性のある屈辱，依存および尊厳の喪失，(d)治療をした場合としない場合の生命の質，余命，回復の見込み（prognosis for recovery），(e)様々な治療の選択肢，およびこれらの選択肢それぞれのリスク，副作用および利益，(f)未成年者の選好が確認されたか，または確認される可能性があるか。」と述べた上で，これらの要素は，様々なガイドラインや多くの法域において大体同じであるとまとめ，控訴裁判所が作った要素を列挙している。

(d) 医学的証拠などの証拠基準

In re Guardianship of Barry（前掲）では,「裁判所は，明白かつ説得力のある証拠からこの子が不可逆的身体的又は精神的障害を患っており，この子が認識・知覚状態を回復する合理的医学的可能性が存在しない」場合には生命維持治療を中止することができると判示され，明白かつ説得力のある証拠が必要であることが分かる。*In re* K.I. 事件（前掲）においても，DNR 命令発行のために必要となる「子どもの最善の利益」決定の証拠基準は，明白かつ説得力のある証拠であることが確認された。すなわち，事実審裁判所も蘇生措置を受けないことがK.I. の最善の利益であること，および（原文はイタリックで強調）母親の「DNR 命令発行への同意拒否が（K.I. の）福祉に不合理に反する」ことが,「明白かつ説得力のある証拠」により認定されなければならないことを明示している。また，事実審裁判所は，生命延長の負担とそこから得られる利益や恩恵を比較衡量した上で，この申立てを認めることが「子どもの最善の利益」となることが,「明白かつ説得力のある証拠」により認定されたとする。このように，裁判所が重視しているのは,「K.I. の病状，侵襲性の高い，介入的な（invasive）蘇生措置がK.I. に与える影響——例えば，苦痛，不快さ，更なる神経損傷の誘発」である。さらに，母親が病院に協力せず,「(K.I.) が呼吸し続ける限り，どのような苦痛にも価値がある」という発言から見て取れるような母親の姿勢も，母親の意見が不合理であり，子どもの最善の利益に反すると判断するために強調されている。Division of Family Services v. Tina Carroll, Ralph Truselo, Nicholas Truselo 事件（前掲）では，DNR 命令は生命にかかわる大きな影響を与えるものであることから，より高度の証拠基準である「明白かつ説得力のある基準」が本件での証拠基準として採用されるとする[22]。前掲の Christopher I 事件も，本件のような生命維持治療が問題となっているケースにおける証拠基準は，明白かつ説得力のある証拠であると判示している。

2 判断能力のある可能性のある未成年者の場合

判断能力のある可能性のある未成年者が自らの治療方針について決定する

(22) 846 A.2d 256 (Del. Fam. Ct. 2000).

可能性については，いわゆる「成熟した未成年者の法理」として筆者はすでに論じたことがあるが(23)，その折に，遷延性植物状態や昏睡状態の患者，ならびにDNR命令が問題となる場合には手続が異なることや考慮事項が異なる可能性もあることから対象外としていた。本稿では，その対象外とされていた遷延性植物状態などの患者について取り上げて分析を行っていく。

In re Swan, 569 A.2d 1202（Me. 1990）は，自動車事故で頭部外傷により，「脳死状態にはないが，回復や何らかの形での認識能力を回復する見込みが実質的にない遷延性植物状態にある」17歳の未成年者について，機械による栄養・水分補給を中止するか否かが争点とされた。メイン州最高裁は，チャドが治療に関する意思決定をしたのが18歳になる前であることは，「ある人が治療前に，遷延性植物状態になった場合には生命維持治療により生かされないという意思を，明白かつ説得的に表示した場合には，医療従事者はその決定を尊重しなければならない」というGardner事件（メイン州の先例）で挙げられた原則を適用する障害にはならず，チャドの2回にわたる意思表明は，彼の知っている人たちの苦悩を理解したうえで，真剣に家族と話し合った上で行われたものであると判示する。すなわち，チャドが治療に関する意思表明をしたときに未成年者であったという事実は，事実認定者により，その真剣さと慎重さを評価する要素にしかならないとし，その根拠として不法行為法のケースブックやリステイトメントにおけるコメントを挙げ，「未成年者は，その発達の異なる段階において，異なる侵襲や行為について同意を行う能力を獲得する。能力というものは，未成年者が通常人のように，危険と利益を理解・比較衡量する能力があるときには，存在している。」「同意をする人が子どもや精神能力を欠いている者でも，その者が同意を行った行為の性質，範囲，起こりうる結果について理解する能力があれば，その同意は有効であるとすることが出来る。」と述べる。さらに，本件では，通常の成熟した高校4年生が，家族に対して医療に関するきちんとした希望を伝え，この希望を家族が尊重しようと求めているものであり，成年に関するGardner事件と同様に，最高裁の判決は，チャド自身の決定に依拠するものであり，代行判断の法理によるものではないと述べている点が注目に値する。

(23)　永水裕子「未成年者の治療決定権と親の権利との関係 —— アメリカにおける議論を素材として」桃山法学15号153頁以下（2010年）。

裁判所は，チャドの両親が自然的・法的後見人であり，チャドの望みを尊重したいと考えており，「チャドに対して更なる水分・栄養補給がなされるか否かを決定する適切な者である」と決定した。

Belcher v. Charleston Area Medical Center, 422 S.E.2d 827 (W. Va. 1992) は，17歳8ヶ月の筋ジストロフィーの少年が風邪のせいで窒息し呼吸停止状態となり，その度に蘇生されることが繰り返されたが，再挿管しないことを両親が決めDNR命令を作成したことから，蘇生処置が制限的にしか行われず少年が死亡した事案である。少年の両親は，少年本人に相談もせずDNR命令を作成したことを理由として，巡回裁判所に対し医療過誤を理由とした不法死亡の訴えを提起した。DNR命令記載の前にLに相談すべきであったか，すなわち，未成年者に対する治療を行う前には親の同意が必要であるというコモン・ロー原則に対する「成熟した未成年者」の例外が適用されるかが争点となった。この事案において，ウェスト・バージニア州最高裁は，巡回裁判所が陪審に対して成熟した未成年者について説示しなかったことから，その判決を破棄・差し戻すべきであるとした。成熟した未成年者の法理について，同裁判所は以下のように判示している。すなわち，「非常に稀なケースを除いては，医師には患者の同意を得ず，或いはそれが未成年者である場合には，その親又は後見人の同意を得ずに処置をしたり，治療をしたり中止する権利はない。ただし，子どもが成熟した未成年者である場合には，子どもの同意が必要である。子どもが成熟した未成年者であるか否かは，事実の問題である。子どもに同意能力があるか否かは，当該処置や治療の時点における子どもの行動や振る舞いだけでなく，その年齢，能力，経験，教育，訓練及び子どもが持っている成熟性又は判断力の程度による。事実に関する決定は，行われるべき処置，または行われるか中止されるべき治療の性質，危険，結果についてその未成年者が理解しうる能力を持っているかにもよる。片方の親又は両親と未成年者の意図との間に衝突がある場合には，親の同意を得なくても，医師が善意で未成年者の成熟性につき評価していれば，法的責任から免責される。」

交通事故のため遷延性植物状態となった，年齢不詳であるが，判旨において成熟性ありと考えられている未成年者の経鼻胃チューブによる栄養・水分補給を中止するか否かが問題となった *In re* Guardianship of Myers, 610

N.E.2d 663（Ohio Ct. Com. Pl. 1993）は(24)，被後見人のために意思決定をするにあたって後見人および当裁判所が従うべき基準は最善の利益基準であるとする。最善の利益基準は，歴史的かつ伝統的な後見基準であり，オハイオ州における子どもの医学的治療に関して適用される伝統的なパレンス・パトリエ基準だからである。また，代行判断基準は，被後見人に判断能力が一度もなかった場合や，その者の希望が分からない場合には，適用困難である。最後に，生命維持治療の場合を含む，被後見人のための治療決定の場面においては，最善の利益基準を使用するべきであるとする制定法の規定も根拠とされる。

最善の利益基準を本件に適用するとして，どのような要素が比較衡量されるであろうか。当裁判所は，治療の選択肢，それらの利益および不利益，生命維持治療，栄養・水分継続への賛否の主張を比較衡量，分析しなければならない。回復の見込みがないのに，患者を遷延性植物状態のまま維持するというのは，その患者の最善の利益にならないだけでなく，残酷である。また，本件の未成年者Ｃが生命維持装置により維持されたくないと希望していたという証拠がある。Ｃは「未成年者であるから，法的に判断能力がないと考えられるが，彼女の年齢および明らかな成熟性（apparent maturity）に鑑み，当裁判所が撤去に関する彼女のかつての供述に何らかの重きを置くことは許されるであろう。」父と継母，および数人の証人は，Ｃが生命維持装置に関するテレビ番組および親戚の生命維持装置使用に関する会話の中で，そのような装置の使用に対する不快感と否定的な感情を表明していたことを審理で述べた。また，Ｃの自然親二人，継母が撤去で一致していることも考慮されるべきである。彼らこそが，Ｃを「一番良く知っており，彼女とともに苦しみ，彼女の医師らと話し合い，彼女の状態が悪化するのを見守り，親としての自然の本能から，彼女の最善の利益を考慮するのである。」Ｃから水分・

(24)　この事案において，大部分の裁判例においてはレスピレーターの場合と同じ扱いであるし，連邦最高裁のCruzan事件においても，水分・栄養補給中止を禁止してはいないことから，遷延性植物状態患者の水分・栄養補給を中止することは，アメリカで法的に受容される実務となってきたことが分かるとされる。なお，本件は，子の生命維持治療中止をめぐって離婚している父親と母親が当初対立したため，父，母，継母が後見人を選任して手続を進めている。

栄養補給を撤去すれば，死ぬのに三週間かかるであろうが，「このような状態での三週間の死ぬプロセスは，最後まで，いつまで続くか分からない死のプロセスを，残酷で拷問のような植物状態の存在で何年も存在し続けることよりも重過ぎるとはいえない。」よって，圧倒的に撤去によるベネフィットと主張が優勢であるので，侵襲度の高い，無益な医学的テクノロジーを撤去するべきである。

3 小 括

判断能力のない未成年者の裁判例を見ていくと，生命維持治療拒否権は判断能力がない者にも与えられるが，その行使を行うのは未成年者の場合には当該未成年者に対して法的責任を有する親であることが分かる。ただし，両親の意見が一致しない場合や親が虐待を行って未成年者が州の被後見人になっている場合など様々な事例へ対応した裁判例があり，家族形態が多様化している我が国にとって非常に参考となる。また，他者である親が生命維持治療中止権を行使する場合には，そのような判断に至るための材料として複数の医師による診断が必要なこと，およびそれらの判断に至るための証拠基準が明白かつ説得力のある基準であることから，手続的な安全弁を与えられていること，並びに，最善の利益基準と代行判断基準は判断能力のない者については同一の基準であるとする一部の州を除き，最善の利益基準に基づいて生命維持治療の中止・差し控えがなされていることが分かった。その判断を行うために裁判所が示している判断要素についてはわが国でも参考にできるだろう。

判断能力のある可能性のある未成年者が遷延性植物状態になった場合の生命維持治療の差し控え・中止に関する裁判例を見ていくと，まずは未成年者であるからといって「遷延性植物状態になったときに生命維持治療を拒否する」という事前の意思表示に意味がないとは言えないことが分かる。例えば，Swan 事件においては，「本人」の真剣な意思を尊重すべきであるとされており，Myers 事件においては，最善の利益基準の中の一つの考慮要素として「本人」の事前の意思表示に重点を置くべきであるとされている。DNR命令が問題となったBelcher 事件については，成熟した未成年者の法理を適用すべきであるという一般論しか述べられていないため，分析の対象にはなりにくいが，少なくとも遷延性植物状態が問題となる事案において，成年の取り扱いと成熟した未成年者の取り扱いは同じであるように見える。濫用の危険性がなければ，そのような場面において生命維持治療の差し控え・中止を認めることが望ましいということを基本とした考え方が反映されているのだろうか。家族の中に，未成年者の意思を尊重せず，生命維持治療を中止したくないと考える者がいた場合には，成熟した未成年者として決定した本人の意思を覆しうる場合もあるのだろうかなど，成熟した未成年者の医療全般に関するのと同様の疑問が生じる(25)。

Ⅲ　制定法

子どもの生命維持治療に関する決定に取り組んでいるのは裁判所だけでなく，州の制定法があり，例えば，テキサス州においては，1999 年に，終末期を巡る治療方針について意見の不一致があった場合に，その状態を解消するための手続を規定するテキサス州事前指示法が制定された(26)。同法は 2003 年に改正され，Tex. Health & Safety Code § 166.046 から成人患者の治療上の決定に関する規定である「§ 166.039 の下における治療上の決定」という文言を削除することにより，これらの手続に未成年者も包含されることとなっただけでなく，「ヘルスケアまたは治療上の決定」の定義を修正し，未成年者に代わる決定もそれに含まれることを明確にした（「未成年者に関わるそのような決定も含む……」（§ 166.002(7)））ことにより，未成年者に代わってその親又は法的後見人が代行判断者として終末期に関する治療方針を決定しうることになった（§ 166.035）。同法は，病院外における DNR 命令

(25)　この問題については，永水・前掲注(23)にて検討を行っている。

(26)　終末期医療を巡る治療方針について患者側と医師側とで意見の不一致があった場合の解決手続を示すテキサス州事前指示法の制定過程，内容，およびその問題点については永水・前掲注(14)を参照。同法については，ALICIA OUELLETTE, BIOETHICS AND DISABILITY: TOWARD A DISABILITY-CONSCIOUS BIOETHICS, Cambridge University Press, 2011（この本を翻訳したものとして，アリシア・ウーレット（安藤泰至・児玉真美訳）『生命倫理学と障害学の対話 ── 障害者を排除しない生命倫理へ』（生活書院，2014 年）がある。）や，新谷一朗「アメリカにおける人工延命処置の差控え・中止（尊厳死）論議」甲斐編・前掲注(9)125 頁以下においても簡潔に紹介がなされている。

を未成年者に認めているが，末期または不可逆的状態であると診断された未成年者のためにそのような命令を作成することのできる者として，「未成年者の親，未成年者の法的後見人，および未成年者の財産管理人（managing conservator)」が限定列挙されている（§ 166.085)。同法は，成年と同様の治療法選択肢を子どもにも与えるというテキサス州のパブリック・ポリシーを反映していると考えられている[27]。なお，同法の最終改正は2015年である[28]。

ニュー・ヨーク州において2010年に制定されたFamily Health Care Decisions Act § 2994-eにおいて未成年者の生命維持治療に関する規定が置かれているが，そのきめ細かい多方面に配慮された規定は我が国において議論する際においても参考になる[29]。その内容は，①親又は後見人は，本条および成年者の代行判断と同様の基準によるという条件の下で生命維持治療の差し控え・中止を含む生命維持治療について決定する権限を有すること（§ 2994-e(1)），②未成年者の希望を考慮することが適切な場合には考慮したうえで「未成年者の最善の利益」に適う決定を行うこと（§ 2994-e(2)(a)），③もし当該未成年者に判断能力があるならば，生命維持治療の差し控え・中止に対する本人の同意がなければ親又は後見人の決定は実行されないこと（§ 2994-e(2)(b)）である。その理由は，未成年者には自らの発展する能力および成熟性を尊重されるような方法で決定に関わることができるべきであること[30]，および，未成年者には自らの医療について決定する能力も法的権利もないことが多いことから，親は未成年者の価値観や選好を決定に反映させるべきであるとしても最善の利益基準によることが多いであろうことからであ

(27)　FAY A. ROZOVSKY, CONSENT TO TREATMENT: A PRACTICAL GUIDE (5th ed.) § 6.09 [B] (2015).

(28)　2015 Tex. Gen. Laws 435.（2015年9月1日に施行，実際の運用開始は2016年4月1日。）

(29)　Family Health Care Decisions Act全体の内容，およびそのような法律を制定するに至った経緯については，永水裕子「ニュー・ヨーク州における同意能力を欠く患者の生命維持治療に関する決定について ── 制定法の歴史とその背景にあるもの」滝沢正先生古稀記念論文集『比較法の新たな潮流』（三省堂，近刊）を参照のこと。

(30)　THE NEW YORK STATE TASK FORCE ON LIFE AND THE LAW, WHEN OTHERS MUST CHOOSE: DECIDING FOR PATIENTS WITHOUT CAPACITY, 119, 129 (1992).

る[31]。次に，④もし，監護権を有していない親を含む，未成年者のもう一人の親には生命維持治療の差し控え・中止の決定に関する情報が与えられていないと考える十分な理由が主治医にある場合，その者が未成年者と実体のある継続的なコンタクトを維持してきたかを決定する合理的な努力を主治医又はその代理人は行い，もしそうであるならば，主治医又はその代理人は，その決定を実行に移す前にそのような親に通知する勤勉な努力をしなければならない（§ 2994-e (2)(c)）。この規定は，自分の子どもについて医療上の決定をする親の権利を保障するものであるが，同時に，非監護親が監護親または子どもと疎遠になったり，険悪な関係になってしまった場合には，その者に伝えることが子どもや監護親を害するような紛争をもたらす可能性があることも考慮に入れられている[32]。さらに，⑤解放された未成年者[33]の場合には，判断能力があると主治医が判断すれば，その者に生命維持治療について決定する権利があること，主治医および生命倫理審査委員会が，その決定が成年の代行判断者の決定基準と合致していることを確認し，生命倫理審査委員会がその決定を承認するならば，その中には生命維持治療の差し控え・中止に関する決定が含まれることが規定される（§ 2994-e (3)(a)）。生命倫理審査委員会が審査する理由は，同委員会が未成年者の権利擁護者として，医療従事者が利用可能なケアをすべて探り，それを十分に未成年者に説明したことを保障するためのものである[34]。最後に，⑥解放された未成年患者の親又は後見人を合理的な努力をすれば見つけることができるのであれば，病院は本項に従って生命維持治療を差し控え又は中止する前にその者に通知すべきであること（§ 2994-e (3)(b)）が規定される。これは，解放された未成年者の親や後見人が不適切に意思決定過程から排除されないことを確保する趣旨である[35]。

(31)　*Id*., at 120.

(32)　*Id*., at 122.

(33)　16 歳以上の未成年者で親又は法的後見人から独立して生活しているか，子どもの親となった未成年者のこと。

(34)　The New York Sate Task Force on Life and the Law, *supra* note (30)., at 149.

(35)　*Id*., at 135.

Ⅳ　おわりに

本稿においては，主に遷延性植物状態にある未成年者の生命維持治療中止・差し控えあるいはDNR命令に関する問題を取り上げてきた。裁判例においては，判断能力がない者についても判断能力がある者と同様に生命維持治療中止・差し控えを求める権利が認められることを当然の前提としつつ，未成年者本人には権利行使ができないことから，その者に代わって未成年者の親または後見人がその権利行使を行うとされており，本稿で紹介したテキサス州およびニュー・ヨーク州の制定法においても同様の規定がなされている。問題となるのは，本人に代わって決定する者の決定が恣意的ではなく本人のためになるか，あるいは本人に判断能力があればそのような決定をするか否かである。他者による恣意的な判断を防止するためには，判断を行うための基準および適正手続が必要となってくるが，裁判例においては，代行判断基準と最善の利益基準は判断能力のない未成年者の場合には同じ基準となるとするマサチューセッツ州のような州もあるが，最善の利益基準が採用されるとともに，その判断要素も示されてきている。また，生命維持治療中止により生命が失われることから，医学的証拠は2名以上の医師による診断を必要とし，証拠基準は明白かつ説得力のある基準となっているが，必ずしも裁判所の審査を経る必要はないと考えられている。判断能力のある可能性のある未成年者の裁判例においては，生命維持治療中止を求める本人の意思を尊重すべきであるとされるが，それを最善の利益基準の一つの要素として考慮するのか，本人の意思をそのまま決定に結びつけるかに関しては，本人が遷延性植物状態になる前にどの程度成熟していたか，すなわち本人に成年同様の判断能力があったか否かによって異なっている。

この他にも，アメリカの裁判例を見ていると，両親の意見が一致しない場合，両親による虐待が疑われる場合，両親に監護権がない場合など様々な親子関係がある中で個別の終末期医療について考えていかなければならない難しさがあることが感じられる。虐待の単なる「疑い」に過ぎない段階で親を手続から排除することは適正手続に反すること，子の生命維持治療中止が認められそれが実行されれば，親の権利を終了させる効果を有することからも，裁判例が親の手続への参加を保障すべきであると判示していることは重い意味を有している。さらに，ニュー・ヨーク州の制定法を見ると，未成年者といっても判断能力のない者とある者，解放された未成年者という類型があることを明確にしたうえで，それぞれにおいて異なる基準・手続・親との関係に関する規定を設けているだけでなく，両親の離婚なども想定して監護権を有しない親を手続に加えることが望ましい場合もあるが，その者が子どもにとって害となるような紛争をもたらす可能性があることも考慮してバランスの取れた規定を置いており，我が国においても非常に参考となる。

6　ドイツにおける小児の医療ネグレクトをめぐる医事法上の状況と課題

保条成宏

I　緒　論

小児医療の現場では，親がその親権行使により子どもに対し生命維持治療[(1)]の拒絶（以下，「治療拒絶」という）に至るケース，すなわち「医療ネグレクト」[(2)]の事案が発生することがある。特に年少のために判断能力が欠如し，または不完全であるために自らは当該生命維持治療に関し自己決定をなしえない小児患者のケースでは，医療現場は，親による治療拒絶への対応に窮することになる。このような医療ネグレクトに関連して，ドイツについて注目されるのは，1979年に「フライブルク事件」[(3)]が発生したことである。フライブルク事件は，障害新生児[(4)]が親の治療拒絶を原因とする生命維持治療の放棄（以下，「治療放棄」という）により死亡した事案であって，今日において日本で問題とされているところの「医療ネグレクト」に該当するもの

（1）　本章において「生命維持治療」とは，レスピレーターなどの生命維持装置の装着といった限定的なものではなく，広く患者の生命に対する一定の危険（これと結びつきうる身体上の重大な危険を含む）を軽減・除去して生命を維持・保全するうえで必要となる治療をいう。

（2）　本章において，「医療ネグレクト」の定義については，2012年3月発出にかかる厚生労働省雇用均等・児童家庭局総務課長通知「医療ネグレクトにより児童の生命・身体に重大な影響がある場合の対応について」（平24.3.9雇児総発0309-2）を参考にし，「子どもの生命・身体に重大な影響があると考えられ，その安全を確保するため生命維持治療が必要である場合に，医療機関が親による同意を必要とするものの，親が拒絶して生命維持治療を行うことができないこと」としておく。なお，本章は，もっぱら親権者による子どもへの医療ネグレクトを考察対象とするものであるが，論述上は「親権者」の含意において端的に「親」の語を用いることとする。

（3）　フライブルク事件の概要に関しては，Vgl. *Adolf Laufs*, Recht und Gewissen des Arztes, in: Heidelberger Jahrbücher 1980, S.8f.; *Albin Eser*, Grenzen der Behandlungspflicht aus juristischer Sicht, in: Peter Lawin / Hanno Huth (Hrsg.), Grenzen der ärztlichen Aufklärungs- und Behandlungspflicht, 1982, S.77f.; *Rudolf Schmitt*, Eugenische Indikation vor und nach der Geburt, in: Günter Kohlmann (Hrsg.), Festschrift für Ulrich Klug zum 70.Geburtstag, Band II, 1983, S.331. また，この事件を日本に紹介したものとして，保条成宏「障害新生児の生命維持治療をめぐる刑法的問題（二）」名大法政論集144号402-403頁（1992年）参照。

（4）　本章では「障害新生児」を「身体的または知的な機能障害（impairment）の原因となる先天異常や周産期障害を伴う新生児」と定義する。

であり[(5)]，ドイツの医学界・法学界に波紋を投じることとなった。

本章は，ドイツにおける小児の「医療ネグレクト」をめぐる医事法上の状況と課題に関して，フライブルク事件の発生とこれにより誘起された刑法学説の展開から説き起こしていきたい。そこでまず，フライブルク事件の概要からみていくこととする[(6)]。

Ⅱ 「医療ネグレクト」事案としての「フライブルク事件」とその概要

1 障害新生児に対する両親の治療拒絶と裁判所の介入

1979年初頭に大学病院で複数の先天異常を合併した男児が出生した。この障害新生児は，胸髄に発生した二分脊椎症と腰仙部の骨格系（骨盤など）の異形成とを合併しており，短期的な予後として水頭症の併発が懸念されたほか，長期的な予後としては，膀胱直腸障害による尿・便失禁状態と下肢運動機能障害による歩行不能状態となることが見込まれた。これらの障害の状態は，生命には影響を及ぼさないが，医学的には治療による除去が不可能なものであった。加えて，新生児は，直腸の先端部と膀胱とが結合して生じた鎖肛により胎便の排出ができない状態にあり，これは，人工肛門の造設により矯正可能である反面，迅速な処置を怠れば生命予後を不良にするものであった。そこで，小児科医と外科医が直ちに協議のうえ人工肛門造設手術の実施を決定し，両親に同意を求めた。これに対し，両親は，たとえ当該手術が行われても新生児が将来いわゆる「車いす児」（Rollstuhlkind）として複数の障害を有することになる現実に変わりがないことから，もはや手術は不要

(5)　医療ネグレクトの問題を取り上げた近時の論稿として，宮崎幹朗「親権者の医療ネグレクトと親権濫用」愛媛法学会雑誌36巻3＝4合併号13-18頁（2010年），永水裕子「医療ネグレクト ―― 同意能力のない未成年者に対する医療行為への同意権の根拠についての一考察」桃山法学20・21号332-341頁（2013年），保条成宏「子どもの医療ネグレクトと一時保護による対応 ―― 刑法・民法・児童福祉法の協働による『総合的医事法』の観点に立脚して」中京法学49巻3＝4合併号223-310頁（2015年）など参照。

(6)　以下に掲記する事件の概要については，前出注(3)所掲の文献のほか，保条成宏「ドイツ ――『治療行為制約論』と『治療義務限定論』の交錯」小山剛＝玉井真理子編『子どもの医療と法（第2版）』230-232頁（尚学社，2012年）参照。

であるとしてこれに同意せず治療拒絶をする旨を医師側に通告した。

この事態を受け，後見裁判所（Vormundschaftsgericht）は，以下のような当時のドイツ民法（旧）1666条1項1文に基づき民事法的介入を行い，病院による手術を許可する「仮命令」(einstweilige Anordnung; vorläufige Anordnung）を発した。

父又は母が子の身上を監護する権利を濫用し，子を放置し，又は無恥若しくは非倫理的な行為を犯すことにより，子の精神上又は身体上の福祉が危険にさらされるときは，後見裁判所は，危険の除去に必要な措置をとらなければならない。

2　障害新生児の死亡と検事局による不起訴処分

後見裁判所が手術許可の仮命令を発したにもかかわらず，大学病院の麻酔医2名は，手術開始の局面において，①重度の奇形が重複しており，一部の奇形に対する姑息的な処置により新生児を生存させるよりも，むしろ死に委ねる方が慈悲的であり，自然の摂理にも適合する，②新生児が救命された後の養育上の重い責任を負担するのは，両親であるから，その意思が尊重されるべきである，などの点を理由として手術への協力を拒否した。これにより手術が頓挫して治療放棄の状態となり，この障害新生児は，水腎症と腸閉塞症をも併発し，生後12日目に敗血症性ショックにより死亡した。

障害新生児が医療ネグレクトにより死亡した事態を受け，フライブルク地方裁判所検事局は，手術への不同意や非協力により治療放棄に関与した両親と麻酔医2名に対し，不作為による故殺（ドイツ刑法212条，13条1項）の嫌疑に基づいて捜査を開始した。しかし，1980年6月20日に捜査を打ち切り，被疑者全員を不起訴処分とした。

不起訴処分の理由を記載した同年7月18日付の裁定書[7]は，まず上記①②の麻酔医らの主張を受容し，「麻酔医らがその決断の根拠として全面に打ち出した主張を吟味するに際しては，麻酔医らが医師として死のみならず疼痛（Schmerz）や苦悩（Leid）とも対峙しなければならない義務を自覚して

（7）　この内容については，甲斐克則「ドイツにおける小児の終末期医療と刑法」比較法学44巻3号5-7頁（2011年）をも参照。

いた点が特に肝要である。彼らは，新生児を甚大な苦悩から解放しようとした。つまり，いずれにせよ極めて重度の奇形が残り余命もわずかであろう児を，手術というさらに侵襲度の高い処置から防護し，要するに該児の福祉（Wohl）に寄与しようとしたのである。（改行）彼らは，その医療的・倫理的な決断により，同じく良心に基づいた両親の決断と軌を一にした」とした。そして，「こうした特殊な様相を呈した事態が個別的事例としては限界に達しているため，（略）良心に従った医師に向けられた刑罰請求権（Strafanspruch）がその人格に対する過度の干渉を意味するか否かが問題となる」と論じたうえで，「被疑者の医師らがその義務に反したとの非難は当たらない」と判断した。以上の諸点に言及したうえで，裁定書は，両親を含む被疑者全員を不起訴とした刑法解釈論上の根拠として，不真正不作為犯の成立要件に関し，「このように国家的刑罰請求権の行使が過度な干渉作用であるとの問題提起が的確であるから，刑法13条1項の枠内では少なくとも関与者らには作為が期待可能（zumutbar）ではなかったことになるうえ，悲劇的な様相を呈したこの特異な個別的事例では，不作為と作為との等置（Gleichstellung）が刑法13条1項によれば可能ではないことになる」との見解を示した(8)。

Ⅲ 刑法学説における「治療放棄適法説」の展開とこれをめぐる課題

フライブルク事件発生後の1980年代のドイツにおいて，アルビン・エーザー，ルドルフ・シュミット，アルトゥール・カウフマン，エルンスト-ヴァルター・ハナクといった刑法学界を代表する研究者は，特に障害新生児の重度の障害状態を根拠として生命維持治療の作為義務（以下，「治療義務」という）に限界を設定し，一定の要件の下に治療放棄（Behandlungsverzicht）の適法性を肯定する「治療放棄適法説」を展開した(9)。以下では，この刑法

（8） StA Freiburg, Verfügung vom 18. 7. 1980 - 20 Js 3177/ 79, in: *Albin Eser/Hans-Georg Koch* (Hrsg.), Materialien zur Sterbehilfe, Eine internationle Dokumentation, S. 133f. なお，裁定書全文の日本語訳として，町野朔ほか編著『安楽死・尊厳死・末期医療 —— 資料・生命倫理と法Ⅱ』249-252頁（信山社，1997年）参照。

（9） Vgl. *Eser* (Anm. 3), S.77ff.; *ders*., Ziel und Grenzen der Intensivpädiatrie aus

学説についてみていくことにする。

1　「治療放棄適法説」の犯罪論的構成としての「期待不能性論」

フライブルク事件における検事局の不起訴決定は，その犯罪論的構成として，「刑法13条1項の枠内では少なくとも関与者らには作為が期待可能（zumutbar）ではなかった」としたうえで，「不作為と作為との等置（Gleichstellung）が刑法13条1項によれば可能ではない」ことに言及した。同項は，次のような規定となっており，不真正不作為犯が作為犯による充足を予定した構成要件を不作為により実現することを踏まえ，その成立要件として，保証人的地位の存在に加え，不作為と作為との「同価値性」（Gleichwertigkeit）を要求するものである(10)。

> 刑法の構成要件に属する結果を回避することを怠った者は，その結果が発生しないことを法的に保証しなければならず，かつ不作為が作為による法律上の構成要件の実現に準ずる場合に限り，本法により可罰的となる。

治療放棄適法説は，このようなフライブルク事件の不起訴決定から示唆を得た犯罪論的構成として，生命維持治療という作為の「期待不（可）能性」（Unzumutbarkeit）を根拠として作為義務たる治療義務を限定する「期待不能性論」を採用する。つまり，同説は，期待可能性の体系的地位を責任段階に限定せず，さらにこの概念を期待不能性論を通して作為義務論のなかに位置づけるのである。ここでいう「期待不能性」は，エーザーやカウフマンによれば，作為のいわゆる事実的・技術的不能性とは異なっており，作為としての生命維持治療が客観的に（objektiv）不可能なことではなく，規範的に（normativ）みてそれが期待不可能であることとされる(11)。これを受けて，

---

rechtlicher Sicht, in: Hans Kamps / Adolf Laufs (Hrsg.), Arzt- und Kassenarztrecht im Wandel, Festschrift für Prof. Dr. iur. Helmut Narr zum 60.Geburtstag, 1988, S. 47ff.; *Schmitt* (Anm. 3), S. 329ff.; *Arthur Kaufmann*, Zur ethischen und strafrechtlichen Beurteilung der sogenannten Früheuthanasie, JZ 1982, S. 481ff.; *Ernst-Walter Hanack*, Grenzen ärztlicher Behandlungspflicht bei schwerstgeschädigten Neugeborenen aus juristischer Sicht, Medizinrecht 1985, S. 33ff.

(10)　*Hans-Heinrich Jescheck / Thomas Weigend*, Lehrbuch des Strafrechts, Allgemeiner Teil, 5. Aufl., 1996, S.629f.

シュミットは,「作為義務なき保証人的地位」(Garantenstellung ohne Handlungspflicht) の存在を理論づけるための糸口になりうるものとして,ドイツ刑法13条1項との関連において不作為と作為の同価値性の問題に着目する必要があるとしている(12)。

このような「期待不能性論」については,①そもそも作為の期待不能性を不作為犯論のなかに位置づけ,作為義務の限定根拠とすることそれ自体が妥当なのか,②このときの作為の「規範的」な「期待不能性」が論者によりいかなる実体を付与され,またそれが妥当なものなのか,といった点が刑法理論上は問題となるが,これらの点についての検討は,別稿に譲ることとする(13)。以下においては,治療放棄適法説が「期待不能性論」に基づき障害新生児への生命維持治療という作為に「期待不能性」を見出すうえで,実質的な価値判断の基礎となるものとして,特に同説を主導したエーザーの「人格的生命観」と「質的生命観」に着目することとしたい。

2　治療放棄適法説の基礎にある「人格的生命観」と「質的生命観」

エーザーは,障害新生児への生命維持治療という作為が不作為犯論的に見て「期待不能性」を帯びるとの実質的な価値判断をする際の基礎について,まずこれを「医師の任務」(ärztlicher Auftrag) の目標に求める。そして,近代の自然科学的思考を背景として量的・生物学的・技術的な生命維持の実現可能性 (Machbarkeit) を追求してきた医学に対して,患者の個々の臓器の維持に執着することをやめ,人間学的な (anthropologisch) 視点からその総体的な幸福 (Gesamtwohl) への寄与という本来の人間的な任務を再認識するべきであると提言する。そのうえで,医師の任務についても,「人格的な自

(11) *Arthur Kaufmann*, Strafrecht zwischen Gestern und Morgen, Ausgewälte Aufsätze und Vorträge, 1983, S.127f.; *Albin Eser*, Lebenserhaltungspflicht und Behandlungsabbruch in rechtlicher Sicht, in: Alfons Auer u.a., Zwischen Heilauftrag und Sterbehilfe, Zum Behandlungsabbruch aus ethischer, medizinischer und rechtlicher Sicht, 1977, S.125f. なお,これらのうち,前者は, *Kaufmann* (Anm.), S. 481ff. を収録したものである。

(12) *Schmitt* (Anm. 3), S. 337.

(13) 保条成宏「障害新生児の生命維持治療をめぐる刑法的問題 (五)」名大法政論集153号333-354頁 (1994年) 参照。

己実現」(personale Selbstverwirklichung) への援助をなすものとして設定されるべきであり，生命維持治療がこの目標を達成しえないときには治療義務が限界に到達するとしている[14]。

このようなエーザーの「医師の任務」論の根底には，「人間の尊厳」(Menschenwürde) の概念と結びついた「人格的生命観」が存在する。この生命観は，1960年代に至り先端医療技術が飛躍的な進歩を遂げる反面において，「過剰」な延命治療が植物状態患者などを生み出し「人間の尊厳」を侵害しているとの認識が生まれるとともに形成されてきたものである[15]。ここでの「人間の尊厳」は，カント以来，「自己意識を有し自由で自己決定的な主体」としての「人格」(Person) が有する価値を意味する[16]。エーザーが人間学的な観点から患者の「人格的な自己実現」に着目するのは，「人格的価値」としての「人間の尊厳」の見地からその生命の「質」を問うものにほかならない。そして，このような「質的生命観」(qualitative Lebensbetrachtung) のもとでは生命が「衡量可能な (abwägbar) 価値」とされ[17]，このことの帰結として，「人格的生命」のみが保護価値を有し，これに劣後し「人格」たりえないほどに重度の障害新生児の「非人格的生命」は，保護に値する「質」を有しないことになる[18]。

このようなエーザーの「人格的生命観」のもとでは，成人患者において反応 (Reaktion) やコミュニケーションのための全能力の喪失が確定的となり，自己知覚 (Selbstwahrnehmung)・自己実現の可能性が失われた場合，つまり遅くとも「不可逆的な意識喪失」(irreversibler Bewußtseinsverlust) の状態に至ったことが明白なときには，治療義務が消滅するとされる[19]。そして，これとの類比において，もともと意識をもたずに生まれてくる新生児が将来

(14)　*Eser* (Anm. 3)，S. 87.

(15)　保条成宏「障害新生児の生命維持治療をめぐる刑法的問題（一）」名大法政論集140号185-188頁（1992年）。

(16)　*Hellmuth Mayer*, Kant, Hegel und Strafrecht, in : Paul Bockelmann /Arthur Kaufmann /Ulrich Klug (Hrsg.)，Festschrift für Karl Engisch zum 70. Geburtstag, 1969, S. 122.

(17)　*Eser* (Anm. 3), S. 84.

(18)　保条・前掲注(6)246頁。

(19)　*Eser* (Anm. 3), S. 88.

にわたり意識を獲得しえないことが確実であれば，これに対する治療放棄が適法になるという(20)。もっとも，エーザーは，こうした事例にとどまらず，フライブルク事件に関しても，生命維持治療を実施しても新生児には将来にわたり除去不能の障害が残り「人生の有意義な展開」がほとんど見込めない状況に照らせば，医師・両親に治療の決断を義務づけることが過大かつ期待不能な要求となるため，検事局のいわば「無罪判決」が結論として妥当であるとしている(21)。

3　治療放棄適法説がもたらした医事法上の状況とその課題

以上のような治療放棄適法説の展開を受け，エーザーを中心とする刑法学教授グループは，医学教授らとの連名により「臨死介助法対案」(Alternativentwurf eines Gesetzesüber Sterbehilfe) を 1986 年 3 月 11 日付で公表し，「重篤な障害新生児の症例においては，意識が獲得されることが決してないとき」には治療放棄が適法となるとの規定を刑法に新設すべきことを提言した(22)。この動きは，最終的には立法化には結びつかなかったものの，「医」と「法」の間のさらなる学際的・医事法的論議を喚起し，1986 年 7 月 27 日から 3 日間，ニーダーザクセン州アインベックにおいてドイツ医事法学会主催のワークショップが開かれ，その最終日には，障害新生児に対し治療放棄を適法に行うための指針として全 10 項からなる「アインベック勧告」(Einbecker Empfehlung) が採択された(23)。そして，これらの基調をなすのは，

(20)　*Eser* (Anm. 9), S. 59f.

(21)　*Eser* (Anm. 3), S. 90.

(22)　「臨死介助法対案」の全文については，Vgl. *Juürgen Baumann* u. a., Alternativentwurf eines Gesetzes über Sterbehilfe (AE-Sterbehilfe), Entwurf eines Arbeitskreises von Professoren des Strafrechts und der Medizin sowie ihrer Mitarbeiter, 1986, S. 11f. これに関する日本の論稿のうち，特に障害新生児の治療放棄に関する規定部分を取り上げたものとして，保条・前掲注(3)431-435 頁，同・前掲注(6)247-248 頁を，また，同対案の全般を取り上げたものとして，松宮孝明「西ドイツの『臨死介助対案』とその基本思想」刑法雑誌 29 巻 1 号 167-191 頁（1988 年）などを，それぞれ参照。

(23)　「アインベック勧告」の全文については，Vgl. Medizinrecht 1986, S. 281f.; *H.-D. Hiersche* / *G. Hirsch* / *T. Graf-Baumann* (Hrsg.), Grenzen ärztlicher Behandlungspflicht bei schwerstgeschädigten Neugeborenen, 1. Einbecker Workshop der Deutschen Gesellschaft für Medizinrecht, 27.-29. Juni 1986, 1987, S. 183ff. これを取り上

エーザーの見解に見られるような「人格的生命観」「質的生命観」である(24)。

このように治療放棄適法説が1980年代において障害新生児への治療放棄の適法性を追求することによりもたらした医事法上の状況は，今日においても基本的に変わるところはないと考えられる(25)。このような法状況をめぐる問題点と課題について，医療ネグレクト事案への法的対応がどうあるべきかという見地から以下に列記しておきたい。

①　医療ネグレクトとは，障害新生児に限らず，小児患者の生命・身体への重大な影響を回避するために生命維持治療が必要となる臨床場面において，親がむしろ子どもに対し関心や愛情を抱きつつも，これと自らの宗教観・医療観・生命観などとの相克からジレンマに陥り，その結果として医師に対し

げた日本の論稿として，保条・前掲注(3)435-455頁，同・前掲注(6)249-251頁参照。さらに，ドイツ医事法学会は，学会誌『医事法』の1992年8号「通知」欄に同勧告の「1992年修正版」(Revidierte Fassung 1992)を発表しており(Medizinrecht 1992, S. 206f)，この内容については，保条・前掲注(6)251-252頁，甲斐・前掲注(7)10-15頁参照。

(24)　この点の詳細に関しては，保条・前掲注(6)248頁・250-251頁，同「障害新生児の生命維持治療をめぐる刑法的問題（四）」名大法政論集152号415-417頁（1994年）参照。

(25)　甲斐・前掲注(7)15頁によれば，甲斐教授が厚生科学研究費・成育医療研究委託事業「小児における看取りの医療に関する研究」(代表：阪井裕一・国立成育医療研究センター総合診療部長）の一環として，ドイツにおける「アインベック勧告1992年修正版」(前出注(23))の運用状況についてヒアリング調査をしたところ，「法的にも尊重されるべき規範性を有し」「看取りのルールとして機能している」とのことである。ところで，この「修正版」は，「前文」において「極限状況では，苦しみの回避あるいは苦しみの緩和に尽力することに対して，患者の利益を十分に理解したうえで，生命維持や生命の延引のための尽力に比してより高位の価値が認められることにもなりうる」としたうえで，特にその第6項において「医学上の治療措置が新生児に対して単に最重度の障害を伴った生活を可能にするに過ぎないであろうときは，（略）治療可能性をその意のままに追求することのもたらす負担が期待されうる効果を凌駕し，治療を試みることが逆効果になるかどうかについて検討することは，医師の倫理的任務に適合する」としている（保条・前掲注(6)251-252頁参照)。つまり，治療放棄適法説やこの強い影響下で1986年に採択された「アインベック勧告初版」の「人格的生命観」「質的生命観」を基本思想として相承しているのであり，このことを甲斐教授のドイツ調査の結果と突合すると，障害新生児への治療放棄の適法化を追求する医事法状況は，さらに今日においてより瞭然としているといっても過言ではあるまい。

てはその治療方針に同意せず治療拒絶をすることであり，子ども-親-医師の間の「三面的」で複雑な「関係障害」をその本質とする[26]。そして，このような「関係障害」の固定化により親が終局的な治療拒絶行為に至り，こうした法的紛争の帰結として子どもが死亡したような事後的な（ex post）局面において，いわば「事後的行為規制法」の典型である刑法により親に刑事処罰を加えたとしても，この時点ではもはや子どもにとっては法益回復が不可能である。また，刑事司法が医療の専門性・裁量性を前にして謙抑的に運用される一般的傾向にあること ── 無論，これ自体は不当ではないが ── に照らせば，フライブルク事件のように親などへの刑事処罰がなされないケースもありうる。したがって，子どもの権利擁護という観点に立脚しつつ，「関係障害」を中核的な現象とする医療ネグレクトへの医事法的対応のフレームワークを構築するには，それが未だ固定化していない事前的な（ex ante）局面に介入し，当事者間の関係調整により法的紛争化を未然に防止するするいわば「事前的関係調整法」の構築に向けて，予防法学的見地から刑法・民事法・福祉法などの協働を促していくことが課題となる[27]。これに対して，ドイツの治療放棄適法説とこれにより形成された法状況においては，障害新生児の医療ネグレクトに関し，その障害がもたらす「特殊な様相を呈した事態」「悲劇的な様相を呈した（略）特異な個別的事例」（フライブルク事件不起訴決定）での行為者の「良心」といったきわめて主観的な問題に着目がなされている。そして，ここに焦点化・微視化した「期待不能性論」により治療義務が限定されることを通して，「事後的行為規制法」の枠内でその不処罰が追求されている。これでは，巨視的な観点から医療ネグレクトの「関係障害」としての本質を把握し，これが障害新生児のみならず子どもの医療上の権利とその擁護の全般に波及する普遍的な問題である点が等閑に付されがちとなる。当然ながら，子どもを取り巻く「三面的」で複雑な「関係障害」に対処可能な医事法上の枠組みとして「事前的関係調整法」を構築することに向けた契機など，見出すべくもない。

---

(26)　保条・前掲注(5)226頁。

(27)　このような「事前的関係調整法」の構築に向けた提言の詳細については，保条成宏「小児患者の医療ネグレクトへの医事法的対応 ──『総合的医事法』の視点に基づく刑法と民事法・福祉法の協働」年報医事法学29号18-23頁（2014年）参照。

② 医療ネグレクトを障害新生児の治療放棄に限ってみた場合にも，治療放棄適法説が前提とする「人格的生命観」「質的生命観」，そしてこれらの基底にある「人間の尊厳」の本質に関する理解には，看過しえない問題がある。すなわち，そこでは，上述のように「自己意識を有し自由で自己決定的な主体」として個々別々に孤立的・自己完結的に存在する「人格」の有する能力的な価値が絶対視され，「不可逆的な意識喪失」の状態などにより「人格」たりえない障害新生児の生命は，保護に値しないことになる。しかし，そもそも，個人の能力は，多様な個々人の連帯・共生の関係性の中ではぐくまれ，かつ生かされるのであり，自己完結せず相対的なものである。それにもかかわらず，「人格的生命観」「質的生命観」は，そうした相対的に過ぎない個人の能力を絶対的な基準として「生命の質」を評価し，障害新生児の生命権を制約するものであり，およそ「能力」というものの本質とは撞着を来しており，正当化されない。本来，個人の生存は，個として相互にその存在を承認しささえあう人間本来の関係性に依存するところが大きいのであり，したがって問題にすべきは，「生命の質」ではなく，人間の本性としての関係性に支えられた「生活（生存）の質」であり，これを保障するためには，「人間の尊厳」の発露として多様な個々人の連帯・共生の関係性を構築する営為が不可欠である[28]。そして，子どもの医療も，「生活（生存）の質」を向上させる機能を有するものとして，「人間の尊厳」を具現する連帯・共生的営為の一環に位置づけられる。したがって，医療ネグレクトへの医事法的対応においては，その中核的現象としての子ども-親-医師の間の「関係障害」を解消しうるものとして，「事前的関係調整法」の構築が課題になるといえる。

③ 治療放棄適法説に先鞭をつけたアルビン・エーザーは，一身専属的利益としての生命に関する「他者決定」(Fremdbestimmung) や「他者による処分」(Fremdverfügung) の禁忌に抵触することなく治療放棄の適法性を根拠づける必要から，親の同意に依拠した法的構成を排除したうえで，その意思を遮断した「一方的治療放棄」(einseitiger Behandlungsverzicht) の適法性

(28) 以上のような筆者の生命観に関しては，保条・前掲注(6)260-261頁，同「障害者運動と生命倫理学 ── 脳性麻痺当事者運動をめぐる『関係障害』に着目して」大林雅之=徳永哲也編『高齢者・難病患者・障害者の医療福祉（シリーズ生命倫理学　第8巻）』220頁（丸善出版，2012年）参照。

を作為義務論に基づき論定すべきであるとし[29]，この点を同説の理論的前提としている。しかし，ドイツの刑法判例・学説のもとでは，患者の身体への医的侵襲の適法要件としてその同意を要求する「同意原則」（Einwilligungs-prinzip）が確立されており，患者の意思と合致しない「専断的治療行為」（eigenmächtige Heilbehandlung）が違法となる。そして，小児患者の場合には，親が本人の代行者として同意を行うものとされ，その意思に反する治療行為は，仮に生命維持に不可欠であっても違法となる[30]。このような「治療行為（Heilbehandlung）論」は，子どものために生命維持治療を実施するうえで法的な桎梏となるのであり，医療ネグレクトに有効に対処しうる「事前的関係調整法」として医事法の枠組みを確立するうえでは，親の治療拒絶意思を過大に絶対視することにより子ども-親-医師の間の「関係障害」をかえって悪化させかねないものとして，いかに理論的に超克していくかが課題となるものである。フライブルク事件で障害新生児の救命のために迅速な手術が必要とされたにも拘わらず，病院側の独自の判断で手術が強行されることなく，後見裁判所にその許可を求める手続がとられた点に照らしても，「治療行為論」は，単に専断的治療行為を事後的に違法と評価するにとどまらず，さらに生命維持治療に対し事前的かつ強力な制約機能をも有しているとえる。したがって，治療放棄適法説のように生命維持治療の不作為である治療放棄に対する刑法的評価を問題にするよりも，むしろ生命維持治療のための作為に事前的制約を加える「治療行為論」の問題性を検証することが先決であり，かつ課題となる[31]。

そこで，以上の3点のうち，次節では特に③に着目したうえで，「治療行為論」に関する刑法判例の理論的な問題点を検証し，医療ネグレクトへの医事法的対応の確立に向けての課題を明らかにしたい。

---

(29)　*Eser* (Anm. 3), S. 83f.

(30)　*Albin Eser*, in: Adolf Schönke /Holst Schröder, Strafgesetzbuch, Kommentar, 29. Aufl., 2014, § 223 Rdn. 27ff.

(31)　保条・前掲注(6)233-234頁。

Ⅳ　刑法判例における「治療行為論」の展開とこれをめぐる課題

1　「治療行為論」とこれに基づく「同意原則」の展開

ドイツの刑法判例が展開してきた「治療行為論」は，医師の治療行為に傷害罪の構成要件該当性を認める「治療行為傷害説」を前提として，「同意原則」のもとに患者の同意をその正当化要件としており，この嚆矢となったライヒ裁判所刑事部 1894 年判決は，実はこれ自体が今日でいう医療ネグレクト事案に関するものであった。すなわち，事案は，当時 7 歳であった女児の足首の骨に結核性の膿潰が生じたところ，自然療法を信奉していた父親が外科的治療を拒絶したため，医師が病変部分を放置すれば衰弱死するとの診断に基づき 2 回にわたり手術を行い，最終的には脚部の切断にまで及び，結果として該児が快癒したというものであった。しかし，ライヒ裁判所は，「医師と患者の関係に関して，民法および刑法の領域では，両者間の意思の合致が指導的かつ決定的な観点として常に堅持されなければならない。（略）いかなる場合にも，この患者の治療を担当するのは，そもそもこの医師を招致した患者またはその親類もしくは法定代理人の意思に拠っている。（略）責任能力のある（zurechnungsfähig）患者または法律上の同意代行者（Willens-vertreter）が拒絶した時点で，医師が特定人に対し治癒目的の治療行為をすることも，そのための権限の消失により非違行為となる」と判示し，医師が父親の意思に反し実施した手術を違法として傷害罪の成立を肯定した[(32)]。

第 2 次世界大戦後，連邦通常裁判所刑事部 1957 年判決は，成人患者への子宮筋腫切除手術の開始後に子宮全体を摘出する必要性が判明し，医師が改めてその同意を得ることなく子宮を全摘出した事案に関し，「治療行為論」とこれに基づく「同意原則」に関するライヒ裁判所の判例を踏襲することを宣明した[(33)]。これを受けて，同 1959 年判決は，特に小児（未成年）患者への治療行為に関し，「同意代行者」である親の同意を要求するものとして「同意原則」を確認しつつ，これを強化した。というのも，事案は，医療ネ

(32)　RGSt 25, 375, 381f.
(33)　BGHSt 12, 111.

グレクトのように親が治療拒絶をしたものではなく，医師が両親による同意を欠いたまま17歳の女性患者に対し虫垂切除手術を実施し，術後の直腸からの大量出血により当該患者を死に至らしめたものであり，同判決は，小児患者に適用される「同意原則」に関して，この射程範囲を「親の意思に反する治療行為」から「親の同意を欠く治療行為」へと拡張することで強化したといえるからである。この点に関して，連邦通常裁判所刑事部は，「救命のための侵襲が即時に必要不可欠」(sofortige Notwendigkeit eines lebensrettenden Eingriffs) である場合には，未成年者であっても必要な理解力 (Verständnis) と判断力 (Urteilskraft) を具備していれば治療行為への同意をなしうるとの一般論を示しつつも，本件のように将来における虫垂の炎症を予防するにすぎない手術においては，あくまでも監護権者 (der Erziehungsberechtigte) である両親の同意が必要であるから，被告人がその同意を欠く手術により未成年患者の身体を故意に傷害したものとして傷害致死罪が成立すると判示した(34)。

2　「治療行為論」をめぐる医事法上の問題と課題

(a)「治療行為論」をめぐる医事法上の問題

このように，刑法判例の「治療行為論」のもとで「同意原則」が強化され，さらにいえば「ドグマ化」していくと，判断能力に欠け，または不十分な小児（未成年）患者についても，現実的意思の間隙を放置することが許されず，「同意代行者」としての親の現実的意思をそこに代替的に充填することを要求する方向がとられる。その帰結として，親の「代行同意」に依拠しない治療行為も，「専断的治療行為」として刑法上違法とされる(35)。

このような「同意原則のドグマ化」のもとでは，「事後的行為規制法」の典型である刑法は，医療ネグレクト事案において，医師が親の意思に反して実施した生命維持治療を事後的に違法と裁断するものとして機能しうる。このことの例証は，ほかならぬライヒ裁判所1894年判決のなかにすでに原初

(34)　BGHSt 12, 379. なお，小児患者に「同意原則」を適用した民事判例として，Vgl.BGH NJW 1972, S.335; NJW 1988, S.2946 usw.

(35)　保条・前掲注(13)320-322頁，町野朔『患者の自己決定権と法』227頁（東京大学出版会，1986年)。

的に見出される。しかも，刑法は，こうした典型的な「事後的行為規制法」としての範疇にとどまらず，さらに現実の臨床場面においては，医師が小児医療の生命維持のために企図する治療行為に対し強力な萎縮効果を事前に及ぼし，これを絶対的・終局的に禁圧するとして，いわば「事前的治療行為禁圧法」とでもいうべき実質的機能を有することになる。これでは，治療方針をめぐり対立する親と医師との「関係障害」を固定化・紛争化する方向に作用し，小児患者の権利擁護にとっての足枷となりかねない(36)。

このように判例理論における「治療行為論」の展開が孕む医事法上の問題を踏まえると，刑法は，医療ネグレクト事案において民事法・福祉法などとの協働により「事前的関係調整法」の体系の一端を担うべく，「事前的治療行為禁圧法」としては作用しない —— すなわち，治療行為を必要とする医師とこれに不同意である親権者の間の関係調整を阻害せず，両者間の「関係障害」を固定化させない —— という意味での「『消極的』事前的関係調整法」として機能すべきであると考えられる(37)。そこで，これに向けた医事法上の課題について，治療行為の刑法上の正当化要件に着目しつつ述べておきたい。

(b) 治療行為の刑法上の正当化要件と医事法上の課題

治療行為の刑法上の正当化要件は，①医学的適法性，②医術的正当性，③同意の３点からなる(38)。私見によれば，その要件構造は，治療行為の優越利益性として生命・健康への客観的維持・増進傾向を意味する①を中核要素としており，当該要件構造においては，自己決定能力のある成人患者は，③を通して自身の主観的意思傾向・利益との整合性の観点から①を主観的に担保するのであり，治療行為に関していわば「自身のための保証人」となる。これに対して，自己決定能力を欠く小児患者においては，「自身のための保証人」が空位となり，これが「子どものための保証人」として他者である親に転位し，かつこの親の医療ネグレクトにより子どもの生命・健康上の客観的利益が危殆化される場合には，医師が自らの②により①を客観的に担保することにより「子どものための保証人」の転位先となり，親による医療ネグレクトに抗して正当に治療行為をなしうることになると考えられる(39)。いささ

(36) 保条・前掲注(５)284-285 頁。
(37) 保条・前掲注(27)20 頁。
(38) 町野・前掲注(35)1-3 頁。

か我田引水の感はあるが，このような「子どものための保証人」理論を深化させていくことが，小児患者の医療ネグレクト事案に適切に対処するための医事法的枠組みを構築するうえで，日独に共通して手がかりとなり，また課題ともなってくるように思われる。

V　結語に代えて

以上のように，ドイツにおいて刑法学説・判例により形成された法状況に限ってみれば，小児患者の医療ネグレクト事案への対処に堪えるだけの医事法上の枠組みを構築していくうえで，その契機を見出すことは，困難であるというほかない。もっとも，これを贖うかのように，民事法・福祉法領域においては，医療ネグレクト事案への積極的な介入がなされており，すでにみたように，フライブルク事件においては，後見裁判所が当時のドイツ民法（旧）1666条1項1文に基づき病院による手術を許可する「仮命令」を発した。このような医療ネグレクト事案への民事法的・福祉法的介入は，その後，①子どもの権利擁護の観点からの親権規定の見直し，②親子・親権関係事件の事物管轄の後見裁判所から家庭裁判所への移行，③「仮命令」などの手続を整備するための，従来の非訟事件手続法（FGG）に代わる家事事件手続法（FamFG）の制定，といった立法措置を通してその体制が強化されていくことになる[40]。例えば，①に関して，ドイツ民法の現行1666条1項は，つぎのように規定し，家庭裁判所による介入措置を充実させるため，その発動要件として親の帰責事由を不要とし，子どもの福祉の危殆化またはその虞で足りるとしている。

子の身体上，精神上若しくは情緒上の福祉又は財産が危険にさらされており，両親がその危険を回避する意思を示さず，又は回避しえないときは，家庭裁判所は，危険の回避のために必要な措置をとらなければならない。

---

(39)　保条・前掲注(5)285-294頁，同・前掲注(27)20-21頁。

(40)　①②③に関しては，垣内秀介「ドイツにおける新たな家事事件・非訟事件手続法の制定」法の支配155号35-44頁（2009年），西谷祐子「ドイツにおける児童虐待への対応と親権制度（1）-（2・完）」民商法雑誌141巻6号545-580頁・142巻1号1-56頁（2010年）など参照。

医療ネグレクト事案への民事法的・福祉法的介入のあり方については，今回は紙幅の関係などもあり，検討することができなかった。他日に検討の機会を設けることとしたい。

〔付記〕本章は，JSPS 科研費 25380135 の助成による研究成果の一部である。

7　フランス・ベルギーにおける小児の終末期医療

本田まり

I　はじめに

フランスおよびベルギーにおいては，患者（フランスでは病者）の権利，緩和ケアおよび終末期（ベルギーでは安楽死）に関する法律が，それぞれ制定されている。本稿は，各法律に規定される未成年者の権利を確認し，特に小児の終末期医療について法的・倫理的状況を比較検討することを目的とする。成年者に関する2015年までの状況は，既刊の拙稿を参照されたい(1)。

用語の定義および訳語は，次のとおりである。「未成年者（mineur）」は，フランスおよびベルギーでは18歳未満とされている。「子（ども），児童（enfant）」は，法律および条約で用いられる語である。「小児（petit(e) enfant，bébé）」および「小児科（pédiatrie）」に関連して，「赤ん坊，乳児（bébé）」は2歳以下とされる(2)。「乳幼児，乳飲み子（nourrisson）」は生後1ヵ月（28日）頃から満2歳まで，「新生児（nouveau-né(e)）」は生後4週間（28日）までである。「未熟児（prématuré(e)）」は，世界保健機関（WHO/OMS）によると，妊娠満37週までに出生した乳児とされる(3)。

以下では，まずフランスの状況（Ⅱ）を，次いでベルギーの状況（Ⅲ）を分析する。

Ⅱ　フランスにおける状況

1　法的状況

フランスにおいては，1999年に「緩和ケアへのアクセス権を保障する法律(4)」（以下，「F緩和ケア法」）が制定された。2002年には「病者の権利およ

〔ウェブサイトはすべて，2016年8月15日現在〕

（1）　拙稿「終末期医療に関する法的状況 ── フランスとベルギーの比較から」年報医事法学30号17-22頁（2015年），同「ベルギーにおける終末期医療に関する法的状況」盛永審一郎監修『安楽死法：ベネルクス3国の比較と資料』37-55，151-167頁（東信堂，2016年）等。

（2）　わが国では「乳児」は1歳未満の者をいう（母子保健6条2項）。

（3）　わが国でいう「早産児（preterm infant）」に該当する。

び保健制度の質に関する法律[5]」(以下,「病者の権利法」)が,2005年に「病者の権利および終末期に関する法律[6]」(以下,「レオネッティ法」)が制定され,公衆衛生法典が改正されている。ジャン・レオネッティ(Jean LEONETTI)議員(UMP)およびアラン・クレス(Alain CLAEYS)議員(PS)による法改正案は,2015年1月21日に国民議会へ提出され(2512号),紆余曲折を経て可決され,「病者および終末期にある人のために新しい権利を創出する2016年2月2日の法律[7]」(以下,「クレス－レオネッティ法」)が成立した。

F緩和ケア法では「すべての病者は,…緩和ケアおよび付添いにアクセスする権利を有する」(1条A),さらに「病者は,すべての診察または治療に反対することができる」(1条C)と規定されていた。クレス－レオネッティ法による修正では,養成が重視されており,医療従事者および福祉従事者に対する緩和ケア教育が規定された(クレス－レオネッティ1条Ⅱ)。

レオネッティ法により,予防,診察またはケアの行為を停止するか差し控える場合,「医師は,L.1110-10条に規定されるケアを施しつつ,死に逝く者の尊厳を守り,本人の生命の質を保証する」という規定が公衆衛生法典L.1110-5条2項に設けられた。クレス－レオネッティ法では,この箇所がL.1110-5-1条3項に移され,「ケア」が「緩和ケア」に修正されている。

クレス－レオネッティ法により「すべての者は,治療を拒否する,または受けない権利を有する。ただし,病者の調査,特に緩和的付添いは,医師により依然として保証される」という規定が挿入された(公衆衛生L.1111-4条2項)。レオネッティ法により改正されていたL.1111-4条2項は,さらにクレス－レオネッティ法により次のように改正され,同条3項に移る。すなわち「医師は,本人の選択およびその重大さの結果に関する情報を提供した上

(4) Loi n° 99-477 du 9 juin 1999 visant à garantir le droit à l'accès aux soins palliatifs : JO n° 132 du 10 juin 1999, p.8487.

(5) Loi n° 2002-303 du 4 mars 2002 relative aux droits des malades et à la qualité du système de santé : JO n° 54 du 5 mars 2002, p.4118.

(6) Loi n° 2005-370 du 22 avril 2005 relative aux droits des malades et à la fin de vie : JO n° 95 du 23 avril 2005, p.7089.

(7) Loi n° 2016-87 du 2 février 2016 créant de nouveaux droits en faveur des malades et des personnes en fin de vie : JO n° 28 du 3 février 2016, texte n° 1.

で，その者の意思を尊重する義務を負う。すべての治療を拒否するか中断するという本人の意思により，その者の生命が危険に晒される場合には，本人は，その決定を合理的期間の内に繰り返さなくてはならない。本人は，医療チームの他のメンバーに相談することができる。手続全体は，患者の診療録（カルテ）に記載される。医師は，L.1110-10条に挙げられる緩和ケアを施しつつ，死に逝く者の尊厳を守り，本人の終末期の質を保証する」という。

レオネッティ法により，「不合理な固執（obstination déraisonnable）」を避ける規定が設けられた（公衆衛生L.1110-5条1項および2項）。クレス－レオネッティ法により，これは公衆衛生法典L.1110-5-1条に移され，より詳細に規定されることになる。すなわち「L.1110-5条に挙げられる〔予防，診察または治療およびケアの〕行為は，それらが不合理な固執から生じる場合には，実施または続行されてはならない。これらの行為が無益，不均衡であることが明らかになる場合，または生命の人工的な維持という効果のみをもたらすに過ぎない場合には，患者の意思に合致して，本人が意思を表示（exprimer）することができないときは規則により定められた合議制の手続を経て，これらの行為を停止するか差し控えることができる」（公衆衛生L.1110-5-1条1項）と修正される。続けて「栄養・水分の人工的な補給は，治療に相当し，前項に従い中止することができる」という規定が新設された（公衆衛生L.1110-5-1条2項）。さらに，一定の要件下で持続的深い鎮静（sédation profonde et continue）の実施を認める規定が追加された（公衆衛生L.1110-5-2条）。

未成年者の意思と治療拒否について，病者の権利法では次のように規定されている。すなわち「未成年者または成年被後見人の同意は，本人が意思を表示し，決定に参加する能力を有する場合には，一貫して追求されなくてはならない。親権者または後見人による治療拒否が，未成年者または成年被後見人の健康に重大な結果をもたらす危険がある場合には，医師は必要なケアを施す」という（公衆衛生L.1111-4条7項）。クレス－レオネッティ法で公衆衛生法典L.1111-4条に2項が挿入されたため，この規定は同条7項に移っている。医療専門職の職業倫理として，患者に対する義務の項目に「治療の制限または中止という決定が，未成年者または被保護成年者（majeur protégé）に関わる場合には，緊急性により聴取が不可能である状況を除き，医師はさらに，事例により，親権者または後見人の意見を集める」と規定されている（公衆衛生 R.4127-37 条[8]）。

受任者（personne de confiance）[9]を指名すること，および事前指示書（directives anticipées）を作成することは，未成年者には認められていない。病者の権利法では「すべての成年者は，受任者を1人指名することができ，この者は親，近親者または主治医であり，本人が意思を表示することや，その目的のために必要な情報を受けることができなくなった場合に意見を求められる」（公衆衛生 L.1111-6 条）と規定された。法改正案では，公衆衛生法典 L.1111-12 条に「未成年者に関しては，親権者が受任者とみなされる」という規定を追加することが提案されていたが，国民議会第1読会における社会問題委員会の修正で削除された[10]。事前指示書に関しては，レオネッティ法により「すべての成年者は，意思を表示することができなくなる場合のために，事前指示書を作成することができる」という規定が設けられた（公衆衛生 L.1111-11 条）。これらの部分について，クレス－レオネッティ法による修正は加えられていない。

2　国家倫理諮問委員会による報告書および答申

国家倫理諮問委員会（Comité consultatif national d'éthique pour les sciences de la vie et de la santé，CCNE）は，2000 年 9 月 14 日付で「新生児の蘇生をめぐる倫理的考察」と題する答申 65 号を公表した[11]。新生児に関しては「人間的連帯および耐え難いと考えている終末期の患者に対する共感に基づく，同

（8） Décret n° 2010-107 du 29 janvier 2010 relatif aux conditions de mise en œuvre des décisions de limitation ou d'arrêt de traitement : JO n° 25 du 30 janvier 2010 p. 1869 texte n° 25.

（9） 直訳すると「信頼された者」「信頼できる者」となるが，「信任人」「預信者」「受託者」等の訳語が挙げられる。

（10） 理由として「受任者は，…《本人の意思表示を立証する》のであって，その証言は医師により考慮されるが，患者の意思または事前指示書の直接的な表示と同様の位置付けで医師に課されるものではない。親権者は，未成年者の意思を表示するのであって，証言のみを行うのではないため，受任者以上のものである」と説明されている。Alain CLAEYS et Jean LEONETTI, Amendement AS168.

（11） 〈http://www.ccne-ethique.fr/sites/default/files/publications/avis065.pdf〉

じ考え方を用いることはできない[12]」と述べられている。当事者である新生児の苦痛というよりも，植物状態での生活が長引き“耐え難く”なるのは「現実的な負担を引き受ける家族，敗北を喫するケア・チーム，または成長することのない生命に高額な費用を投資しなければならない社会ではないか[13]」と指摘されている。委員会によれば，両親が耐え難いと考えるのは，終末期（生命の終結）ではなく，関係性を構築する見込みが全くない植物状態での生活の持続であり，両親の感覚が最重視される。「責任，識別および人間性」がキーワードとなり，特にケア・チームは，困難に勇気をもって立ち向かい，最善を尽くし，子にあらゆる機会を与えるという点で，さらに正式な手続を踏む決定という点で重責を負い，蘇生（延命）とその中止を識別しなければならない。

2012年7月17日，フランソワ・オランド（François HOLLANDE）大統領は，終末期に関する任務を，国家倫理諮問委員会の名誉委員長であるディディエ・シカール（Didier SICARD）教授に付託した[14]。シカール教授を長とする終末期に関する検討委員会は，同年12月18日に「終末期を連帯して考える」と題する報告書（以下，「シカール報告書」）を大統領に提出した[15]。この報告書では「新生児に特有な状況」がまとめられ，新生児学に関する提案として次のように述べられている（2014年10月21日の報告書で繰り返される）[16]。すなわち「小児科における緩和という文化は，成年者におけるよりも遅れて構築されたものであるが，逆に，とりわけ新生児科医らにおいて，終末期の問題に対するより注意深い多くの考察が常になされている。養成プログラムの強化および不合理な固執に関する考察とともに，成年者に関するものと同様に，考察を展開し続けなければならない。固執は，医療に関する事柄に限られない。治療中止，さらに生命維持ケアの中止に関するすべての決定は，両親とともに，学際的な合議による意見交換という枠組みにおいて

(12)　CCNE, préc. note (11).

(13)　CCNE, préc. note (11).

(14)　〈http://www.sante.gouv.fr/IMG/pdf/Lettre_de_mission_-_Mission_Sicard.pdf〉

(15)　〈http://www.ladocumentationfrancaise.fr/var/storage/rapports-publics/124000675.pdf〉

(16)　La commission de réflexion sur la fin de vie, préc. note (15) pp.67-68, 99.

常になされなければならない。チームでの作業は常に，子，その家族，そしてケア従事者を守るものである」という。

シカール報告書とは別に，国家倫理諮問委員会は，「終末期，人の自律，死ぬという意思」と題する答申121号（2013年7月1日）[17]を公表した。そこでは，新生児学において時折現れる《限界的な（limite）》状況について，次のような注意喚起がなされている（この部分も，2014年10月21日の報告書で繰り返される）[18]。すなわち「死の経過を速める性質をもつ深い鎮静（sédation profonde）の問題は，重篤かつ不可逆的な脳症を負った新生児の場合には特別な方法で提起され」，レオネッティ法制定前には致死的な行為がなされており，レオネッティ法施行後には治療中止の決定が行われている。これらの新生児が補助呼吸を行っている場合には，その中止および鎮静の実施が一般的に認められる。新生児が自立呼吸をするときには，栄養および水分の補給中止ならびに鎮静の実施により，《子を飢餓状態で死ぬにまかせる》というおそれ，および死亡までの期間が長くなりうるという問題が生じる。コシャン（Cochin）病院の臨床倫理センターにより実施された研究[19]では，子の死後一定期間を経た親との面接により，以下のことが確認されている。決定後わずかな日数で死亡した場合には，その間にすべての医療機器を外したわが子を腕に抱き，親であると実感することができるため，家族の受容が非常に前向きである。逆に子の生存が長引く場合には，親は，養育者としての役割を果たせないことから非常に強い罪責感にかられ，時間の経過により子の肉体的状況の悪化を促進するため打ちのめされる。これらの状況は，新生児の深い鎮静および親の緊密な付添いを必要とするものであり，依然として新生児科医[20]および産婦人科医らによる議論の対象となっている。国家倫理諮問委員会は，鎮静の実施方法により，苦悩の時間が合理的なものを超えて長引かないように，法律は人間性をもって解釈されることが望ましいと述べ

(17)　〈http://www.ccne-ethique.fr/sites/default/files/publications/avis_121_0.pdf〉: François VIALLA, D. 2013, p.1690; JCP G 2013, p.1398.

(18)　CCNE, préc. note (17) pp.35-36.

(19)　〈http://www.liberation.fr/societe/2014/02/27/agonie-du-nourrisson-des-mots-sur-l-inconcevable_983448〉

(20)　Christian DAGEVILLE および Pierre BÉTRÉMIEUX らによる提言が参照されている。

る。

国家倫理諮問委員会は，2014年10月21日付で「終末期に関する公開討論についての報告書(21)」を公表した。その中の「新生児の蘇生における，栄養・水分補給の中止および死に至る末期の深い鎮静という特殊な状況(22)」という項目において，上記のシカール報告書および答申121号の内容が引用されている。

3　新生児科医らによる議論

小児科医および新生児科医らの研究により，以下のことが指摘されている(23)。フランスの新生児科医らの大半は，「安楽死の禁止」および「子の最善の利益（intérêt supérieur de l'enfant）の保護と法律の遵守との間のジレンマに直面しうる」という2つの基本的な点で合意している。逆に，周産期科学における倫理的側面に関する検討グループ（Groupe de Réflexion sur les Aspects Ethiques de la Périnatologie，GRAEP）(24)の見解は，このジレンマの解決について一致していない。グループ内のある者は，法による禁止はすべての状況において課されると考えている。他の者は，患者に対する責任により，若干の例外的な状況において，合議による熟慮を条件とし，子の利益は本人の生命をその時点で終わらせることであると両親とチームが合意している場合にのみ，法律に違反するよう導かれると考えている。オランダの新生児科医らは，グローニンゲン（フローニンゲン）・プロトコル（Protocole de Groningen）(25)においてまとめられた要件の遵守により，新生児の安楽死を場合

(21)　〈http://www.ccne-ethique.fr/sites/default/files/publications/rapport_ccne_sur_le_debat_fin_de_vie.pdf〉

(22)　CCNE，préc. note (21) pp.34-35.

(23)　Christian DAGEVILLE et al.，Décision de fin de vie en médecine néonatale : les principes，Pierre BÉTRÉMIEUX，Soins palliatifs chez le nouveau-né，Springer，2011，pp.119-133 surtout pp.130-131.

(24)　新生児科医，産科医および哲学者等で構成され，フランス新生児学会（Société Française de Néonatologie）の倫理委員会，ならびにフランス周産期医学会（Société Française de Médecine Périnatale）およびフランス産科婦人科全国医師会（Collège National des Gynéco-Obstétriciens de France，CNGOF）の代表者らを統合する。〈http://sdp.perinat-france.org/SFN/ethique-de-la-perinatologie--graep-.html〉

(25)　Eduard VERHAGEN and Pieter J.J. SAUER，The Groningen Protocol —

によっては可能なものと考えている。このプロトコルは，厳しく批判されており，先験的には（a priori）違法なこの行為について経験的に（a posteriori）「合法な許容」を整備することにより，新生児の安楽死を制度化する効果をもつ（オランダ法は，患者の要請に応じて実施される安楽死を非処罰化しているに過ぎない）。フランスの新生児科医らは大半においてこの制度化に反対しているため，その立場はまったく異なる。以上がフランスで指摘されている状況であり，ベルギーにおける状況との違いが見受けられる。

Ⅲ　ベルギーにおける状況

1　法的状況

ベルギーにおいては，2002年5月28日に「安楽死に関する法律[26]」（以下，「安楽死法」）が制定された。同年には，6月14日に「緩和ケアに関する法律[27]」（以下，「B緩和ケア法」）が，8月22日に「患者の権利に関する法律[28]」（以下，「患者の権利法」）が制定されている。前者では「すべての患者は，終末期における付添いの枠内で，緩和ケアを受けることができる」（B緩和ケア2条）と規定される。後者では，患者は「受任者に補助してもらい，情報に関する権利を行使」し（患者の権利7条§2），治療拒否について「介入に関する同意を拒否するか撤回する権利」を有する（患者の権利8条§4）と規定される。未成年者に関しては，親権者または後見人が本人の権利を行使する（患者の権利12条§1）。ただし，未成年の患者は「自らの利益を合理的に評価する能力があると推定される」場合には，「本人の年齢および成熟に応じて」，患者の権利法に列挙される権利を自律して行使することができる（患者の権利12条§2）。

Euthanasia in Severely Ill Newborns, N Engl J Med 352 (2005) pp.959-962.

(26)　28 MAI 2002. - Loi relative à l'euthanasie : MB du 22 juin 2002, p.28515.

(27)　14 JUIN 2002. - Loi relative aux soins palliatifs : MB du 26 octobre 2002, p.49160.

(28)　22 AOÛT 2002. - Loi relative aux droits du patient : MB du 26 septembre 2002, p.43719.

(a) 安楽死法の概要

安楽死法において，安楽死は「第三者により実施される，本人の要請に基づいてその者の生命を意図的に終わらせる行為」と定義される（安楽死 2 条）。2002 年の制定時には，安楽死を要請することができる患者は「成年または解放された（émancipé）未成年であり，法的能力があり（capable / handelings-bekwame），かつ本人の要請の時点で意識があること」とされていた（3 条 § 1）。未成年者（18 歳未満）は，婚姻により，または満 15 歳に達すれば裁判所における手続により，親権または後見から解放される（ベルギー民法典 476 条以下）。

本人が意思を表明することが（manifester / uiten）できない（意識がない）場合（安楽死 4 条）に備えて，事前の宣言（意思表明）（déclaration anticipée / wilsverklaring）を書面により行うことができる。患者は，1 人または複数の受任者（personne（s） de confiance / vertrouwenspersoon）を指名することができる。安楽死法の適用に関しては，連邦監督評価委員会（Commission fédérale de contrôle et d'évaluation de l'application de la loi du 28 mai 2002 relative à l'euthanasie，CFCE / Federale Controle- en Evaluatiecommissie，FCEEC）（以下，「監督委員会」）が設置されている（安楽死 6 条〜13 条）。

(b) 2014 年の法改正

安楽死法の改正案は複数提出されており，対象を未成年者に拡張する法案の中には「子に識別力（faculté de discernement / onderscheidingsvermogen）がない場合には，安楽死を要請することができるのは両親である」「子が判断力（faculté de discernement / oordeelsvermogen）を有する場合には，要請の文書を作成しなければならないのは本人である」という区別を行うものもあった[29]。かつての法案は，判断力のない未成年の患者のために，両親または法定代理人により要請された安楽死の非処罰化をも規定するものであり，年齢を問わず，必要であれば新生児や未熟児が問題となる場合においても同様であった[30]。いくつかの法案では，ランセット（Lancet）誌に掲載された

(29) Karine JIROFLÉE et al., 2553/1, 15 juin 2006 ; Myriam VANLERBERGHE et al., 3-1993/1, 12 décembre 2006 ; 4-431/1, 28 novembre 2007 ; Maya DETIÈGE, 611/1, 19 décembre 2007.

(30) Gilbert K. CHESTERTON, Observe-t-on un phénomène de « pente glissante » en

研究が引用され，フラーンデレン地域（北部のオランダ語圏）における新生児科医の多数が，子どもの安楽死の合法化に賛成していると述べられている[31]。

2013年6月26日，フィリップ・マオー（Philippe MAHOUX）議員（PS）らにより，対象を未成年者に拡張するための安楽死法改正案（S. 5-2170）[32]が元老院に提出された。法案の詳細では，以下のように述べられている。聴聞において，未成年者の治療に携わる発言者（小児科医，集中治療医および腫瘍学者等）は，緩和することができない苦痛に直面した治療者は，死を促進するか引き起こす致死的な物質を未成年者に投与することを選ぶと立証した。2001年の聴聞の際，この現実は既に述べられており，法的能力の基準も未成年者について問題となっていた。当時，終末期に関する作業と平行して，患者の権利に関する法律が起草されていたため，立法者はそのことを意識していた。患者の権利法は，医療上の決定に関して未成年者の意見を考慮しなければならないと規定する[33]。これらの立法の変遷を踏まえて，医師会は「職業倫理の観点からは，患者の精神年齢は，民事年齢よりも考慮される」と2003年から強調していた。解放されていない未成年者には法的能力がなく，法的文書を提出するため代理により行為するのは法定代理人らである。したがって，未成年者を対象とする安楽死を実施しうるためには，法定代理人らの介入が必要である。事理弁識能力（capacité de discernement / oordeels-vermogen）（以下，「判断能力」）[34]の評価は，児童精神医学者または心理学者により行われなければならず，彼らは，未成年者が自らの要請の結果を合理

Belgique ?, Étienne MONTERO, Rendez-vous avec la mort : Dix ans d'euthanasie légale en Belgique, Anthemis, 2013, pp.87-88.

(31) JIROFLÉE et al. ; VANLERBERGHE et al. ; DETIÈGE, préc. note (29) .

(32) 〈http://www.senate.be/www/webdriver?MItabObj=pdf&MIcolObj=pdf&MInamObj=pdfid&MItypeObj=application/pdf&MIvalObj=83890023〉

(33) 患者の権利法12条が引用されている。

(34) « capacité » が（権利または行為等の）法的能力を指すのに対し，« faculté » は個人的能力または自由等を指す。ベルギー刑法典では« capacité de discernement / oordeelsvermogen » の語が用いられている。2014年法の審議過程では，解放されていない未成年者について « capacité / bekwaamheid »ではなく « faculté de discernement / oordeelsvermogen »の語を用いることも提唱されていた（ジャン＝ルイ・ランション（Jean-Louis RENCHON）教授による意見，5-2170/4）。

的に評価することができると証明する。判断能力は，単に子の年齢から推論されるものではなく，個人または状況により異なるということを，聴聞された人々は認めている。以上が法案提出理由の概要である。

この法案は，同年12月12日に元老院で可決された後，代議院において2014年2月13日に可決され，同年2月28日の法律として制定された。この「安楽死を未成年者に拡張することを目的として，安楽死に関する2002年5月28日の法律を改正する法律(35)」（以下，「2014年法」）の概要は，次のとおりである。

・対象として「判断能力を有する（doté de la capacité de discernement / oordeelsbekwame）未成年」の患者を追加する（安楽死3条§1）。

・医師は「判断能力を有する未成年の患者が，持続的で耐え難い肉体的苦痛について医学的に解決策のない状態にあり，その苦痛は緩和されることができず，短期間の内に死をもたらし，かつ事故または病気による重篤で不治の疾患に起因すること」を確認する（安楽死3条§1）。

・医師は「患者が解放されていない未成年の場合には，この相談の理由を明確にしつつ，児童精神医学者または心理学者に相談する。相談を受けた専門家は，診療録の内容を把握し，患者を診察し，未成年者の判断能力を確認し，書面によりそれを証明する。主治医は，この相談の結果を，患者およびその法定代理人らに知らせる。主治医は，…情報を提供しつつ，未成年者の法定代理人らと話し合い，かつ未成年の患者の要請について彼らが承諾を示している（marquer）ことを確認する。」（安楽死3条§2・7°）

・〔第二の医師への相談および1ヵ月の熟慮期間に関して〕「死亡が…という（que le décès）」と「明らかに起こらない（n'interviendra manifestement pas）」という語の間に「成年の患者または解放された未成年の患者の」という語を挿入する（安楽死3条§3）。

・「患者の要請，および患者が未成年の場合には法定代理人の承諾は，書面によりなされる。」（安楽死3条§4）

事前の宣言書を作成し，受任者を指名することができるのは「法的能力がある成年者または解放された未成年者」に限定されたままであり（安楽死4

(35)　28 FÉVRIER 2014. – Loi modifiant la loi du 28 mai 2002 relative à l'euthanasie, en vue d'étendre l'euthanasie aux mineurs : MB du 12 mars 2014, p.21053.

条§1), 2014年法による修正は加えられていない。

(c) 2014年法に対する批判 [MM5]

2014年1月29日には,実務に携わる38人の小児科医による文書および署名が, La Libre Belgique紙に掲載された(36)。この文書は,性急に可決される恐れのある法案について延期を求める訴えであるとして,次の4項目が挙げられている。すなわち,(1)この法律は現実的な要求に何ら答えるものではない,(2)医学の現状では,苦痛を緩和するための方法を広く利用することができる,(3)重篤な疾患を有する子の世話は既に十分に複雑であり,法律の拡張は両親の混乱とストレスを増大させるだけである,(4)子が事理弁識能力および判断能力(capacité de discernement et de jugement)を有しているか評価するための客観的な方法が何も存在しない,という。

2014年2月2日,「黄色いゼッケン(Dossards Jaunes)(37)」(わが国でいう「反射ベスト」または「安全ベスト」)という集団の約400人が,ブリュッセルにある監督委員会の本部前でデモを行った(38)。非政治性および非宗教性を謳うこの団体は,安楽死法のより厳格な監督を主張し,未成年者が安楽死を求めることを認める法案に反対する。Dossards Jaunesのスポークスマンであるドリュー・ゴッドフリディ(Drieu GODEFRIDI)氏は,この法案は存在しない問題に対する解決を提案する無駄なものであり,「何十人もの小児科医が,未成年者から発せられる安楽死の要請に直面したことは一度もないと述べている」と指摘する。さらに「いかなる政党も選挙前にこのような措置を挙げていないし,いかなる公開討論も実際には行われていない」として,非民主的であることが批判されている。

ゴッドフリディ氏は,その著書で以下のように指摘する(39)。患者が同意していないか年少のため真摯に同意することができない場合には,殺人(故殺)が問題となる(40)。安楽死法では「対話の義務」が繰り返されるが,「緩

(36) La Libre, 29 janvier 2014. 〈http://www.lalibre.be/debats/opinions/fin-de-vie-des-enfants-une-loi-inutile-et-precipitee-52e93c5b3570e5b8eeea1a00〉

(37) 〈http://www.dossardsjaunes.be〉

(38) La Libre, 2 février 2014.

(39) Drieu GODEFRIDI, L'euthanasie des enfants ou L'horreur législative, Texquis, 2014.

(40) GODEFRIDI, préc. note (39) p.14.

和ケアの概念またはその合理性を大部分の子どもたちは理解することができない」。子どもは，場合によっては書くことも読むこともできず，安楽死法を未成年者に適用するのは良識に欠ける[41]。安楽死法３条§２・１°は，一定の事例において安楽死が唯一の理性的な解決策であるという前提に基づくが，安楽死を合法化していない圧倒的多数の諸国は，いずれも理性に欠けて時代遅れなのだろうかと問われている。

改正法案の支持者による論拠としては，①苦痛（疾患を有する子にとって耐え難い），②平等（成年者と同じ出口（porte de sortie），すなわち苦痛を免れる権利が子どもにも与えられなければならない），③成熟（疾患を有する子が死に直面した時），そして④拡張（2014 年法は安楽死法の補遺に過ぎない）が挙げられるが，これらは次のように批判される[42]。すなわち，①医学は，現在では，子どもを殺すことなく苦痛を治療する方法を用いることができる，②平等という論拠は，子どもが成年者と同じ判断能力を有することを前提とするが，そうではない，③幼児（infans）は，その「成熟」がどのようなものであろうと，死の概念を，まして自分の最期の迎え方について説明を受けて決定する能力を持ち合わせていない，④ 2014 年法は，拡張という口実で，成年者の同意を根拠としていた安楽死法を変貌させるものである，という。

この著書では，2014 年法は，利益およびイデオロギーという二重の偏見によるものとして分析される[43]。まず，経済的要請について，健康管理を共有化する国は，一定の質を維持しようとするのであれば，特に高齢者に関して苦しい選択に直面し，経済的考慮が立法において役割を果たしたと指摘されている。次いで，イデオロギーについて，2014 年法には，長い間ヨーロッパ社会の風習を支配してきたキリスト教に対する，政教分離による最後の反撃が見られるという。最後に，利益とイデオロギーの間で，2014 年法は快楽主義（hédoniste）という時流の一環を成す。重篤な疾患を有する子は，感情的，肉体的および財政的という３つの面において，人間に課される最も重い負担の一つである。価値が高まるのは生命ではなく，その質であるという観点からは，苦痛は無意味なものであり，それを課すことは正当化されな

(41)　GODEFRIDI, préc. note (39) p.24.

(42)　GODEFRIDI, préc. note (39) pp.68, 75-76.

(43)　GODEFRIDI, préc. note (39) pp.65-68.

いという。

結論として，2014年法は，実務上の必要に何ら答えるものではなく，具体的な必要性から生じるという法の「ローマ的」観点よりも，道徳上またはイデオロギーの法律という「ギリシャ的」観点の一環を成すと述べられる。年齢制限なしに子どもの判断能力という虚構を現実として認めるよう誘導された，医師および心理学者の裁量を確立する法律の恐怖が指摘されている(44)。

(d) 憲法裁判所による2015年10月29日の判決

憲法裁判所（以下，「憲法裁」）による2015年10月29日の判決(45)では，2014年法は，未成年者の判断能力を評価する最終的な責任を児童精神医学者または心理学者が負うという条件において，合憲であるとされた。その理由は，次のとおりである（[　] 内は判決の箇所を示す）。

立法者は，未成年者の年齢という基準に依拠しようとはせず [B.24.2]，未成年者は安楽死要請の影響を評価するのに十分な判断能力を有する可能性があり，その判断能力は事例ごとに認められなければならないと考察した [B.3.2]。欧州《ヨーロッパ》人権裁判所（以下，「人権裁判所」）は，欧州における合意がないことから，安楽死について規定する国家に広範な評価の余地を残している [B.19.1]。それでもやはり，人権裁判所は，生命に対する権利（欧州《ヨーロッパ》人権条約2条）の尊重により，「生命を脅かす策謀に対し，最弱者そのものを保護する」ために必要な措置をとることが立法者に課されると確認する [B.17.2]。憲法裁は，立法者が，未成年者に対する安楽死の実施を認める場合には，濫用を避け，生命に対する権利および身体の完全性に対する権利を保障するために，より多くの保護措置を準備しなければならないと判断する [B.18]。

憲法裁は，未成年者の苦痛が精神的なものであり，かつ明らかに短期間の内に死をもたらさない場合には，安楽死は認められないと指摘する [B.21.2]。未成年者が有していなければならない判断能力は，安楽死の要請の現実的な影響および結果を評価する適性に関わるものであり，新生児ま

(44)　GODEFRIDI, préc. note (39) pp.16-17.

(45)　C. Const., arrêt n°153/2015 du 29 octobre 2015 : 〈http://www.const-court.be/public/f/2015/2015-153f.pdf〉〈http://www.const-court.be/public/f/2015/2015-153f-info.pdf〉

たは低年齢の子どもは，安楽死の適用から除外される［B.24.4］。

憲法裁は，児童精神医学者または心理学者への相談を定める規定は，必要とされる判断能力を患者が備えていないと彼らが評価しているのに，主治医が未成年の患者の安楽死を実施しうるという点で，合理的に解釈することはできないと判断する。実際に，憲法裁は，児童精神医学者または心理学者への相談は，法律の適正な適用のための補足的な保証として解されると判断する［B.24.8.2］。安楽死を要請された医師は，当該未成年の患者が要請の現実的な影響および結果を評価することができると保証する義務を負い，未成年者の判断能力を書面で確認する児童精神医学者または心理学者に相談しなければならない［B.36.3］。

憲法裁は，以下のように結論付ける。すなわち，2014年法（による保障）は，一方で尊厳がなくつらい終末期を避けるために生命を終わらせることを選択する各人の権利と，他方で安楽死の実施に関して濫用を防ぐことを目的とする措置に対する未成年者の権利との間の，公正な均衡に基づく。前者は，私生活を尊重される権利から発生するものであり，後者は，生命に対する権利および身体の完全性に対する権利から発生するものである［B.41］。

判決当日の報道では，2014年法の施行から20ヵ月（約1年半）経つが，監督委員会は未成年者の安楽死について1件も届出を受理していないと伝えられていた(46)。2016年1月時点でも，未成年者について実施された安楽死の届出はない(47)。

2　法制度の運用に関する答申および報告書

(a) ベルギー生命倫理諮問委員会による答申

ベルギー生命倫理諮問委員会（Comité consultatif de Bioéthique de Belgique, CCBB / Belgisch Raadgevend Comité voor Bio-ethiek, BRCB）（以下，「生命倫理委員会」）(48)は，終末期医療に関するいくつかの答申を公表している。「意思を表示することができない人の生命の積極的な停止に関する1999年2月22日の答申9号」においては，法令上（de jure）能力がない者と事実上（de

(46)　La Libre, 8 décembre 2015.

(47)　RTBF, Belga, 27 janvier 2016.

(48)　〈http://www.health.belgium.be/fr/comite-consultatif-de-bioethique-de-Belgique〉

facto）意思を伝えることができない者が区別され，法令上能力のない（juridiquement incapable）者が，常に事実上も能力がないわけではないという例として，物心つく年齢（âge de raison）に達した未成年者が挙げられている。

(b) 監督委員会による報告書

監督委員会は，報告書を2年毎に作成している。登録文書を作成する言語は，オランダ語が約80%，フランス語が約20%となっており，この割合は当初から変わらない。ただし，オランダ語圏の人口がフランス語圏の約2倍なので，人口に対する届出の比率は（4倍ではなく）約2倍となる。

緩和的鎮静（sédation palliative）の数は，安楽死の数より少なくとも5倍は多いという。ベルギーでは，緩和的鎮静については安楽死の届出が不要であり，届出の比較的少ないフランス語圏の医師らは，これを選択しているのではないかと指摘されている[49]。

3　欧州生命倫理研究所による評価

欧州生命倫理研究所（Institut Européen de Bioéthique，IEB / Europees Instituut voor Bio-ethiek，EIB）（以下，「IEB」）は，監督委員会による報告書を検討し，次のように批判する。重大な派生的危険として，判断能力がないとみなされている患者（年少者または精神障害者）について，医療チームは「緊急避難（état de nécessité）」という概念を援用する。すなわち，本人による要請がなくても，耐え難く緩和することができない苦痛の場合には，生命を終結させることができると解されている。終末期フォーラム（Forum EOL）の養成者であるマルク・アングレール（Marc ENGLERT）医師は，新生児または要請を文書で表明する（formuler）ことができないごく幼い子（tout jeune enfant）に対する生命の積極的な中止を「安楽死ではないが，緊急避難の状態にあるという確認に基づく行為は，意識のない成年者に対するものと同様である」と記述している[50]。法律により規定される要件以外に「緊急避難」の援用を認めることは，恣意的かつ制御不能な，増大した決定

---

(49)　監督委員会の委員長であるヴィム・ディストゥルマンス（Wim DISTELMANS）教授（医師）による発言：RTBF，préc. note(47)．

(50)　IEB，EUTHANASIE：10 ans d' application de la loi en Belgique，p.8.〈http://www.ieb-eib.org/fr/pdf/euthanasie-belgique-10-ans-de-depenalisation.pdf〉

権限を医療チームに与えることになるという。

IEBによると，グローニンゲン・プロトコルはベルギーで大きな影響を与えている。多くの医師が，障害児については出生の前日まで《治療的》妊娠中絶が可能となっているため，新生児の安楽死も同じ要件下で許容されるべきだと考えているという[51]。

Ⅳ　おわりに

フランスおよびベルギーの両国において，病者または患者の権利および緩和ケアを受ける権利は，すべての者に認められている。フランスでは，規定が公衆衛生法典に集約されており，未成年者が意思を表示し，決定に参加する能力を有する場合には，その同意が重視される。終末期における受任者の指名および事前指示書の作成は，成年者にのみ認められる。ベルギーでは，未成年者の権利は，親権者または後見人が行使するが，年齢および成熟により本人が自律的に行使することが認められている。安楽死法改正により，対象が未成年者に拡張されたが，憲法裁は判断能力の確認について条件を示した。受任者の指名および事前の宣言書の作成は，成年者または解放された未成年者にのみ認められる。

両国において，緩和的鎮静の需要が高まっており，これは安楽死としては扱われていない。フランスでは，国家倫理諮問委員会および新生児科医らにより，新生児の鎮静について検討がなされている。グローニンゲン・プロトコルは，フランスでは新生児科医の大半により反対されているが，ベルギー（特にフラーンデレン地域）では影響を及ぼしている。

〔付記〕脱稿後，ベルギーの監督委員会が，安楽死の登録文書を公表した（2016年6月10日付）。これは，安楽死を実施する医師が記入しなければならないものであり（安楽死7条），その書式は，成年者または解放された未成年者用と解放されていない未成年者用とに分けて作成されている。

〈http://organesdeconcertation.sante.belgique.be/fr/search/site?f[0]=sm_field_consulative_structure_l%3Anode%3A1331〉

---

(51)　IEB, préc. note(50) p.4.

〔謝辞〕 本研究は，JSPS 科研費【JP23320001】および【JP26284006】の助成ならびに財団法人上廣倫理財団研究助成（2013 年〜2014 年，研究課題：「「出生前診断」と新生児の「終末期医療」 ― フランスおよびベルギーにおける法的・倫理的状況」）を受けたものである。ご指導いただいた滝沢正教授，甲斐克則教授ならびに研究班および諸研究会の先生方に感謝の意を表する。

8　日本における小児医療の現状と課題

― 重い病気を抱えながら生きる子どもの権利を考える ―

多田羅竜平

諸　言

1989 年に国連で採択された「児童の権利に関する条約（子どもの権利条約）」が 1994 年にわが国において批准されてすでに四半世紀を超す。子どもの権利条約は本来，法律に準ずるものと位置付けられていると同時に，国家は子どもの権利条約が守られるよう国内法を整備するなど実効的に保障するための取り組みが義務付けられている。当条約の大きな特徴は，子どもを「保護すべき客体」としてだけではなく，「権利を持った主体」として位置付け，子どもの最善の利益を保証することを基本理念としていることである。当然，病気の子どもにおいても権利を持った主体として最善の利益が確保されなければならいないことは言を俟たない。しかしながら，病気の子どもは様々な理由により，健常な子どもたちであれば普通に享受しうる権利を十分に得られないことが少なからず生じているのが現状である。実際の医療現場において病気の子どもの権利はどのように扱われているのか，最善の利益を享受し得ているのか，その現状を見つめながら，重い病気を抱えながら生きる子どもにとって重視すべき権利確保に向けての課題を検討したい。

Ⅰ　子どもの自己決定権

1　意見表明権と治療同意権

医師は医療行為を行うにあたり，適切な説明を行い医療を受ける者の理解を得るよう努め同意を得ることが法的義務として求められている。言い換えると，治療を受けるかどうかは患者の自由であることが法的に保証されているといえ，そもそも「自由権」は，人間が権利を持つ主体として扱われる上で最も基本的な権利の一つと考えられる。

一方で，子どもの医療における同意の在り方に関する医師の義務，患者（子ども）の自由権については明確に示されていない。「児は親の親権に服する」旨が児童福祉法等で規定されていることもあり，わが国では未成年の患者への医療に関する同意は親の責任であると理解され，子どもへの説明やそれに伴う同意は法的義務とみなされていないのが一般的である。親権とは，子どもの監護教育権，財産管理権など親権を有する親に与えられた権利及び義務の総称であるが，一方で子どもへの医療の同意について親がどのような権利・義務を有するのかについては必ずしも明確にされているわけではない。

子どもの権利条約では12条において「締約国は，自己の意見を形成する能力のある児童がその児童に影響を及ぼすすべての事項について自由に自己の意見を表明する権利を確保する。この場合において，児童の意見は，その児童の年齢及び成熟度に従って相応に考慮されるものとする。」と，子どもの意見表明権について規定している。この条項に従うと，治療に対する同意についても意見を形成する能力がある子どもは自己の意見を表明する権利があると理解できる。ただ，意見を表明する権利があったとしても，子ども自身に医療行為に対する自己決定権があるのか，つまり最終的な治療同意権者となりうるかどうかは明示されていない。

そもそも臨床現場において子どもの意思決定能力の判断は必ずしも容易ではない。医療行為に同意するための能力としては，自分自身の病状とそれに対する医療行為の一般的なメリットとデメリットを理解すること，その医療行為が自分にとってメリットがデメリットを上回るかどうかを適切に判断し伝えることなどが求められるが，医療行為に同意する能力を適切に評価するための標準化された手法は存在しない。もちろん年齢のみで判断能力を一律に決められるものではなく，「あり」か「なし」かの二者択一のものでもない。判断能力は段階的に発達する性質のものであり，対象となる医療行為の重大性や治療内容の複雑さなどによっても求められる能力が異なってきうる。こうした点を考慮しながら現場で個別に判断するよりほかないのが現状であろう。

さらに，たとえ判断能力があったとしても，思春期の子どもたちは，親や医療者とあまり喋りたがらない，自分で主体的にものごとを決めてきた経験に乏しい，将来のデメリットよりも目先のデメリットを重視しがちである，といった傾向もあり，治療の是非について親や医療者と話し合いながら自らの意見を形成し適切に意思決定していくことは子どもにとって必ずしも容易な作業ではない。特に問題となるのは，子どもが，医師の薦める治療を拒否する場合である。少なくとも，医療者の薦める治療を行わないことが子どもの健康を著しく損なう場合には，事情を適切に説明しながら説得するなど子どもの生命を保護する観点に立った丁寧な対応が医療現場では求められるだろう（参考までに，イギリスでは18歳未満の子どもが医師の推奨する治療を拒否した場合，状況によっては親によって覆すことができ，親と子どもの両方が治療を拒否した場合は裁判所によって覆すことが法的に可能であり，医師は子ども本人か親か裁判所のいずれかの同意があれば子どもへの医療を行うことが手続き的には可能である）。このように子どもの意見を絶対視することは問題があるとしても，原則的には子どもが自分の病状やおかれている状況を適切に判断し，自らの価値判断に基づいた意見を伝え，親や医療者と協議を交わし，意思決定できるよう配慮，支援することが大切であるといえよう。

一方，子どもの自己決定権を考える上で難しいのは，親の意見と子どもの意見が対立する場合（とりわけ，子どもが判断能力を有し，その意見も十分に合理性がある場合），最終的にどちらの意見を優先するべきかという問題である。この問題について国際的に大きなインパクトを与えた出来事としてイギリスのギリック裁判（1985年）が挙げられる。この裁判は，敬虔なカトリック信者であるギリック夫人が親権者である自分の同意なく14歳の子どもに避妊のための処置・処方をしないよう担当の医療機関に求めた訴訟で，最終的に医療機関側が勝訴した。この判例によって，16歳未満の子どもであっても当該医療行為に同意するための判断能力があるとみなされる場合は，親の同意の有無に関わらず，単独で医師の治療に同意しうることが法的に示された（もともとイギリスでは児童法において16歳以上の子どもの治療同意権を認めている）。イギリスではこの判例に因んで16歳未満の子どもの医療に同意する判断能力のことを「ギリック能力“Gillick Competence”」と呼んでいる。こうして10代の妊娠，中絶，出産といった問題が若者への教育や禁欲を求めるだけでは解決し難い現状に対する現実的な解決策としてギリック判決と同様の判断が国際的に認められるようになっていった。1998年には世界医師会（WMA）において採択された「ヘルスケアに対する子どもの権利に関するWMAオタワ宣言[(1)]」は子どもの自己決定権について，「子どもの要望は，そのような意思決定の際に考慮されるべきであり，また，子どもの理解力に応じて重視すべきである。成熟した子どもは，医師の判断によりヘルスケア

（1）　世界医師会（WMA）「ヘルスケアに対する子どもの権利に関するWMAオタワ宣言」第9条（1998年）。

に関する自己決定を行う権利を有する（日本医師会訳)」と，成熟した子どもが医療上の意思決定の権利を有する旨を明確に規定した（WMAは各国の医師会を会員とする国際的な組織であり，わが国の医師会も加盟している)。このように，国際的には判断能力のある子どもが治療に同意した場合には，親の同意の有無に関わらず，医療行為を行いうると理解されている。

一方，わが国では子どもが治療に同意する権利についてコンセンサスは得られていない。それは一般に未成年の子どもは親の親権に服するべきであると広く考えられていることに加えて，親の了解なく子どもに処方や手術などの医療行為を行った結果，親とのトラブルに発展することのほうが，子どもの意向を無視して子どもから非難されるよりも問題が大きいと判断されやすいことも影響しているだろう（そもそも子どもには訴訟権もない)。総論として子どもの意見を尊重することには賛成だとしても，そして避妊薬の処方が合理的あると考えたとしても，親に内緒で14歳の子どもに避妊薬を処方することのできる医師はわが国では決して多くないのが現状だろう。ちなみに，日本小児科学会は「重篤な疾患を持つ子どもの医療をめぐる話し合いのガイドライン(2)」の中で，「父母は，子どもの養育に責任を負う者として，子どもの気持ちや意見を尊重しながら，子どもの病態を理解したうえで，治療方針を決定する。」と述べている。つまり，国際的な潮流とは異なり，「最終的に治療方針を決めるのは子どもではなく親である」というのが学会の見解ということなのであろうか。いずれにせよ，時代の要請が変化する中で，わが国の医療者が子どもの自己決定権についてどう対応すべきなのか，まだ議論は熟しておらず，今後の課題といえよう。

2　子どもの知る権利と病気の告知

子どもの権利条約第13条において「児童は，表現の自由についての権利を有する。この権利には，口頭，手書き若しくは印刷，芸術の形態又は自ら選択する他の方法により，国境とのかかわりなく，あらゆる種類の情報及び考えを求め，受け及び伝える自由を含む。」と表現の自由及び知る権利につ

(2)　日本小児科学会倫理委員会小児終末期医療ガイドラインワーキンググループ「重篤な疾患を持つ子どもの医療をめぐる話し合いのガイドライン」日本小児科学会雑誌116巻10号（2012年)。

いて規定されている。病気の子どもの知る権利に関して，しばしば議論となるのは予後が良くない病気の告知についてであろう。子どもが自分の病気について偽りのない正しい説明を受けることは，治療に主体的に関わり，医療者との間の信頼関係を築くために大切な要素である。さらに，子どもとの丁寧で正直なコミュニケーションは子どもの意見や感情の表出を促すことにもなり表現の自由の確保につながるものでもある。一方，病気の子どもに生命に関わる悪いニュースを伝えることはメリットだけでなく，つらい思いをしたり，死の恐怖に直面したり，希望を失ったりなどのデメリットも懸念される。そのため，これまでわが国では子ども本人に悪いニュースを伝えることは手控えられる傾向があった。

子ども本人への病名告知の現状（日本と米国の小児腫瘍医を対象とした調査）

	日本（n=362）	米国（n=350）
いつも伝える	9.5%	65%
たいてい伝える	28.7%	31%
ときどき伝える	27.3%	3.4%
まれに伝える	19.2%	0.6%
伝えない	15.3%	0%

出典：文献3より引用

少し古いデータになるが，Persons らによる日本と米国における小児がんの子どもへの告知の状況の比較調査(3)によると，米国ではほとんどの子どもががんの告知を受けているのに対して，わが国では多くの子どもが告知を受けていなかったことが示されている。現在は，当時より病気の告知に対する関心が高まっており，以前に比べるとずいぶんと病気の告知を受ける小児がんの子どもは増えていると推測されるが，とはいえ病気の子どもに悪いニュースを伝えるということは医療者にとっても親にとっても容易な作業ではない。まず，子どもの知る権利を確保するということは，ただ単に子ども

（3） Persons SK et al. Telling children and adolescents about their cancer diagnosis: cross-cultural comparisons between pediatric oncologists in the US and Japan. Psycho-Oncology. Article first published online: 27 JUL 2006.

に正確な情報を伝えればいいというわけではない。「真実を伝えることは薬と同じである。」という言葉もあるように，「悪いニュース」を伝えることにはメリットとデメリットがあり，その扱い方（コミュニケーション）には適切な知識と技術が求められることを理解しておく必要がある。病気の告知は当然ながら子どもにとって大きな衝撃を与えることとなる。そのため，病気を告げられた後に頭が真っ白になって，その後の説明がほとんど頭に入っていないということも少なくない。また，時間が経つにつれて次々と疑問や不安が湧いてくることも多い。子どもの年齢や発達に見合った言葉や表現を用いて説明した上で，病気や治療に関する理解を確認するとともに，共感的な理解を示しながら，必要に応じて繰り返し説明の場を設けるなど，正しく理解していけるように援助していく必要がある。子どもへの病気の説明について家族が拒否的な場合には，なぜ伝えることに抵抗を感じているのかを丁寧にひも解きながら，慎重に家族と話し合う必要がある。

このように，子どもの知る権利だけでなく意見表明権を尊重するためにも，子どもには出来る限り正確な情報を伝えることが求められるものの，用いる言葉や告知のタイミング，伝える内容などについては発達レベルや本人の希望を十分配慮しながら，伝えることのメリットとデメリット，そして親の意向も調整しつつ丁寧に取り組まなければならない。本人がどのように病状を理解しているのか，置かれている状況に納得しているのか，疑問を持っていないのか，方針の決定に積極的に関わりたいと思っているのか，といったことに注意深く配慮し，子どもの立場に立った対応が求められる。

Ⅱ 成長・発達する権利

1 遊ぶ権利

子どもの権利条約は第31条において「余暇，遊び，および文化的生活に参加する子どもの権利」を定めている。子どもにとって「遊び」は単に楽しい時間を過ごすという意味だけでなく，学び・成長するための機会であり，外界と関わり，自己を表現する場でもある。さらに，病気の子どもたちにとっては，遊びは治療的な役割も発揮しうるものであり，不安を軽減する，回復を早める，コミュニケーションを促す，入院や治療に対する心の準備をする，などの効果が指摘されている。とりわけ，遊びの要素を盛り込んだ「心の準備（プレパレーション）」は入院や治療を前にした子どもたちにとって大切な取り組みである。プレパレーションとは，子どもの年齢や理解，性格，医療体験などに応じた方法で，病気，入院，手術，検査，処置などについて説明を行うとともに，子どもの気持ち，考え方を十分に理解し，共有することを通じて，心の準備を促し，対処能力を引き出すことで，それらをうまく乗り切ることができるようにするための介入手法である。プレパレーションを通じて子どもは治療や処置を受身の強制的なイベントとしてではなく，積極的に参加して自分の力で乗り切るものとして扱うことがより可能となる。

入院中の子どもたちが思う存分遊びを経験できるためには，病気や障害のある子どもとの遊びに長けた専門スタッフを十分に配置すること，一人ひとりの子どもの発達や特性に見合った遊び方や遊具が準備されていること，のびのびと遊びやすい入院環境を心がけること，などが求められる。

こうした子どもの遊びを専門に見る職種として，チャイルド・ライフ・スペシャリスト（北米の資格）やホスピタル・プレイ・スペシャリスト（イギリス系の資格），子ども療養支援士（日本の資格）等の，遊びを通じて入院生活のストレスを軽減，ひいては子どもの権利を擁護するための専門職の配置が進められており，より一層の充実が望まれる。

さらに，遊びを通じて入院治療中の子ども達の療養生活を支えるには，スタッフのみならず様々なボランティアの協力も効果的である。あそびのボランティアグループ，絵本のよみきかせ，きょうだい支援，人形劇などプロのパフォーマンスを届けるボランティアグループ，芸術関連，その他の様々なサポートプログラムなどを提供するNPO法人など，院内外との連携や協働を図り，子どもと家族のQOL向上にむけた取り組みが活性化されることが望まれる。

2 学ぶ権利

義務教育期間中の子どもに対して教育を受ける機会を保障することが国家の義務であることに異論はないであろう。「教育」とは子どもたちの学力や発達を支える根幹であり，教育を通じて子どもたちは学習意欲や自尊心を高め，より将来の可能性を拡げることができるようになる。しかし，重い病気を抱えながら生きる子どもたちは，長期あるいは繰り返す入院生活，病気による苦痛や生活上の制限などのために学ぶ機会を失ってしまうことが少なくない。

本来，入院中であっても子どもは病院内で教育を受ける機会が保障されなければければならない。病院内で正式な教育を受ける方法としては，「院内学級（教員が病院内に常駐している）」と院内学級を持たない病院における「訪問教育（院外から教員が病室に通ってくる）」がある。正式に院内学級で教育を受けるためには，原籍校から院内学級を所管する学校に転籍（転校）する必要がある。しかし，転籍することが手続き的に煩雑なために，比較的短期間の入院を要する子どもの場合，転籍せずに（つまり授業に参加したとしても出席したことにならない）授業に参加せざるを得ないことが生じる。特に，近年，短期間での入退院を繰り返す子どもが増加していることに加え，治療施設の集約化の流れもあって市町村や都道府県を超えて入院する子どもも増加する傾向にあり，転籍や区域外就学についての手続きを簡略化することで教育の空白期間をなるべく短縮できるように配慮が求められている。また，院内学級の役割は勉強する機会を提供するだけでなく，クラスメートとの共同学習や交流を通じてこれまで通りの子どもとしての社会的な生活を経験する場ともなっている。他方で，転籍によって原籍校に名前がなくなることは子どもにとって戻るべき居場所がなくなるような思いや友達から忘れられるのではないかと心配な思いが強くなりがちであるため，原籍校とのつながりを継続できるように，友達との交流を保ったり，学校行事になんらかの形で参加できるように計画することも子どもにとって励みになり安心にもつながる。

自宅療養中で登校が困難な子どもについては訪問教育の制度があるものの，訪問のための教員の体制が整っておらず十分な教育を提供できていないのがわが国の一般的な現状である。それがために入院を継続して院内学級に通い続けざるを得ない子どももいる。通学が困難な自宅療養中の子どもたちの病状や個別のニーズを踏まえた教育体制の整備も焦眉の課題である。また，医療的ケアを必要とする子どもは授業や校外学習などに際して親の待機や付き添いが求められることも少なくない。日常的に医療が必要な子どもたちが学校で適切なケアが提供されるように体制の整備も重要な課題となっている。

3　成長・発達に応じた療養環境の提供

子どもは入院中も成長・発達に応じた子どもが過ごすのにふさわしい療養環境が提供されなければならない。

乳児期は，目に見えるもの触れるものなど周囲の環境や人とのふれあいから様々なことを学ぶ時期であるが，病気の子どもは入院や治療に伴う活動制限のために成長発達に影響が生じやすい。子どもの興味が広がり，ストレスの少ない環境づくりが望まれるとともに，子どもにとってなじみのある両親や祖父母がそばに付き添えるように配慮する必要がある。

幼児期は，活動範囲がひろがり，遊びも活発になってくる。遊ぶことで日常を継続でき，自分らしさを発揮することができる。また，基本的な生活習慣を身につける時期であり，次第に自立してくるようになる。保育士などとも連携しながら，遊びを通じた発達の促し，他児との関わりを持てる機会をつくったり，プレイルームやベッドでの遊びを工夫したりしながら様々な経験をできることが大切である。

学童期は，知的な関心も高まり，友達との集団遊びを通して，社会性を獲得していく時期であり，自分の身に起こっていることを理解できるようになってくる時期でもある。心配ごとや疑問があるときには，共感的でわかりやすい表現，言葉で接することで安心できるように心がける必要がある。子ども同士の関わりがもてるようにプレイルームや院内学級を活用することも心の支えになる。また，長期の入院では勉強の遅れが問題になりやすいため，勉強しやすい場所や教育支援のサポートといったリソースの充実も求められている。

思春期は，同年代の仲間との関係が重要な時期であり，親から自立したいという思いも強くなる時期である。また，自分の容姿を気にしたり，プライバシーが大切な時期になる。心理的に不安定なこの時期に，病気のために親や大人に頼らないといけなくなることや容姿が変貌することに対して戸惑いを感じたり，仲間から離れることへの不安が強くなったりといった理由から，病気や治療に対する受容が困難になることもある。プライバシーの確保や友達の面会，さらに同じ境遇の子どもとの交流などについて検討することが大切である。自分自身が主体的に考え，意見が受けとめられ，尊重される経験を通して，自ら考え解決していこうとする力が養われる時期であり，治療方針の決定などの場面でも主体性，自立を促していくことが重要になる。

4　家族の宿泊施設

入院中の子どもにとって家族がそばにいてくれることは何よりも安心につながるものである。しかし，遠方からの入院の場合，家族は二重生活を余儀なくされたり，来院に長時間を要したりすることになるため，面会が制限されてしまうことになりかねない。家族が何時でも子どものそばにいられるように病院の近隣に宿泊できる設備を設けることは，特に遠方からの患者が多数入院している施設においては不可欠なサービスであるといえる。

Ⅲ　家庭で暮らす権利

1　可能な限り入院を避けること

子どもの権利条約第9条において「締約国は，子どもが親の意思に反して親から分離されないことを確保する」と規定されている。一般に子どもは家庭的な環境の中で親に守られ育まれながら暮らすことが望ましいことはいうまでもない。ところが，病気の子どもは入院生活を余儀なくされることにより家庭で暮らすことが妨げられることになる。無論，入院でしか行うことのできない治療において入院生活を要することはやむを得ないが，一方で子どもから家庭的な生活を奪うことは子どもの権利の観点において重大な問題を孕んでいるという認識が乏しければ，「どうしても入院しなければならない」とはいえない治療や療養のためであっても入院生活が比較的容易に選択されることになる。ただ，不要な入院を減らすべきであることは理想論としては理解できても，子どもが自宅で暮らしながら適切な医療を受けるためには，その管理を家族だけに任せるのではなく，医療者が子どもの自宅で適切に関わることのできる体制がなければ成功し難い。実際には，自宅で医療を受けている子どもたちの病態や発達状態は多岐にわたる上に，専門的な知識や技術を要することが多いものの絶対数としては少数であり，他方で地域の中には高齢者の膨大なニーズを抱えながら，少数の「手のかかる」小児患者に十分な体制を維持することは技術面のみならず経営面からも難しいのが現状である。そのため，近年，小児への訪問診療や訪問看護の提供は広がりつつあるものの，まだまだ絶対数は不足しており，まして急性期の治療や病状観察といった専門的な判断や技術を要する対応をフットワーク軽く地域の医療者にバトンタッチして対応することは困難なのが現状である。

2　家族の休息

自宅で在宅医療を必要とする子どもは，疾患に対する様々な治療に加え，重度の障害を抱え，さらに経管栄養，気管切開，人工呼吸管理などの医療的ケアを要することが少なくない。子どもの養育は親の義務であるとはいえ，重い病気の子どもを自宅で介護し続けることは一般の育児以上に様々な困難が生じうる。病状の変化や医療行為の実施に対する不安はいうに及ばず，24時間常に気を張り詰めた生活を余儀なくされ休息や睡眠もままならないことも少なくない。さらに社会との関わりが制限されることは孤立につながる。同じく，きょうだいは同年代の友達が普通に経験するレジャーや課外活動への参加を制限されがちになる。このように，家族の身体的，心理社会的な負担は決して軽いものではない。そして，家族が健全な生活を維持できなければ，病気の子どもが自宅での生活を継続していくことも困難になる。そのため家族に休息を与える機会の提供（レスパイトケア）は病気や障害をもつ子どもを介護する家族にとって最もニーズの高いサービスの一つとなっている[(4)]。子どもの権利条約では第18条において，「締約国は親及び法定保護者に適用な援助を与え，かつ，子どものケアのための機関，施設及びサービスの発展を確保する」と定めている。つまり，国は親が病気の子どもの養育においても親と責任を共有し必要な援助を与えなければならない。レスパイトケアの充実をはじめとした家族の生活全体を継続的に支える体制づくりが社会全体に求められているといえる。しかし残念ながら，わが国におけるレスパイトケアの提供体制は極めて不足しているのが現状である。それは自宅で

（4）　Hunt A. Voices for change. ACT. Bristol. 2003.

医療を受けている子どもたちの病態や発達状態が多岐にわたり小児医療の専門的な知識や技術に加え，高度な医療設備や安全確保のための人員を要することが多く，施設の体制や設備の維持を診療報酬や福祉制度に基づいて実施していくのには限界があり，結果として患者・家族のニーズに見合った質の高い安心安全なサービスの運営管理が困難なことが大きな要因である。さらに，制度上，障害者手帳を持っていないと手厚いサポートを受けることが困難なことも多く，成人の介護保険のような皆保険制度が整っているわけでもない。小児の現状に見合った制度の設計が早急に望まれる。

3　イギリスの実践

「病気の子どもが家庭的な環境の中で暮らす権利」の確保に関して，わが国では十分な体制が整備できていないことは先に述べたとおりだが，今後の発展を検討する上で，イギリスの先進的な取り組みは大いに参考になると思われる。イギリスでは，半世紀以上前の1959年に保健省は「病院における子どもの福利（Platt Report）」の中で，「慣れ親しんだ家族との生活を奪われ，病院といういびつな環境の中に置かれた子どもの心理的な悪影響」について指摘し，「可能な限り子どもの入院を避けるように」との勧告を出した。この理念に基づいて，Community Children's Nurses: CCN（小児に特化した訪問看護師）による訪問看護チームが一部の地域で進められていった。一方で，当時は訪問看護を提供することは患者の年齢に関係なく各地域の一般訪問看護師（District nurses：DN）の業務として位置づけられており，小児もDNの業務と理解されていた。しかし，実際には小児医療の発展とともに高い専門性が求められる中でレベルを維持することは難しく，結果として小児の訪問看護は中心的な役割の担い手が欠如した状態になっていたのである。そうした事情を背景として，1976年に保健省大臣諮問委員会から「子どもの訪問看護はCCNによって行われるべきである」とする勧告（Court Report）が出されるなど，「子どもが家族と共に暮らす権利」の社会的な要請が高まる中，1988年には「ヨーロッパ病院の子ども憲章（EACH Charter）」第1条において「子どもの入院は，それがどうしても避けられない場合に限る」とヨーロッパ全体の小児病院への勧告としても重視されることとなっていった。一方，イギリスでは次第にサービスの地域間格差，チーム間格差が指摘されるようになり始めたため，1997年に国会下院医療委員会は「CCNのサービスがカバーしているのは国全体の半分以下であり，24時間のアクセスが可能なのは10%に満たない」と報告した上で，「成人は全て訪問看護を受けることができるにもかかわらず，小児においてCCNのサービスに地域間格差が存在している現状は望ましくない」と勧告が出された(5)。こうしてCCNの活動は小児医療政策の重要項目として積極的に推し進められることとなり(6)，現在では大半の地域においてCCNチームが活動を行うに至っている(7)。

また，イギリスでは各自治体が障害を持つ子どもを自宅で介護する家族に対して休息の機会を提供すべき責任を有している。ちなみに，イギリスではこのようなサービスを以前はレスパイトケア（respite care）と呼んでいたが，近年はショートブレーク（short breaks）と呼ぶようになってきている。またショートブレークの目的も，家族に休息を提供するためだけでなく，障害をもつ子どもが楽しい活動に参加できる機会を増やすことが目的として重視されるようになってきている。ショートブレークの内容としては，施設での宿泊，デイ・サービス，さらには自宅での一時預かり，ナイト・ケア（自宅で夜間に親に代わってケアを代行する），放課後や週末のクラブ活動への参加など多様なサービスが含まれている。このような様々な種類のショートブレークを公的なサービスとして提供するにあたっては，子どもの障害や病気が家族の生活にどの程度影響しているかを評価した上で，提供するサービスの内容と程度を決め，基本的に無料で提供されている。提供されるサービスの範囲，利用できる頻度などは子どもと家族の置かれている状況や自治体によって様々であるが，例えば，気管切開をした脳性まひの子どもに対してナイト・ケアを週に2回，施設での宿泊サービスを月に4日といった形でケアパッケージが提供されている。

（5） Health Committee （1997） The House of Commons Health Select Committee. Health services for children and young people in the community.

（6） Department of Health （2004） National Service Framework for Children, Young People and Maternity Services: Ill Child Standard.

（7） Whiting M. The future of community children's nursing: Arch Dis Child 2004; 89: 987-988.

このようなイギリスにおける半世紀以上にわたる小児の在宅ケアの取り組みから学ぶべき点は少なくない。特に，小児に特化した訪問看護師の養成と全国的な配置が進められていることや，質，量ともに圧倒するショートブレークの提供は，今後わが国において「病気の子どもが家庭的な環境の中で暮らす権利」が，社会において，とりわけ医療政策上の課題として認識が高まり，実践につながる上で，重要な課題であると思われる。

Ⅳ 苦痛から解放される権利

1 処置時の苦痛緩和

全ての小児医療従事者にとって，子どもの疼痛に十分配慮し，可能な限りその緩和に努めることは倫理的な義務であるといって過言ではない。とりわけ処置に伴う身体的，心理的苦痛が子どもたちにとって多大なストレスの要因となっていることは小児がん患児への調査[8]などからも明らかである。しかもこのような処置による苦痛の影響は必ずしも一時的なものでなく，病院の受診控えや針への恐怖など成人後まで含めた長期的な影響も指摘されており[9]，たとえ短時間の処置であっても，身体的疼痛が大きい場合はもちろんのこと，身体的疼痛が軽微な場合であっても心理的な苦痛が無視できなければ，その緩和には最大限の配慮をもって臨まなければならない。処置が与える苦痛の程度は処置の内容や子どもの発達，性格などによって異なるため，処置や子どもの特性に見合った適切な手法を選択する必要がある。とりわけ，心身に大きな苦痛を伴う処置に際しては全身麻酔を含めた十分な対策が求められるが，現実には，手術室や麻酔科医の確保はもとより，疼痛管理の技術，鎮痛薬・鎮静薬の使用中の安全管理のための人員確保などの問題があり十分な対応ができていないことも少なくない。

苦痛を和らげるためには，薬物的な対応だけでなく非薬物的な対応も必要

(8) Ljungman et al. Pain in pediatric oncology: interview with children, adolescents, and their parents. Acta Paediatr 1999; 88:623-30.

(9) Guideline Statement: Management of procedure-related pain in children and adolescents. Australasian College of Physicians. Paediatrics and Child Health 2005.

である。特に処置に伴って生じうる身体的，心理的苦痛の多くは事前の予測が可能であるため，苦痛が出現してから対応するのではなく，予防的に取り組むこと（プレパレーション）が大切になる。具体的には，様々な治療や検査（化学療法，副作用，骨髄穿刺・腰椎穿刺・骨髄移植・放射線治療など）について適宜，冊子，人形，医療器具・機器のミニチュア，実物を用いて説明をするなどの工夫を行い，子どもと家族，スタッフ間で普段からよくコミュニケーションをとることにより，不安や怖いことについての感情表出を促し，それについてもどのように対処していくかを検討していくことが大切である。このようにして，子どもの処置に対する理解と対処能力を引き出し，子どもがうまく処置を乗りきることができるように心の準備を促すことを心がける。

そして，処置の際に最も配慮しておかなければならないことは，子どもの身体や腕などを押さえつけることは，子どもの恐怖，心理的な苦痛を大きくするということである。しかしながら，わが国の小児医療の現場において処置の際に子どもを押さえつけるという行為はやむを得ないものとして容認されていることが少なくない。一方，筆者がイギリスの小児医療現場で驚いたのは，子どもを無理に抑えつける行為はたとえ医療現場であっても原則的に「暴行」とみなされており，医学的な理由でどうしても子どもを押さえつける必要がある場合は，複数の独立した医師と保護者の署名による同意を確認したうえで行うことが求められていたことである。

実際に，処置に臨む子どもが押さえつけられずにうまく乗り切れるための効果的な方法としてはディストラクションがある。ディストラクションとは，意識が処置に向かないように他の何かに気を紛らわせる介入手法である。子どもの特性を考慮し，親の協力も得ながら，タイミング良くディストラクションを行うことで抑えつけずに処置を完遂することが期待できる。

このように，子どもが処置をはじめとした入院生活に伴うストレスにうまく対処するためには様々な工夫や技術あり，様々な職種による対応が求められる。特に近年は，チャイルド・ライフ・スペシャリスト等の専門職によるプレパレーション，ディストラクションの取り組みが進められつつある。

2　緩和ケア

小児医療は長足の進歩によってかつては救えなかった多くの病気を克服す

ることができるようになった。しかし，それでもなお早期の死を避けがたい子どもたちが存在している。近年，このような子どもとその家族への「緩和ケア」の提供が子どもの権利として国際的に重視されつつある。なお，生命を制限する病気とともに生きる子どものための緩和ケアの解釈は様々なものがあるが，英国小児科学会は「身体的，情緒的，社会的，スピリチュアルな要素を含む全人的かつ積極的な取り組みである。そしてそれは子どもたちのQOLの向上と家族のサポートに焦点を当て，苦痛を与える症状の緩和，ショートブレーク，臨死期のケア，死別後のケアの提供を含むものである」と定義している[10]。

2011年に報告された国際比較調査[11]において，わが国の小児緩和ケア提供体制は「初期的でシステム化されていない取り組み（Level 2)」と評価されていた一方で，ヨーロッパ，北米，オセアニアの先進諸国は「大規模で組織的なケア提供システム，教育・研究体制，財政基盤，政策への反映などを確立できている（Level 4)」と評価されており，国際的にみてわが国の小児緩和ケアの提供体制が大きく立ち遅れている状況が示された。こうした折，2012年に発表された第二期がん対策推進基本計画[12]において「小児がん」が新たな重点項目となり，小児がん治療施設の集約化を目指すとともに集学的医療（緩和ケアを含む）を提供することが政策課題として示された。わが国において小児への緩和ケアの提供が国家医療政策として明記されたのは初めてのことであり，小児緩和ケアがわが国において普及するための端緒になったともいえよう。このような政策の後押しもあり，2014年の小児緩和ケア国際会議（1st International Children's Palliative Care Network Conference held in Mumbai）で報告された世界の小児緩和ケア提供体制の比較調査では，日本の小児緩和ケア提供体制はLevel 3と評価が上がっていた。今後，さらに欧米先進諸国と同じLEVEL4の実現に向けては，様々な専門職による多職種的な緩和ケア提供体制の構築が不可欠であるだけでなく，子どもに関わ

---

(10)　ACT/RCPCH (2003) A Guide to the Development of Children's Palliative Care Services: Report of the Joint Working Party. 2nd Edition. ACT/RCPCH, London.

(11)　Pediatric Palliative Care Provision around the World: A Systematic Review. Knapp C, Woodworth L, Wright M et al. Pediatr Blood Cancer 2011; 57:361-368.

(12)　厚生労働省「がん対策推進基本計画」(平成24年6月)。

る全ての人たちが必要に応じて基本的な緩和ケアの実践に取り組んでいくことが重要である。そのためには，各医療施設の独自の努力だけでなく，政策的な推進，専門家養成のシステム，標準的な治療やケアを推進するための研究・学術機関，病院だけでなく地域の中での緩和ケアの普及など課題は少なくない。

V　安らかな死を迎える権利

1　自然な死の受容（Allow Natural Death）

医師は，生命の延長が患者の利益である限り，患者の延命に全力を注がなければならない一方で，回復が見込めず死期の迫っている患者に対しては治療義務の限界を見定めて有益性の乏しい治療を避け自然な死を受容することが選択肢の一つとして検討されうる。ただし，「自然な死の受容」を検討する際，医師は法的義務であるところの「善管注意義務」を遵守しなければならないことを銘記しておく必要がある。医師の善管注意義務とは，適切な診療を行わなければならない義務であり，患者の健康上の危険を防止することが求められる。つまり，医師が死に瀕する患者に対して積極的な対応策を講じず死を見守る行為（不作為）が善管注意義務に反するということはあってはならないものの，一方で医師の不作為が許容される法的要件については，立法化の動きが一部にはあるものの，現在のところ明示されているわけではない。ただ，法的位置づけは明確ではないにしても，これまでの社会通念として，死が避けられない患者においては，有益性の乏しい治療の実施を差し控えて自然な死を受容すること自体は，その具体的な要件はさておき，広く社会的なコンセンサスを得られていると考えてよいだろう。その一方で，生命維持治療の中止の是非をめぐっては必ずしもコンセンサスが定まっているわけではない。

本来，「自然な死の受容」とは生命維持治療の差し控えと中止の両方を包含するものであり，欧米では両者を倫理的に同質の行為として扱うことが一般的になってきている(13)(14)(15)(16)。わが国では，厚生労働省が「人生の最終段階における医療の決定プロセスに関するガイドライン」(17)において，「人生の最終段階の医療における医療行為の開始・不開始，医療内容の変更，医療行為の中止等は，多専門職種の医療従事者から構成される医療・ケアチームによって，医学的妥当性と適切性を基に慎重に判断すべきである。」と医療行為の中止を含めた終末期の意思決定の在り方について指針を示しているが，医学的妥当性や適切性を判断する際の要件を明示しているわけではなく，例えば，人生の最終段階とはどのような病態を指すのか，差し控えと中止の扱いに差異があるのか，意見が分かれた時には最終的に誰が決めるのか，といった判断は現場に任されているといえる。近年，このガイドラインを受けて様々な学術団体や医療施設等において，より具体的な生命維持治療の差し控え・中止に関する指針(18)(19)(20)が示されつつあるものの，その法的妥当性や社会的コンセンサスの在り様はまだ不明確である。つまり，ガイドラインに従って実施したからといって合法であるとも社会的合意に基づいているとも断定できないのが現状であり，厳密にいうと医療現場は法的に不安定な状況の中で患者への生命維持治療中止の是非を判断しなければならないといえる。この点について欧米では宣言的判決に基づいて，医療チームの判断やガイドラインの適用に関して事前に法的妥当性を司法に確認する制度が普及しているが，わが国では宣言的判決制度が発達していないため，事後の結果に対し

(13)　Royal College of Paediatrics and Child Health. Witholding or Withdrawing Life Saving MedicalTreatment in Children: A framework for practice, 2nd Edition. London: Royal College of Paediatrics and Child Health 2004.

(14)　Committee on Bioethics. Guidelines on Forgoing Life-Sustaining Medical Treatment. PEDIATRICS 1994; 93; 532.

(15)　Munson D. Withdrawal of Mechanical Ventilation in Pediatric and Neonatal Intensive Care Units. Pediatr Clin N Am. 2007; 54:773-785.

(16)　Sands R, Manning JC, Vyas H et al. Characteristics of deaths in paediatric intensive care: a 10-year study. Nurs Crit Care. 2009:14(5): 235-40.

(17)　厚生労働省「人生の最終段階における医療の決定プロセスに関するガイドライン」平成27年。

(18)　日本学術会議・臨床医学委員会終末期医療分科会「対外報告：終末期医療の在り方について ── 亜急性型の終末期について」平成20年2月14日策定。

(19)　日本集中治療医学会・日本救急医学会・日本循環器学会「救急・集中治療における終末期医療に関するガイドライン ── 3学会からの提言」平成26年11月4日。

(20)　日本老人医学会「高齢者ケアの意思決定プロセスに関するガイドライン ── 人工的水分・栄養補給の導入を中心として」平成24年6月24日策定。

てのみ司法の判断が下されるという性質から，医師の不作為について裁判で法的妥当性に決着をつけるという選択には大きなストレスを伴う。この状況において，これらの指針を現場でどう咀嚼し，生命維持治療の中止を実践していくのかが課題となっている。

このように生命維持治療の法的な扱いはいまだ不明瞭ではあるといえるものの，生命維持治療の中止はさておき，生命維持治療の差し控えについては医療現場において広く実施されている。その際，医師の善管注意義務を果たすべく，治療義務の限界を見定めて有益性の乏しい治療を避けるためには，生命維持治療によって得られるメリットとデメリットを比較考量することが必要である。そのためには，「その治療はどのような苦痛を与えうるのか？」，「その苦痛に耐えてでも生きるべきなのか？」，「生命維持以上に大切なことは何なのか？」，そして「それは誰が決めるべきなのか？」といった問題に対して価値判断を行わなければならない。ただ，その判断は必ずしも容易なことではなく，とくに小児の終末期はジレンマに直面しやすい。それは，本来，子どもの命を守ることは社会が大切にしている美徳であり，その思いを断念することは家族や医療者にとって簡単ではないことに加え，「その生命維持治療が子どもにとって有益なのか，それとも耐えがたい苦痛を強いているのか」という問題を誰がどのように決めるべきなのか，といった判断についてコンセンサスが定着していないことも理由となっている。日本小児科学会は「重篤な疾患を持つ子どもの医療をめぐる話し合いのガイドライン(2)」の中で，子どもへの治療については医療者と家族，子ども本人との真摯な話し合いによる協働の意思決定を推奨している。もちろん，「自然な死の受容」の判断において医学的妥当性を慎重に検討した上で，医療者と家族そして可能なら子ども自身も含めて十分に価値判断を共有し，考えあいながら合意形成していくことが望ましいことはいうまでもない。その上で，医療チーム内で意見が分かれた時にはどうするのか，医療チームが推奨する方針に親が納得しない時にはどうするべきなのか，それらの意見対立を含めて話し合いの中で多様な価値観や意見が提示される中で最終的な意思決定は誰が責任を負うべきなのか，といった手続き的な課題についてガイドラインでは解決し得ていないといえよう。

2　終末期の鎮静

緩和ケアにおける鎮静とは「苦痛緩和を目的として患者の意識を低下させる薬物を投与すること，あるいは薬物による意識低下を意図的に容認すること[21]」とされる。終末期には，疼痛や呼吸困難，倦怠感などの症状が激しい場合，鎮静を施すよりほか苦痛を緩和する手段が残されていないという状況がしばしば生じる。そのため，終末期の患者において鎮静は広く実践されている医療行為となる。一方で，鎮静は「意識低下」によって「苦痛緩和」を図る行為であり，鎮静の深さや持続時間についてはメリットとデメリットの最も良いバランスを考量しなければならない。とりわけ「持続的な深い鎮静」は患者を外界とのコミュニケーションがとれない昏睡状態にせしめた状態で最終的に死に至るという本質を踏まえ，患者を薬物によって持続的に昏睡に至らしめることはどのような要件が整えば許容されるのか，どの程度の予後が見込まれる患者であれば許容されるのか，精神的な苦痛を理由に鎮静を施すことはどの程度許容されるのか，持続鎮静中に水分や栄養補給を行わず死が早まることは許容されるのか，など議論の余地のある様々な倫理的課題を包含する医療行為であることをよく理解しておく必要がある。

特に鎮静を行う上で考慮すべき点は，「生命の短縮」を生じる可能性が無視できないことである。つまり，「苦痛緩和を目的とした鎮静薬の投与による生命短縮の可能性が予見される場合，その行為は正当化されうるのか」ということが問題になる。この問題に対して鎮静を正当化する考え方として「二重結果の原理（double effect doctrine）」，すなわち，ある行為によって悪い結果（この場合，患者の死）が生じたとしても，行為自体が良いかあるいは少なくとも良くも悪くもないこと，良い結果（この場合，鎮静による苦痛の緩和）だけが意図されていること，悪い結果によって良い結果が得られるのではないこと，悪い結果が生じたとしても納得しうるだけの理由が良い結果にあること，の4つの条件を満たした場合その行為は正当化されるとするものである。一方，二重結果の原理は鎮静と積極的安楽死を厳密には区別し得ないとの指摘もある。つまり，鎮静薬を投与した後に「死」が生じた場合，

(21)　日本緩和医療学会緩和医療ガイドライン作成委員会編『苦痛緩和のための鎮静に関するガイドライン 2010 年版』（金原出版，2010 年）。

その結果を意図していたか否かを他者には識別できないため，積極的安楽死も同じく「死の可能性を予見はしていたが，意図したわけではない」と主張すれば許容されることになる。このように鎮静（特に持続的な深い鎮静）は，積極的安楽死との相違が議論となりうる医療行為であることも念頭に置いておく必要がある。第一に，両者とも意図するところが「苦痛の緩和」であることには相違なく，先述のごとく「死」という結果を「予見」することと「意図」することの違いは必ずしも明確ではない。また「方法」において，苦痛を解決するために鎮静薬を投与した結果，昏睡に至るか死に至るかは鎮静薬の使用において連続的であり方法論的には大きく異なるものでないともいえる。さらに「結果」において，鎮静によって昏睡状態のまま「生」を維持することが，「死」による苦痛の終焉に比べて，「良い結果」とみなしうるかどうかは価値判断によって異なる（無益な生より死を選択したいと希望する患者も存在する）。つまり，「積極的安楽死と鎮静が医療行為として性質の異なるものなのか連続的なものなのか」，「鎮静は善い行為で積極的安楽死は悪い行為なのか」，という問題についてコンセンサスは得られていない。そもそも，わが国では積極的安楽死の法的な位置づけも定まっておらず，その判断は容易ではない（他方，国際的には積極的安楽死や医師による死の幇助に関して激しい議論がなされており，それらを法的に禁止する国がある一方，合法化する国や地域も増えてきており，なかには小児の積極的安楽死を認める国も存在している）。

このようにわが国では鎮静や積極的安楽死の扱いについて明確なコンセンサスが得られているわけではないことを踏まえ，鎮静の実施においては，患者の希望，医学的及び法的倫理的妥当性，社会通念を慎重に検討し，医療チーム，患者（意思決定能力に応じて），家族の間での十分なコンセンサスを得たうえで実施することが求められる。

9　小児の臓器移植

絵野沢 伸

Ⅰ　臓器移植の発展のなかの小児患者
Ⅱ　医療における小児
Ⅲ　若年者の臓器移植
Ⅳ　小児の臓器提供
Ⅴ　小児特有の問題と今後

I　臓器移植の発展のなかの小児患者

医療は，ここ100年程度の間，急性期疾患に対する治療として進歩した。完治こそが治療と期待され，事実，次々と達成された。その延長として，何としても死を回避する，あるいは死を遅らせるということが至上の目的になっていった。そのうち，人工呼吸器の発明やさまざまな新しい医薬品により，呼吸をしているように見え，心臓が動き，身体が温かい状態を維持できるものの，昏睡から抜け出せない事例，すなわち不可逆的昏睡という状態に気付き，脳死という概念が確立された[1]。

移植医療は1960年前後に発する冒険的ともいえる外科医の試みから発展した。最初は燦々たる結果であったものが，徐々によい兆しが感じられるようになり，多くの臓器において，末期機能不全の根治治療として認知されるようになった。これは小児医療領域においても同様である。そもそも肝移植は世界第一例（米国）も，本邦第一例も，胆道閉鎖症の乳児に対するものであった。またわが国で独自の発展を遂げた生体肝移植の世界第一例（ブラジル）も，本邦第一例も，その疾患を持つ乳児に行われた。初期例の生存日数は数日から数ヶ月程度であったが，徐々に1年以上生存する例が見られるようになり，1980年前後に始まる，優れた免疫抑制剤の開発と相まって，現在の姿に至っている。肝移植のなかでもとりわけ生体肝移植において小児移植が先行した。生体ドナーから，全肝の3割程度の肝左葉を分離して移植に用いるため，当初は小児患者のみが対象とされた。その後，肝右葉を移植する手技が生まれてから，成人患者が過半数を占めるようになった[2]。

肝以外は，成人患者への移植から始まり，その後小児疾患へと適応が拡大された。しかしながら，現在の状況を見ると，臓器によっては意外に小児患者の比重が大きいことがわかる。この点については後のⅢ若年者の臓器移植で述べる。

（1）　絵野沢伸「第13章 臓器移植医療に見る課題と展望」甲斐克則編『医事法講座 第6巻 臓器移植と医事法』（信山社，2015年）。

（2）　日本肝移植研究会「肝移植症例登録報告」移植50巻2・3号156-169頁（2015年）。

Ⅱ　医療における小児

一般に，小児科が初診として受け付ける患者は生後から中学生までとされる(3)。中学3年生は14歳から15歳になる時期であるが，小児科は対象者を誕生日で区切るのではなく，中学校の卒業を境界としている。実務上はこれが妥当な判断であろう。一方，小児慢性特定疾病に対する医療費助成を定める児童福祉法では，小児という区分はなく，1歳未満を乳児，1歳から小学校入学前までを幼児，小学校入学から18歳未満までを児童としている。移植用臓器提供の場合も18歳未満を児童として区別し，ドナー候補がこの年齢範囲にある場合は，虐待の疑いを排除するという条件を付けている（Ⅳ小児ドナーにて後述)。そこで，本稿では18歳未満，あるいは統計データによっては20歳未満を対象とし，若年者の語をもって表す。

Ⅲ　若年者の臓器移植

1　登録者（待機者）数から見た若年者への臓器移植

現在わが国で行なわれている臓器移植は，心，肺，肝，膵，腎，小腸の6臓器である(4)。これらの臓器移植において，若年者が希望する割合を見ることによって，その年齢域の末期臓器不全の治療法としての選択度合い（あるいは信頼度）がわかると考えた。**図1**は，各臓器別に，移植希望登録者全員のうち若年者が占める割合を示した。日本(A)は10歳の層別統計なので，生後から20歳未満までを集計した。グラフではグレー部分が0から9歳，白抜き部分が10歳から20歳の登録者割合を示す。右側に併記した表には実人数を記した。ここで注目されるのは，心移植の登録患者における若年者の占める割合である。0歳から19歳までが9.6％と他臓器に比べて極めて高

(3)　日本小児外科学会ホームページ〈http://www.jsps.gr.jp/general/what〉「一般の皆様へ／小児外科とはどんな科」。

(4)　前掲注(1)。これらのほか，法のもとで角膜移植（医学的には組織移植となる）が行なわれている。

図1：移植希望登録者において若年層が占める割合の臓器別データ

A

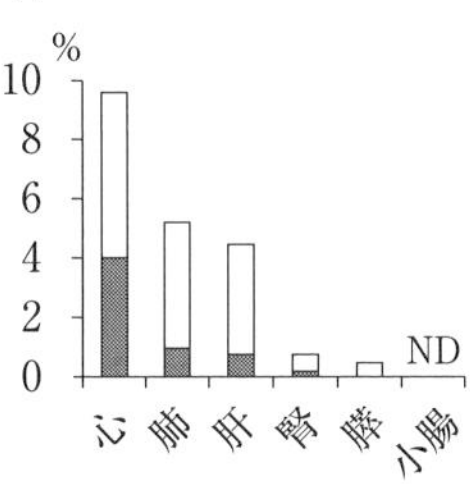

	心	肺	肝	腎	膵	小腸
0〜9歳	19人 4.0%	3人 1.0%	3人 0.8%	21人 0.2%	0人 0.0%	ND
10〜19歳	27人 5.6%	13人 4.2%	14人 3.7%	80人 0.6%	1人 0.5%	ND
上記計	46人 9.6%	16人 5.2%	17人 4.5%	101人 0.8%	1人 0.5%	ND
全年齢	478人	306人	380人	12,849人	203人	4人

B

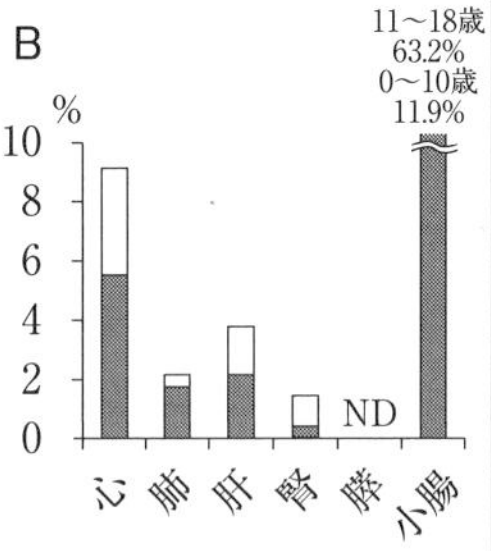

	心	肺	肝	腎	膵	小腸
0〜10歳	221人 5.6%	80人 1.7%	327人 2.2%	413人 0.4%	ND	190人 63.2%
11〜18歳	142人 3.6%	14人 0.4%	247人 1.6%	1,067人 1.1%	ND	30人 11.9%
上記計	363人 9.2%	94人 2.2%	574人 3.8%	1,480人 1.5%	ND	220人 75.1%
全年齢	3,962人	1,659人	15,107人	99,928人	2,874人	253人

日本（A）は0〜19歳について，0〜9歳（グレー）と10〜19歳（白）に分けて表示（2016年2月29日現在（46），小腸はデータなし（ND））．米国（B）は0〜20歳について，0〜10歳（グレー）と11〜18歳（白）に分けて表示（2014年12月31日現在（前掲注(9)），膵はデータなし）．右側の表には実人数を示した．

い。この傾向は米国の登録者数でも同様で，0歳から18歳までが9.2%を占めている（図1 B)。わが国の心以外の臓器では，肺，肝が5.2%，4.5%であるが，腎，膵は0.8%，0.5%と低い（図1 A)。腎移植，膵移植は成人の治療法として選択されることがほとんどなのである。小腸移植はわが国ではあまり行なわれておらず，待機者も全年齢域でも4名で，年齢別統計はないが，米国では待機者の75.1%が18歳以下と，若年の待機者が飛び抜けて多い。

次に実施例から見た臓器別データを述べる。

2　実施症例数から見た若年者への臓器移植

(a) 心移植

前述のように心移植を希望する登録者に，若年者の占める割合が高いが，実施症例数においても同様である（**表1**）[(5)(6)(7)]。日本の場合は，渡航移植が多く，解釈が若干複雑になる。渡航移植第一例は1984年，臓器移植法下での国内心移植第一例は1999年で，それ以後，国内の全症例数は222例，渡航移植は161例とされる[(8)]。うち18歳未満の国内移植症例数は14例で，渡航移植数は104例である。この数字で明らかなのは，18歳未満の患者は国内では6.3%（14例／222例）しか心移植を受けていないにも関わらず，渡航移植では65%（104例／161例）もが18歳未満者で占められているという点である。**図1**に示したように若年待機患者が他臓器に比べて多いことは，渡航を考えながら登録をしているものの，**表1**に見られるように，結局，渡航移植となっていると考えられる。

心移植に若年者の割合が高いことは米国も同様である（**表1**）[(9)]。18歳未満のデータは2011年から2014年の4年間の合計なので，年平均として392例とすると，18歳以上の908例と合わせた総計1,300例に対して30.2%にも達する。

移植に至った原疾患は，日米とも，全年齢を通して拡張型心筋症である（米国の18歳以上は拡張型と拘束型の区分がないが，発症頻度からみて拡張型優位と考えられる）。日米の相違は，先天性心疾患に顕著に現れる。日本では渡航移植を含めても8例であるのに対し，米国では694例に上る。幼小児に適した大きさのドナー心がほとんど得られないわが国において，先天性心疾患の治療が難渋していることがうかがわれる。近年，左心低形成という重度の先天性心疾患に対し，自己心臓内幹細胞移植という臨床研究が行なわれていることには希望が持てる[(10)]。次の違いは，成人例においてであるが，米国で多い冠動脈疾患に対し，わが国ではほとんど行われていない点である。脳死

（5） 日本移植学会「日本における心臓移植報告（2014年度）」移植50巻2・3号170-174頁（2015年）。
（6） 福嶌教偉「小児心臓移植」移植50巻6号554-564頁（2015年）。
（7） 日本移植学会『臓器移植ファクトブック2015』〈http://www.asas.or.jp/jst/pdf/factbook/factbook2015.pdf〉
（8） 前掲注（7）。
（9） OPTN/SRTR Annual Data Report 2014. Am J Transplant 16(S2): 4-215, 2016.
（10） 石神修大・佐野俊二・王 英正「小児心不全に対する再生医療からのアプローチ」移植50巻6号565-575頁（2015年）。

表1：日米の心移植例の原疾患と予後（前掲注(5),(6),(7),(9)参照）

日本（1999年～2014年，渡航移植は1984年～2014年）			米国（18歳未満は2011～14年，18歳以上は2014年単年）		
原疾患名	18歳未満	全年齢	原疾患名	18歳未満	18歳以上
拡張型心筋症	国内10（渡航66）	141	先天性心疾患	694	96
拡張相肥大型心筋症	国内1	27	拡張型心筋症	517	1,265*1
心筋炎後心筋症	国内2	10			
拘束型心筋症	国内1（渡航26）	5	拘束型心筋症	79	
先天性心疾患	国内0（渡航8）	1	冠動脈疾患		832
虚血性心筋症	国内0（渡航2）	19	弁疾患		33
川崎病	国内0（渡航2）		その他/不明	207	43
薬剤性心筋症		5			
その他		14			
計	国内14（渡航104）	国内222（渡航161）	計	1,568	908
1年当たり件数	国内0.9（渡航3.4）	国内14（渡航5.2）	1年当たり件数	392	908
5年生存率	国内100%（渡航87.6%）	91.4%	5年生存率*2	83%	75.1%
10年生存率	国内100%（渡航81.3%）	89.3%	10年生存率	–	–

日本のデータにおいて国内移植は1999年～2014年，渡航移植は1984年～2014年．原疾患の順は18歳未満において移植数が多い順に記した（米国も同じ）．＊2；米国の生存率は2012年データ（前掲注(12)）によった．＊1；心筋症としてまとめて分類されている．

ドナーが極めて少ないわが国では，冠動脈疾患に対する治療選択肢として移植が普及しておらず，別の治療法がとられるためと考えられる。ただ，これは，先の自己幹細胞移植と同様，移植に頼らない治療法の発展という利をもたらす可能性もある。

わが国の心移植後生存率は極めて良好で，18歳未満の場合は5年，10年ともに100%である。また全年齢でもそれぞれ91.4%，89.3%であり，米国成人の5年生存率75.1%に比べ，はるかに優れる。

(b) 肺 移 植

わが国の肺移植は1998年の生体肺移植に始まり，2015年末までに脳死肺移植283例（片肺移植を含む），生体肺移植181例の計464例が行われた（表2）[(11)(12)(13)]。小児への移植は2012年時点で28例行われている[(14)]。当時の全肺移植症例数239例に対して11.7%と高いが，その後の推移はよくわからない。原疾患に関する年齢別統計がないため，全年齢層のデータになるが，間質性肺炎が最多で139例，30.0%であった。次いで肺高血圧症，リンパ脈管筋腫症の順となる。第4位の造血幹細胞移植後肺障害は，白血病などの治療で骨髄移植を受けた後に起こる肺障害である。米国では，肺移植自体は，年間2,000例近く行なわれているが，18歳未満の肺移植は全体の1%程度と少ない。

移植予後は日本の5年生存率が72.1%（脳死）／71.7%（生体），10年生存率が58.8%（脳死）／65.9%（生体），米国の5年生存率が18歳未満58.2%，18歳以上53.6%と，心移植，肝移植に比べると低い[(15)(16)]。

---

(11)　前掲注(9)。

(12)　U.S. Department of Health and Human Services. 2012 Annual Data Report. http://srtr.transplant.hrsa.gov/annual_reports/2012/.

(13)　日本肺および心肺移植研究会「本邦肺移植症例登録報告― 2016 ―」移植51巻2・3号165-186頁（2016年）

(14)　Oto T, Okada Y, Bando T, Minami M, Shiraishi T, Nagayasu T, Chida M, Okumura M, Date H, Miyoshi S, Kondo T; Japanese Society of Lung and Heart-Lung Transplantation. Registry of the Japanese society of lung and heart-lungtransplantation: the official Japanese lung transplantation report 2012. Gen Thorac Cardiovasc Surg 61 (4): 208-11, 2013

(15)　前掲注(12)。

(16)　前掲注(13)。

表2：日米の肺移植例の原疾患と予後（前掲注（9），(13)）

日本（1998年～2015年）		米国（18歳未満は2011～14年，18歳以上は2014年単年）		
原疾患名	全年齢	原疾患名	18歳未満	18歳以上
間質性肺炎*1	139	嚢胞性線維症，免疫性肺疾患	23	220
肺高血圧症	91	肺高血圧症	15	
リンパ脈管筋腫症	74	肺線維症	11	
造血幹細胞移植後肺障害	52	肺血管疾患	3	61
気管支拡張症／びまん性汎細気管支炎	34	閉塞性肺疾患		458
肺気腫	24	拘束性肺疾患		1,191
閉塞性細気管支炎	19	その他/不明	28	
嚢胞性線維症	5			
再移植	10			
その他	16			
計	464	計	80	1,930
1年当たり件数	26	1年当たり件数	20	1,930
5年生存率	脳死72.1%，生体71.7%	5年生存率	58.2%	53.6%
10年生存率	脳死58.8%，生体65.9%	10年生存率	－	－

日本の肺移植は，脳死両肺移植133例，脳死片肺移植150例，生体肺葉移植181例の計464例（他に心肺移植が2例ある）．原疾患の順は移植数が多い順に記した（米国の場合は18歳未満の移植数順）．米国の生存率は2012年データ（前掲注(12)）によった．*1；特発性およびその他の合計．

(c) 肝 移 植

前述のように，幼小児への治療として開始された肝移植は，現在も日本では34.8%が18歳未満に対して行なわれている（**表3**）[17]。一方，米国では18歳未満に対する肝移植は7.8%に留まる。これはドナー事情の相違によると考えられる[18]。米国では脳死肝移植が90.3%で，日本の3.8%と，ほぼ状況が逆転している。わが国の肝移植の96.2%を占める生体移植は，主にドナー肝左葉を利用するため，成人患者には過小となり適さないことが多い。従って，わが国では，肝移植が治療選択肢として望ましくとも，それができない場合が潜在していると考えられる。

18歳未満の患者の原疾患は，日米ともに胆道閉鎖症に代表される胆汁うっ滞性肝疾患が最も多く，73.4%（日），44.9%（米）を占める。胆道閉鎖症の発症頻度は，日本で10,000出生に対して1人で，米国の白人集団では0.65人〜0.85人といくらか少ない[19]。胆道閉鎖症は，現在，肝移植が最も効果的な治療となる疾患であることから，米国における，その他／不明の488例の中にも相当数含まれている可能性がある。日本の18歳以上の症例では，胆汁うっ滞性肝疾患は22.1%で，悪性腫瘍，肝硬変の30.9%，29.6%に続き3番目となる。

わが国の若年層において，胆汁うっ滞性肝疾患の次に続くのは，それぞれ9.5%，9.1%とぐっと少なくなるが，代謝性肝疾患と急性肝不全である。代謝性疾患254例（脳死，生体肝移植計）の内訳は，尿素回路異常（アンモニア代謝異常）89例，ウィルソン病（銅代謝異常）64例，有機酸血症36例，糖原病（グリコーゲン代謝異常）20例といったところが多い[20]。これらの疾患は，代謝経路上のひとつの酵素遺伝子の変異が原因なので，全肝を取り替えることなく，欠損機能のみを補填する細胞治療や遺伝子治療が奏功する可能性がある。わが国では尿素回路異常の新生児に，第三者の肝細胞移植を行な

(17)　前掲注(2)。

(18)　前掲注(9)。

(19)　日本胆道閉鎖症研究会・胆道閉鎖症全国登録事務局「胆道閉鎖症全国登録2006年集計結果」日本小児外科学会誌44号167-176頁（2008年）。

(20)　重田孝信，絵野沢伸，野坂俊介，中澤温子，堀川玲子，中村和昭，福田晃也，笠原群生「小児肝細胞移植の現況と展望」移植50巻6号（2015年）605-612頁。

表3：日米の肝移植例の原疾患と予後（前掲注(2)，(9)）

日本（1989年〜2014年）			米国（18歳未満は2012〜14年，18歳以上は2014年単年）		
原疾患名	18歳未満	18歳以上	原疾患名	18歳未満	18歳以上
胆汁うっ滞性肝疾患	1,966	1,108	胆汁うっ滞性肝疾患	713	514
代謝性	254	225	悪性腫瘍	201	1,197
急性肝不全	243	551	急性肝不全	181	239
悪性腫瘍	104	1,549	C型肝炎	5	1,588
肝硬変	45	1,483	アルコール性肝炎	1	1,170
血管性	39	45	その他/不明	488	1,491
その他	26	44			
計	2,677	5,005	計	1,589	6,199
1年当たり件数	103	193	1年当たり件数	530	6,199
5年生存率	脳死84.5%，生体86.4%	脳死82.8%，生体72.4%	5年生存率	84.8%*	70.5%
10年生存率	脳死84.5%，生体83.8%	脳死75.3%，生体65.3%	10年生存率		

日本の場合，脳死肝移植206例，生体肝移植7,476例の計7,682例．原疾患の順は18歳未満において移植数が多い順に記した（米国も同じ）．米国の生存率は2012年データ（前掲注(12)）と前掲注(24)文献によった．

い，症状の緩和を得，成長した後に無事生体肝移植を行なった2例がある[21]。同様の小児例は世界的には30例程度あり，今後の発展が期待される。また，メープルシロップ尿症（アミノ酸代謝異常）は，患者摘出肝を，それとは別

(21)　前掲注(20)。

の疾患の患者への移植（ドミノ移植）に用いることがある。メープルシロップ尿症の素因がない患者の場合，その原因酵素が欠失した肝を移植されても，全身組織に存在する健常酵素によって代謝が行われるからである。米国では，代謝性肝疾患に対する移植は，統計上は認められないが，古くからウィルソン病やクリグラー・ナジャール症候群（ビリルビン抱合障害）などに対して移植治療が行なわれてきているので，おそらくその他／不明の488例に含まれているものと考えられる。小児の急性肝不全は，ほとんどが原因不明で，成人に見られるウィルス性はまれである。

5年生存率は，18歳未満において日米ともに84〜86％と高い(22)(23)(24)。ことに日本の場合は10年生存率もほとんど変わらない点が特筆に値する。18歳以上で5年，10年生存率がいくらか低下するのは，対象疾患やレシピエントの全身状態の違いによると考えられる。また，わが国における18歳以上の患者で，脳死肝レシピエントの方が生体肝レシピエントより生存率が10％ほども高いことは，生体ドナーゆえの無理が若干なりとも見え，臓器移植の本来の姿である死体ドナーの利用を推進する必要を改めて感じさせる。

(d) 腎 移 植

18歳未満の腎移植レシピエントの原疾患は，日米双方において遺伝性，先天性疾患が第一位であるが，全年齢層で過半を占めるのは成人の糸球体腎炎と糖尿病性腎症である（**表4**，表中で日本の糖尿病性腎症は「全身疾患」に分類されている）(25)(26)。実際，移植希望登録者における若年者の割合は，日本で0.8％（0〜19歳），米国で1.5％（0〜18歳）と少ない（**図1**）。しかしながら，小児腎臓病治療の現場では，食事制限を含め，透析の管理が難しく，成長障害が不可避とされる(27)。したがって，患者数は少ないといえ，小児腎

(22)　前掲注(2)。

(23)　前掲注(12)。

(24)　Ng VL, Fecteau A, Shepherd R, Magee J, Bucuvalas J, Alonso E, McDiarmid S, Cohen G, Anand R; the Studies of Pediatric Liver Transplantation Research Group. Outcomes of 5-year survivors of pediatric liver transplantation: report on 461 children from a North American multicenter registry. Pediatrics 122(6): e1128-1135, 2008.

(25)　前掲注(9)

(26)　日本移植学会・日本臨床腎移植学会「腎移植臨床登録集計報告（2015）2014年実施症例の集計報告と追跡調査結果」移植50巻2・3号138-155頁（2015年）。

表4：日米の腎移植例の原疾患と予後，および透析の予後（前掲注(9),(26)）

日本（18歳未満は2009～11年，全年齢は2014年単年）			米国（18歳未満は2012～14年，18歳以上は2014年単年）		
原疾患名	18歳未満	全年齢	原疾患名	18歳未満	18歳以上
遺伝性，先天性	230	104	先天性腎尿路奇形	792	
腎・尿路疾患	205	78	巣状糸球体硬化症	250	
血管性[*1]	25[*2]	43	糸球体腎炎	239	3,213
糸球体腎炎	14[*3]	391	糖尿病性腎症		4,897
間質性腎炎		19	高血圧性腎疾患		3,736
全身疾患[*4]		252	慢性腎不全		2,069
高血圧性腎疾患		51	その他	949	3,183
その他/不明	66	559			
計	540	1,497	計	2,230	17,098
1年当たり件数	180	1,497	1年当たり件数	743	17,098
5年生存率[*5]	98.2%	死体91.2%，生体96.2%	5年生存率	ND	ND
5年生着率[*5]	90.1%	死体83.9%，生体92.8%	5年生着率	75.5%	73.0%
10年生存率[*5]	97.5%	死体80.2%，生体93.8%	10年生存率	ND	ND
10年生着率[*5]	81.1%	死体66.3%，生体84.9%	10年生着率	ND	ND
透析5年生存率[*6]	ND	60.5%	透析5年生存率[*7]	87.0%	38.4%
透析10年生存率[*6]	ND	36.2%	透析10年生存率[*7]	78.3%	16.9%

日本の場合，死体腎移植112例，生体腎移植1,385例の計1,497例．原疾患の順は18歳未満において移植数が多い順に記した（米国も同じ）．米国の生着率は2012年データ（前掲注(12)）によった．*1；自己免疫性を含む．*2；溶血性尿毒症症候群．*3；巣状糸球体硬化症．*4；巣状糸球体硬化症．*5；18歳未満については前掲注(14)文献，全年齢層については前掲注(17)文献．*6；前掲注(34)文献による．*7；前掲注(35)文献による．18歳未満は，0歳～19歳の5歳刻みの年齢区分4層の平均で代用．

(27)　宍戸清一郎・相川 厚「小児腎移植の現状」移植50巻6号595-604頁（2015年）。

図2：腎移植レシピエントの年齢と移植腎ドナー割合

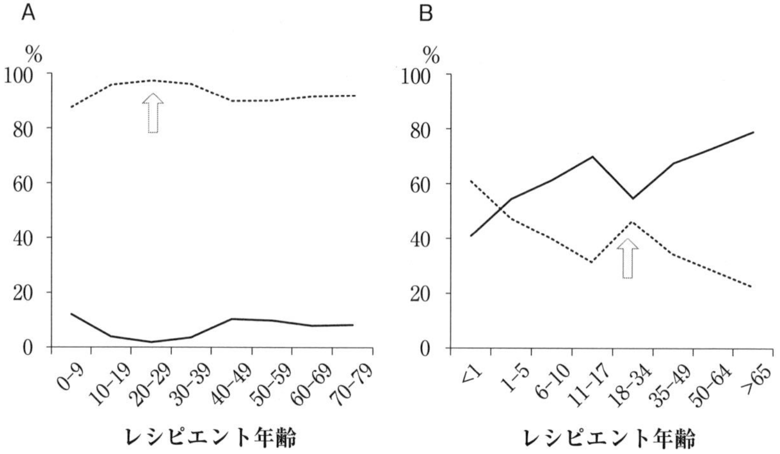

死体（実線），生体（点線）の日（A）米（B）比較（ともに2014年データ（前掲注（9），(26)）．矢印は生体ドナー割合のピークを示す．

移植の重要性は高い。これは，わが国において，透析を経ずに行なう先行的腎移植（Preemptive kidney transplantation）が，全年齢層では14.9%に対して若年層では21.9%に達することにも現れている[(28)(29)]。

また，移植を受けた年齢別のドナー種別を調べた（**図2**）[(30)(31)]。日本の場合，生体ドナーが全体として92%を占めるため，年齢分布との関係を見にくいが，ピークは20歳〜29歳で98%であった（**図2** A 矢印）。その前後の10歳〜19歳と30歳〜39歳が96%と同率2位である。このピークの存在は，患者が仕事を始めて自立する時期であることと，生体ドナーの多くは両親のため，その年齢（おそらく50歳前後と考えられる）といった条件から移植を決断するのではないかと考えられる。後述のように，腎移植は透析よりもさまざまな点で優れ，特に働き盛りの世代でその恩恵が大きいからである。米国の死体ドナー対生体ドナー割合は68.4%と31.6%であるが，わが国と同

(28)　前掲注(26)。
(29)　前掲注(27)。
(30)　前掲注(9)。
(31)　前掲注(26)。

じく18歳〜34歳という巣立ちの世代において，日本よりはっきりとした生体ドナーピークが見られている（**図2** B矢印）。

日本の18歳未満レシピエントの腎移植後生存率は，5年が98.2%，10年が97.5%と優れる[32]。ただし腎生着率はそれぞれ90.1%，81.1%に落ちる。この差分は透析あるいは再移植によって補われている。全年齢層では5年生存率／生着率が死体腎移植で91.2%／83.9%，生体腎移植で96.2%／92.8%，10年生存率／生着率はそれぞれ80.2%／66.3%，93.8%／84.9%である（17)。すべてにおいて生体腎移植を受けた患者の方が高い。米国では5年生着率が18歳未満，18歳以上で75.5%，73.0%で[33]，日本の方が優れる。

腎移植に対するもうひとつの治療選択肢である透析の5年生存率は，わが国において60.5%，10年生存率は36.2%と，移植に比べ明らかに劣る（**表4**）[34]。米国では透析導入年齢別の生存率が公表されており，18歳未満の5年生存率，10年生存率は87.0%，78.3%と優れるが，18歳以上の場合はそれぞれ38.4%，16.9%と日本の半分程度にまで落ちる[35]。透析は，生存率以外にも，食事や水分の摂取制限，時間という負担がある（透析にかかる時間は1回3〜4時間プラス通院時間。月，水，金あるいは火，木，土といったように週3回。金から月，土から火は2日空く。夜間透析で患者の便宜を図っている診療所もある）。海外出張の多い人が，透析の煩雑さを避けることを主理由として，腎移植を選択する場合もある。医療費の患者負担はほぼないが，社会的にはひとり1年間に480万円かかるとされ，腎移植にかかる医療費と比べると累積で移植後20ヶ月目（生体腎移植）から28ヶ月目（死体腎移植）に同額となり，それ以降から移植患者の方が軽くなるという[36]。

---

(32)　前掲注(27)。

(33)　前掲注(12)。

(34)　日本透析医学会「図説 わが国の慢性透析療法の現況」〈http://docs.jsdt.or.jp/overview/pdf2015/2014all.pdf〉。

(35)　USRDS Coordinating Center. United States Renal Data System 2014.〈http://www.usrds.org/2014/view/〉

(36)　仲谷達也・内田潤次・長沼俊秀「腎臓移植の医療経済」移植44巻1号18-25頁(2009年)。

(e) 膵 移 植

膵移植に関しては日米ともに年齢別の統計が得られなかった（**表5**）[37][38]。おそらく，若年者にはあまり行われないようである。日本の膵移植希望登録者も10～19歳でわずかに1名に過ぎない（**図1** A）。多くの医療機関が膵移植の対象年齢を12歳以上としている。わが国では膵移植の適応は膵のインスリン分泌が障害されるI型糖尿病で，若年発症が珍しくない。しかしながら多くの場合はインスリン注射によって治療がなされる。現在，インスリン製剤は，効果持続時間によって，超即効型から持効溶解型まで5種類あり，その組み合わせによって生理的状態の維持が可能になっている。膵移植が必要になるのは，インスリン注射によっても血糖値のコントロールが難しい場合と後述の糖尿病性腎症である。糖尿病とは高血糖状態を示した言葉であるが，時に低血糖状態に陥る場合があり，急性症状としてはこの危険性の方が高い。低血糖は，健常者でも空腹が過ぎると起きることがあり，ふるえ，冷や汗，動悸に始まり，重症では昏睡に陥る。この不安定性が特に激しい糖尿病を，ブリットル型と言い，膵移植の最適応である。米国でも，膵移植を受ける患者はI型が大半を占めるが，II型（病因がインスリン不応答によるもの）にも，I型の1割程度行われている。

糖尿病によって高血糖が常態化すると，血液，体液の浸透圧が高まり，血管を構成する細胞の障害が進み，全身性に血管が劣化する。毛細血管が豊富な腎臓や網膜は体内でも障害を受けやすい標的臓器である。糖尿病性腎症は，医療経済的には透析患者数を押し上げていることが問題視されるが，それを差し置いて純医学的見ても透析が必ずしもよい結果をもたらさない。すなわち他の疾患から透析導入となった患者に比べて死亡率が高い[39]。このため，膵単独移植よりも膵腎同時移植を行うことが多い。日米とも全膵移植の79.3%，77.3%が同時移植である。この残りの中にも腎移植を受けた患者が膵移植を行なう場合が15.4%（日），9.1%（米）あり，糖尿病性腎症の治療には膵と腎をともに移植することが望ましい。反対に腎移植側から見ると，

(37)　前掲注(9)。

(38)　日本膵・膵島移植研究会膵臓移植班「本邦膵移植症例登録報告（2015)」移植50巻2・3号179-185頁（2015年)。

(39)　前掲注(34)。

表５：日米の膵移植例の原疾患と予後（前掲注(９),(38))

日本（1999年～2014年）		米国（2014年単年）	
原疾患名	全年齢	原疾患名	全年齢
Ⅰ型糖尿病	916	Ⅰ型糖尿病	745
		Ⅱ型糖尿病	84
		型不明糖尿病	5
		その他	82
計	916	計	916
１年当たり件数	57.3	１年当たり件数	916
膵腎同時移植の割合	79.3%	膵腎同時移植の割合	77.3%
５年生存率	95.8%	５年生存率	ND
５年生着率	70.4%	５年生着率	69.2%

米国の生着率は2012年データ(前掲注(12))によった.

膵腎同時移植は，日本では16.0%だが米国では４%程度であり，腎移植患者の原疾患はかならずしも糖尿病ではないことがわかる。

日本の５年生存率は95.8%と高いが，生着率は70.4%と下がる。米国も５年生着率は69.2%でほぼ同じである。膵移植に代わる低侵襲療法として，膵島移植が世界的に行なわれ，わが国でも先進医療Ｂとして取り組まれている[40]。

(f) 小腸移植

小腸移植の適応は，先天的あるいは後天的な栄養血管障害などで，腸の機能が大きく損なわれた場合である。腎や膵と同様に，小腸疾患の場合も，高カロリー輸液という代替療法がある。しかしそれを継続することが困難であったり，重篤な副作用（例えば高度脂肪肝）が起きた場合に小腸移植が考慮される。臓器移植法の下での提供が認められているものの，いまだに保険収載はなされておらず先進医療Ａとして行われている。待機患者数も症例数もさほど多くない（図１Ａ，表６）[41]。若年レシピエントの割合は，日本

(40)　日本膵・膵島移植研究会膵島移植班「膵島移植症例登録報告（2015)」移植50巻２・３号186-190頁（2015年)。

表6：日米の小腸移植例の原疾患と予後（前掲注(9)，(41)）

<table>
<tr><th colspan="2">日本（1996年～2014年）</th><th colspan="2">米国（2014年単年）</th></tr>
<tr><th>原疾患名</th><th>全年齢</th><th>原疾患名</th><th>全年齢</th></tr>
<tr><td>腸管運動機能障害</td><td>13</td><td>先天性短腸症候群</td><td>28</td></tr>
<tr><td>中腸軸捻転</td><td>5</td><td>その他の短腸症候群</td><td>65</td></tr>
<tr><td>壊死性腸炎</td><td>2</td><td>壊死性腸炎</td><td>8</td></tr>
<tr><td>先天性小腸閉鎖</td><td>1</td><td>偽性腸閉塞</td><td>5</td></tr>
<tr><td>その他短腸症</td><td>1</td><td rowspan="3">その他/不明</td><td rowspan="3">33</td></tr>
<tr><td>微絨毛萎縮症</td><td>1</td></tr>
<tr><td>再移植</td><td>3</td></tr>
<tr><td>計</td><td>26（うち18歳以下は16）*1</td><td>計</td><td>139（うち18歳未満は56）*1</td></tr>
<tr><td>1年当たり件数</td><td>1.4（うち18歳以下は0.8）</td><td>1年当たり件数</td><td>139（うち18歳未満は56）</td></tr>
<tr><td>5年生存率</td><td>68%</td><td>5年生着率（18歳未満）</td><td>53.8%</td></tr>
<tr><td>10年生存率</td><td>58%</td><td>5年生着率（18歳以上）</td><td>48.3%</td></tr>
</table>

原疾患の順位は日米それぞれ移植数が多い順に記した．米国の生存率は2012年データ（前掲注(12)）によった．*1；日米とも疾患別の年齢分布は不明だが，実施数としては18歳以下あるいは18歳未満として報告あり．

61.5%（18歳以下として），米国40.3%（18歳未満として）である。小腸移植対象疾患の多くは幼少時発症であるが，ドナー不足などのために成人になるまで移植を待つ例も多いという。米国では待機者が253人，うち18歳以下が220人と75.1%を占め，小児小腸疾患への治療として取り組まれていることがうかがえる（**図1** B)。また，肝小腸同時移植が51.8%にものぼる(42)。肝移植で生体移植が過半数を占めるわが国の場合は，肝小腸同時移植が難し

(41)　日本小腸移植研究会「本邦小腸移植症例登録報告」移植50巻2・3号191-195頁(2015年)。

(42)　前掲注(9)。

く，今まで1例のみで，その他に，脳死小腸移植後に生体肝移植が行なわれた例がある[43]。小腸は腹腔内臓器の中で最も死線期の障害を受けやすく，移植に適する臓器を得ることが難しいとされる[44]。

日本の5年生存率は68%，米国の5年生着率は53.8%（18歳未満）である（表6）。

Ⅳ　小児の臓器提供

1　ドナー数の推移

移植臓器は身体の大きさに合う必要があり，小児患者への移植は小児の臓器が望ましい。しかしながら小児の死亡率は低く，さらに，小児の脳死判定は成人より厳密な基準のもとになされるので，提供臓器数は極めて少ない。もちろん未成年は原則として生体ドナーになれない[45]。わが国で小児の臓器提供が可能となった2010年7月17日から2016年3月31日までの18歳未満者（法で言う児童）からの臓器提供は全14件，同時期の全提供件数284に対して4.9%，年平均2.5件である（表7）[46]。うち，6歳未満は5件で全提供件数に対して1.8%である。米国は，2015年単年統計で0歳〜17歳のドナーが939件と，全ドナー数9,080に対して10.3%で，さらに0歳〜5歳のドナーも394件，全体の4.3%になる[47]。このように，米国の場合は全ドナー数も小児ドナー割合も高く，小児ドナー数は日本の約380倍である。ただ，日本においても，徐々に若年者の臓器提供事例の間隔が短くなっており，移植医療の社会的受容と基盤整備が進んでいると考えられる（表7）。

小児臓器提供事例において，6歳未満のドナーと10歳未満のレシピエン

---

(43)　前掲注(41)。

(44)　浅野武秀監修，剣持 敬＝福嶌教偉＝絵野沢伸編『移植のための臓器摘出と保存』（丸善出版，2012年)。

(45)　日本移植学会倫理指針〈http://www.asas.or.jp/jst/pdf/info_20120920.pdf〉。

(46)　日本臓器移植ネットワーク．移植に関するデータ〈http://www.jotnw.or.jp/datafile/index.html〉。

(47)　UNOS Home page，Transplant trend〈https://optn.transplant.hrsa.gov/data/view-data-reports/national-data/#〉

表7：わが国における18歳未満者からの脳死臓器提供（2010年7月17日〜2016年3月31日，全14ケース）

No.*1	間隔*2	提供日	間隔*3	ドナー年齢	移植された臓器とレシピエント年齢
128	42	2011/4/13	270日	10〜15歳*4	心(10歳代)，肺(50歳代)，肝(20歳代)，腎(60歳代)，膵・腎同時(30歳代)
146	18	2011/9/4	144日	15〜18歳*5	心(10歳代)，肺(40歳代)，肝(分割，10歳未満，10歳代)，腎(60歳代)，膵腎同時(30歳代)，小腸(30歳代)
177	31	2012/6/15	285日	6歳未満	心(10歳未満)，肝(10歳未満)，腎(60歳代)
218	41	2013/5/11	330日	15〜18歳	心(10歳代)，肝(60歳代)，腎(40歳代)，膵(30歳代)
229	11	2013/8/10	91日	10〜15歳	心(10歳代)，肺(30歳代)，肝(30歳代)，腎(50歳代)，膵腎同時(40歳代)
247	18	2013/12/7	119日	10〜15歳	心(10歳代)，肝(40歳代)，腎(40歳代)，膵腎同時(40歳代)
280	33	2014/7/25	230日	10〜15歳	心(10歳代)
296	16	2014/11/24	122日	6歳未満	心(10歳未満)，肺(10歳未満)，肝(10歳代)，腎(40歳代，60歳代)
307	10	2015/1/14	51日	6歳未満	肺(10歳未満)，肝(50歳代)，腎(40歳代，60歳代)
345	38	2015/10/13	272日	6歳未満	心(10歳未満)，肝(10歳未満)，腎(30歳代)
353	8	2015/11/30	48日	10〜15歳	心(10歳代)，肺(10歳代)，肝(10歳代)，腎(60歳代)，膵腎同時(40歳代)
357	4	2015/12/18	18日	6〜10歳*6	肺(10歳代)，肝(10歳未満)，腎(50歳代)，膵腎同時(60歳代)
362	5	2016/1/9	22日	15〜18歳	肺(50歳代)，肝(10歳代)，腎(60歳代)，膵腎同時(40歳代)
366	4	2016/2/25	47日	6歳未満	肺(10歳未満)，肝(10歳未満)，腎(40歳代)

日本臓器移植ネットワークデータから（前掲注(46)）．*1；日本臓器移植ネットワークによるケース番号．*2；ケース番号の間隔．No128については改正移植法施行前最終のNo.86からの間隔．以降は直前のケースからの間隔．No.296とNo.307の間はNo.300が欠番として扱われているので1を減じた．*3；臓器提供日の間隔．No.128については改正移植法施行の2010年7月17日からの日数．以下は直前の症例からの日数．*4；10歳以上15歳未満を示す．*5；15歳以上18歳未満を示す．*6；6歳以上10歳未満を示す．二重下線は6歳未満ドナーと10歳未満レシピエントに記した．

トに二重下線を記したところ，心，肺，肝において連関が見られた（**表7**）。心はもともと，大きさの適合が必要とされる臓器であるが，肺，肝は分割移植によっても救命されてきた。しかしながら，やはり分割によるよりは，年齢の合ったドナーからの臓器が望ましいのである。一方，腎にはその傾向はなく，小児から成人，それも60歳代までの幅広い患者に移植されている。1腎では治療効果が弱いと予想される場合は，2腎を一括して移植することもある(48)。

わが国は小児ドナーが少ないため，心移植に関しては，いまだに渡航が行なわれている。米国の若年待機者数は**図1** Bにあるように363人（0～17歳，2014年12月31日現在）で，それに対し小児ドナー数は939件と2.6倍もあるが，すべてのドナー心が移植に適する訳ではなく，実際に移植された数は423件である。また，2014年一年間に新たに心移植希望登録をした児が593人いることから，米国においてもドナー不足に変わりはない。米国では非居住民への移植に5％ルールという配分則を設けていたが，2012年にこれを廃止した。それでも現行ポリシーにおいて非居住民への移植をしない訳ではない旨記載されており(49)，現在も日本から心移植のために渡米する患者が年間5人程度存在する。

2　脳死判定における追加要件

(a) 被虐待児の除外

18歳未満のドナー候補については，脳死下，心停止後の区別なく，虐待がなされている場合は臓器提供ができないことになった(50)。改正前も，15歳以上18歳未満の児童の脳死臓器提供はあり得たが，実際には改正前86件中にこの年齢範囲のドナーはいなかった。当時は本人同意が必須だったことから虐待の有無を判断することは要求されなかったものと思われる。心停止後臓器提供は，改正前から家族同意で可であったため，小児からの腎提供は

---

(48)　前掲注(27)。

(49)　Organ Procurement and Transplantation Network Policies.〈https://optn.transplant.hrsa.gov/media/1200/optn_policies.pdf〉

(50)　「『臓器の移植に関する法律』の運用に関する指針（ガイドライン）」平成24年5月1日一部改正「第5　虐待を受けた児童への対応等に関する事項」。

行なわれてきたが，この時期も虐待の有無を調べることが必要とはされていなかった。1997年の臓器移植法制定当時は虐待がさほど深刻な社会問題になっていなかったのかもしれない。

脳死提供の場合は，脳死判定に先立って虐待の有無をしらべなくてはならないので，特に正確さと迅速さが問われる。虐待は英語のSuspected Child Abuse and Neglectの頭文字からSCAN（スキャン）と呼ばれ，小児臓器提供が予想される医療機関にはスキャンチームが作られている。虐待の除外は，関係者や関係機関からの情報収集，母子手帳チェック，両親や現場に居合わせた者からの聞き取り，児に対する種々の検査によるが，なかなか判定は難しいという。ガイドライン上，虐待がないことが明らかな事例として，①家庭外で発生した事故であって，第三者による信頼に足る目撃証言が得られており，受傷機転と外傷所見との因果関係を合理的に説明できる，②第三者による目的証言は得られていないが，器質的脳障害の原疾患は当該児童が自動車等の乗り物に乗車中の交通事故外傷であることが明らかである，③窒息事故で，その原因が誤嚥であることが気管支鏡検査等によって明白であり，第三者による信頼に足る目撃証言がある，が挙げられている(51)。医療現場では虐待を除外できるとの結論が出せない場合は提供を見送る安全策がとられている。一方，米国では，臓器提供をしても虐待の証拠保全はできるとの判断から，被虐待児の臓器提供は可能である(52)。

(b) 知的障害者の除外

これは小児に限ったことではないが，問題提起として少し触れる。改正前から，脳死下，心停止後提供のいずれの場合においても，有効な意思表示ができない場合は見合わせることになっている。しかしながら，これは虐待にもまして判定が難しい。知的障害とはどんな状態かという問題はひと言でかたづくものではない。例えば改正法下では1歳児も親の同意で臓器提供が可能となったが，正常か否かに関わらず1歳児が有効な意思表示ができるとは考えられない。質疑集においても「知的障害は診療過程において主治医等が判断してほしい」とあいまいな表現に留まっている(53)。

---

(51)　奥山眞紀子「脳死下臓器摘出における虐待の判別」国立成育医療研究センター成育医療研究開発費報告書〈https://www.jpeds.or.jp/uploads/files/saisin_111118_2.pdf〉。
(52)　前掲注(49)。

(c) 6歳未満児の脳死判定における特別な配慮

小児に対する脳死判定は改正臓器移植法成立以前の平成12年に厚生労働科学研究の報告書として小児脳死判定基準が刊行された(54)。現行法下でも，6歳未満小児についてこの基準が用いられる。また，旧法で対象とならなかった6歳以上15歳未満の脳死判定にも，15歳以上とは異なる条件が血圧に関して付加されている（後述）。

まず6歳未満の小児脳死判定が成人と異なる点は，脳死判定の間隔が6時間以上ではなく，24時間以上と延長されることである。これは，小児の脳は成人よりも回復が見込める可能性があるとの知見から，判定の確実性を高めるためにとられた変更である。

次に，生後12週（修正週齢）未満児は，脳死臓器提供の対象から除外される。在胎40週の満期出生，あるいはそれを過ぎての出生であれば，生まれてから後の12週間が除外期間である。もし，予定日前の出生であれば，予定日とされた日から12週間が過ぎるまでを除外する。例えば，在胎36週で生まれた場合は，母体にいるはずの4週を加算した生後16週をもって修正週齢12週とする。これは脳死判定が正確に実施できない可能性を考えての措置である。欧米ではこのルールがない国もある。

脳死判定実施において，体温と血圧に関して次の特別ルールが作られた。判定を行う際の体温は，直腸や食道に専用の体温計を入れて体内深部温を測定する。脳死判定時に，この深部体温が，6歳未満は35℃以上，6歳以上から成人は32℃以上とされた。これは，低体温で仮死状態になった人がその後生き返る事例の存在による。医学的には偶発的低体温症と呼ばれる。雪山での遭難や冷たい海や河川に落ちた人が，死んだような状態で発見されたり，水中に何十分も漬かっていて，どうみてもその間，呼吸ができなかったと考えられるにも関わらず，救出後に意識を取り戻した場合がある(55)。多く

(53)　厚生労働省「臓器提供手続に係る質疑応答集 平成27年9月改訂版」〈http://www.mhlw.go.jp/file/06-Seisakujouhou-10900000-Kenkoukyoku/0000101634.pdf〉。

(54)　厚生労働科学研究「法的脳死判定マニュアル」〈http://www.jotnw.or.jp/jotnw/law_manual/pdf/noushi-hantei.pdf〉。

(55)　尾上紀子「心肺蘇生例における低体温療法の有用性 ── その歴史的背景から現代における応用まで」仙台医療センター医学雑誌2号25-36頁（2015年）。

は深部体温が22℃に維持されることが，この奇跡の生還の鍵となっているようで，現在，救急治療の現場では低体温療法と名づけられ，脳を保護する治療として取り組まれてもいる。脳死判定においては，偶発的低体温症ではない状態で判定すべしというのが，判定時体温の下限設定の主旨である。血圧については1歳未満は65mmHg以上，1歳以上13歳未満は［年齢の数値を2倍して65を加えた数値］mmHg以上，13歳以上成人は90mmHg以上の状態で脳死判定を行なうこととなっている。この下限値以下であると，脳が器質的障害ではなく，血圧低下によって機能不全に陥っている可能性がある。

なお，こどもの長期脳死については，脳死判定基準に則って脳死判定がされたにもかかわらず回復したという報告はないとのことである(56)。

V　小児特有の問題と今後

小児医療において留意すべき点は，まず，治療後の人生が長いこと，成長過程にあること，妊娠，出産の可能性があること，である。また，心理学的には同意能力や成長に及ぼす影響がある。これらは移植医療を考える上でも重要なポイントである。

1　小児患者の感じ方

移植レシピエントの体験記は種々出版されているが，著者の多くは成人となってから移植を受けた人達で，若年期，特に乳幼児期に移植を受けたレシピエントによるものは少ない。インタビュー時の発言で，幼少期に移植を受けたある人は，「後になって，自分はこんなたいへんなことを体験したんだと思った」と感想を述べている。同時に，「心臓移植を受けたら心臓がなくなったみたい」という，患者でなければわからない思いを発した女の子もいる。生まれてこのかた，休むことなく動悸などの症状に悩まされていたのである。自身が病気を知ることができる段階になってから発病し，移植に至ったある青年は，今までの平穏な生活からの変化に苦しみながらも，医師を信

(56)　日本小児科学会「子どもの脳死臓器移植プロジェクト報告 小児の法的脳死判定の実際」〈https://www.jpeds.or.jp/uploads/files/saisin_111118_1.pdf〉。

じて治療を受け，その延長として移植となる(57)。それでも実にはつらつと生き，米国留学を経て，日本の政府外郭機関に就職した。一方，生後まもなく発症する胆道閉鎖症の場合は，とりあえず胆汁の流れを作る葛西手術を受け，その後，症状が悪化して肝硬変に進んでから肝移植となることから，病気とのつき合いは意識を持つようになってからずっと続いている。とはいえ，ある程度安定していた体調が悪化して，移植を勧められるようになることから，その時の苦悶は，やはり大きい(58)。体調を崩し，長期入院した後に学校に戻り，親しかった友達に新しい友達関係ができてしまい，その輪に入りにくかったという経験も書かれている(59)。また，親としては，患児への世話のために兄弟姉妹へ手をかけられない悩み，そして同胞の不満，それを感じる患者本人のすまなく思う気持ち，がからみあう。ほとんどの場合に共通するのは，臓器移植がどんな治療かよくわからないままに話が進み，とまどうのである。一方，若い時から透析を受けていた人は，透析から解放されたい，水を思いっきり飲みたいという願いから移植に強い期待を抱いたという(60)。

移植後には，一様に体調の改善を喜び，将来を考えられるようになったとの声が聞かれる。また，手術痕を勲章として誇らしく思う気持ちも多くの人が感じる。一方で，将来への不安や他人の臓器をもらってまで生きていいのかという葛藤を述べる人も多い。近年，移植レシピエントへの心のケアの充実が望まれる所以である。

2　医 療 費

保険収載された適応疾患に対する移植治療は健康保険が適用される（**表8**）。さらに高額療養費に該当するので一部費用が償還される。その他，18歳未満で条件が揃えば小児慢性特定疾病医療費助成，自立支援医療（育成医療）の対象となる。また，特別児童扶養手当，障害児福祉手当が20歳になるまで受給できる。そして，レシピエントは身体障害者1級認定がなされる（膵単独移植に関しては記載なし）。18歳を過ぎてから利用できるのは，特定

(57)　三宅健著，三宅公子編『ぼくの大切なもの』（はる書房，2013年）。
(58)　肝移植体験者・医療者有志『信じる絆 生き続ける思い』（翔雲社，2004年）。
(59)　武山百合子『よみがえった命』（はる書房，1995年）。
(60)　日本移植者協議会編『移植者として伝えたいこと』（はる書房，1994年）。

表8：各臓器移植の適応症

移植臓器	適 応	出 典	健康保険関連項目
心	1）拡張型心筋症，および拡張相肥大型心筋症 2）虚血性心筋疾患 3）その他（日本循環器学会および日本小児循環器学会の心臓移植適応検討会で承認する心臓疾患）	心臓移植希望者（レシピエント）適応基準	K605 移植用心採取術 K605－2 同種心移植術
肺	肺動脈性肺高血圧症，肺静脈狭窄症，肺毛細血管腫症，特発性間質性肺炎，気管支拡張症，肺サルコイドーシス，肺リンパ脈管筋腫症，アイゼンメンジャー症候群，その他の間質性肺炎，閉塞性細気管支炎，じん肺，肺好酸球性肉芽腫症，びまん性汎細気管支炎，慢性血栓塞栓性肺高血圧症，多発性肺動静脈瘻，α1アンチトリプシン欠損型肺気腫，その他の肺気腫，嚢胞性線維症，肺嚢胞症，慢性過敏性肺臓炎，その他肺・心肺移植関連学会協議会で承認する進行性肺疾患	診療報酬通知	K514－3 移植用肺採取術（死体）（両側） K514－4 同種死体肺移植術 K514－5 移植用部分肺採取術（生体） K514－6 生体部分肺移植術
肝	先天性胆道閉鎖症，進行性肝内胆汁うっ滞症（原発性胆汁性肝硬変と原発性硬化性胆管炎を含む），アラジール症候群，バッドキアリー症候群，先天性代謝性肝疾患（家族性アミロイドポリニューロパチーを含む），多発嚢胞肝，カロリ病，肝硬変（非代償期）及び劇症肝炎（ウイルス性，自己免疫性，薬剤性，成因不明を含む）．肝硬変（非代償期）に肝癌（転移性のものを除く。以下同じ）を合併している場合には，遠隔転移と血管侵襲を認めないもので，当該肝癌が，肝内に長径5cm以下1個，又は長径3cm以下3個以内である場合に限る．また，小児肝芽腫についても対象疾患に含む	診療報酬通知	K697－4 移植用部分肝採取術（生体） K697－5 生体部分肝移植術 K697－6 移植用肝採取術（死体） K697－7 同種死体肝移植術
腎	末期慢性腎不全	診療報酬通知	K779 移植用腎採取術（生体）

			K779-2 移植用腎採取術（死体） K779-3 腹腔鏡下移植用腎採取術（生体） K780 同種死体腎移植術 K780-2 生体腎移植術
膵	・内因性インスリンが著しく低下し，インスリン治療を要する ・糖尿病専門医の治療努力によっても血糖コントロールが困難	日本膵・膵島移植研究会ホームページ	K709-2 移植用膵採取術（死体） K709-3 同種死体膵移植術 K709-4 移植用膵腎採取術（死体） K709-5 同種死体膵腎移植術
小腸	中腸軸捻転症，小腸閉鎖症，壊死性腸炎，腹壁破裂，上腸間膜動静脈血栓症，クローン病，外傷，デスモイド腫瘍などを原疾患とする短腸症候群，または，突発性慢性偽小腸閉塞症，ヒルシュスプルング病類縁疾患，Microvillus inclusion 病などの機能的不可逆性小腸不全のために経静脈栄養から離脱できない症例のうち，静脈栄養の合併症などによりその継続が困難な症例，または困難となりつつある症例	2011年7月21日第58回先進医療専門家会議資料（別紙2）	

疾患（難病）医療費助成制度，自立支援医療（更生医療）である。基本的に18歳を過ぎてからは自立が求められ，公的扶助は少なくなる。現実的にはすべての人が完璧に就労できる訳でないので，負担感が増す場合のあることは否めない。

3　妊娠・出産

免疫抑制剤の服用による児への影響や妊娠・出産に伴う母体の負担などが懸念されるが，先ごろ出された移植を受けた人達の妊娠と出産に関するガイドラインによると，一定の条件，すなわち移植後の経過がよいことや免疫抑制剤の適切な選択のもとに，妊娠・出産が可能であるとの裏付けがなされた(61)。すでにわが国でも腎移植後に500例以上，肝移植後に30名以上，膵移植後に2名が妊娠・出産を果たしているという。2011年のアンケートでは，肝移植レシピエント女性30名が妊娠38回を経験，うち出産31例とされる。また腎移植レシピエントでは1984年から2003年の統計で，妊娠53例全例が出産に至っている。米国とカナダでは1991年にNational Transplantation Pregnancy Registryが設立され，2014年までに移植レシピエントの男女2,000人以上が3,300例を超える妊娠を登録している(62)。文献上では，肝移植レシピエント女性166人の妊娠292例，腎移植レシピエント女性886人の妊娠1,422例が報告されている(63)。男性レシピエントからの児への影響は特にないようである。

4　適応拡大のジレンマ

小児に限ったことではないが，医療技術が進歩する過程で，保険医療として認められていない治療への挑戦は必ず起きる。健康保険では，診断病名のもとに，行なえる施術や処方できる薬が決まる（診療初期には「疑い」をつけたいわゆる疑い病名も可）。**表8**に示すように，各臓器移植はそれぞれ定まった疾病を対象に実施している。現在の保険上，死体移植のみ認められる，心，膵は，移植希望登録申請時に，病気が移植治療の適応であるかが評価される。生体移植が可能な肺，肝，腎は保険収載時の診療報酬決定通知に適応が記載され，死体移植を希望する場合の登録要件とも一致している。小腸移植はまだ保険収載されておらず，先進医療Aとして行なわれているが，先進医療承認時の申請書類に適応が書かれている。なお，膵と小腸は生体移植も行なわれているが，患者の病気が適応リストにあったとしても，生体ドナーによ

(61)　剣持敬・福嶌教偉・肥沼幸・牛込秀隆・久保正二「臓器移植後妊娠・出産ガイドライン」移植49巻6号393-401頁（2014年）。

(62)　Gift of Life Institute. National Transplantation Pregnancy Registry moves to Gift of Life Institute. http://www.donors1.org/about-us/media/press1/ntpr/

(63)　Coscia LA, Constantinescu S, Moritz MJ, Frank AM, Ramirez CB, Maley WR, Doria C, McGrory, CH, Armenti VT. Report from the National Transplantation Pregnancy Registry (NTPR): outcomes of pregnancy after transplantation. Clin Transpl 65-85, 2010.

ること自体が健康保険や先進医療として認められておらず，自費診療となる。

現在，適応症として記載されていない病気に対しても，医学的見地から臓器移植が奏功すると考えられる場合がある。心移植，肺移植の場合は，「その他」条項があるため，ある程度柔軟な対応が可能と思われる。また，腎は末期慢性腎不全という総称であり，広汎な適応が可能になる。膵，小腸移植は，インスリン分泌や腸管栄養摂取の改善なので，自ずと適応症が決まり，境界領域の疾患は少ないと考えられる。膵の場合，米国で取り組まれているⅡ型糖尿病（インスリン不応答性の糖尿病）に対する移植は，日本ではできないが，ドナー不足が深刻なわが国でこれに取り組むよりは，米国などの動向を見ての対応が妥当と思われる。問題は肝移植で，まず，「その他条項」がない。また，肝は多岐な機能を有し，全身と密なネットワークを形成しているので，予想しなかった病態で肝障害が発生する。最後の切り札として肝移植が検討されても，保険収載がなければ自費となる。こんな時は，国内の移植であっても，高額な医療費をまかなうため募金を行なう場合がある。

そもそも医療の進歩は，新しい挑戦の繰り返しであり，適応拡大は移植に限らず本質的な問題であるが，深刻な，特に急性の病気の際に健康保険の枠内からはじかれるのは心理的に厳しい状況に陥ってしまう。これが適応拡大のジレンマである。

臓器移植ということばそのものの社会的認知度は高いが，内容を正しく知っている人達はまだまだ少ない。実際，がん治療などに比べれば，稀な医療なのである。しかしながら，移植体験者（家族を含めて）の多くが言うように，誰もが遭遇する可能性を持っている。そして，末期臓器不全に対しての治療効果は目をみはるものがある。小児においても臓器移植によって救命され，すくすくと成長し，妊娠，出産も期待できるようになってきた。もしも移植が必要となったときに，誰もが等しくそれを受けられるよう，社会のみなが臓器移植の情報共有を，そしてドナーの意思を生かせるしくみを作ることにこれからも努めなくてはいけない。医療者側としては，さらに有効で楽な治療法となるように不断の努力をしてゆく必要がある。10年生存率の改善で満足してはいられないのである。

10　小児看護と医事法的問題

── 看護の専門性の視点から ──

久藤（沖本）克子

Ⅰ　はじめに

保健師助産師看護師法（以下保助看法とする）第5条は，「看護師」(1)を，「厚生労働大臣の免許を受けて，傷病者若しくはじよく婦に対する療養上の世話又は診療の補助を行うことを業とする者」と定義し，「傷病者若しくはじよく婦に対する療養上の世話（以下療養上の世話とする)」と「診療の補助」を看護師の業務とする。

看護師の関与する看護事故において看護師の責任を論じる場合，看護師は医師の手足のようなものであり，医師は看護師を指揮監督し，患者に危険を生ずるおそれがない限りどんな行為でもさせることができるが，その結果については医師がすべて責任を負うべきとする「看護師手足論」，看護師は医師と共に業務上の責任を負うとする「医師看護師共同責任論(2)」が主張されている(3)。また，看護の専門性に着目し，療養上の世話業務上の事故であれば看護師の責任となり，診療の補助業務上の事故であれば，医師の指示の適否も問題になり，医師の責任にも及ぶという見解もある(4)。

看護師が専門職であることは，法的には看護師の業務独占と名称独占にその専門性を見出すことができる(5)。保助看法第31条は，「看護師でない者は，第5条に規定する業をなしてはならない」として，看護師が療養上の世話又は診療の補助を業務独占していることを定め，これに違反すると，保助看法第43条により処罰される。また，保助看法第42条の3は，「看護師でない者は，看護師又はこれに紛らわしい名称を使用してはならない」と，看護師の名称の独占を定め，これに違反すると，保助看法第45条の2により処罰される。

（1）「看護師」「看護婦」の呼称については，引用を行う際には原文に従うこととする。

（2）　大西邦弘「看護師役割論の観点からみた看護過誤をめぐる裁判例の検討 ── 最近の・重要裁判例を中心に」広島法学30巻4号82頁（2007年）は，「医師看護師協働責任論」と表記する。

（3）　菅野耕毅「看護事故と法的責任」年報医事法学9号100頁（1994年)。

（4）　高田利廣『看護業務における責任論』27頁（医学通信社，1994年)。

（5）　高田・前掲注(4)28頁を参照。ただし，当時は名称独占の規定は存在しなかったので，業務独占から専門性が主張されている。

しかし，実質的に看護師が専門職であるためには，自律性，公共性，独自で高度な知識体系を兼ね備えておく必要があり，そのうち自律性が本質的要素であるが，看護師の自律性には，診療の補助業務は療養上の世話業務よりも専門性が高いと考えられているにもかかわらず，診療の補助業務には医師の指示が必要という構造的限界があるとする見解がある(6)。また，プロフェッション（専門職）であるためには，集団としての「自律」と，集団を構成している個々のプロフェッショナルが業務活動をするに際しての「自律」が必要であるが，個々の「自律」においては看護職の業務が，実務上，医師の指示の下に行われることによって自律が制限されるわけではなく，医師の指示があるということを所与の条件として，看護師は自律性を発揮できるとする見解がある(7)。看護師の自律性を医師の指示がないことに求めるならば，診療の補助業務には医師の指示が必要であるという構造的限界に至るが，医師の指示を所与の条件として看護師は自律性を発揮することに求めるならば，看護師の自律性に制限を加えるものは何もなく，看護の専門性の確立を促進するのではないかと思われる。

そこで，本稿では，看護師の自律を，医師の指示を所与の条件として，看護師は自律性を発揮できるという点に求め，看護師の自律の観点から，診療の補助と療養上の世話について検討し，さらに小児看護領域における療養上の世話に関する判例に若干の検討を加えることとする。

Ⅱ　診療の補助

1　診療の補助と医師の指示

医師法第17条は，「医師でなければ，医業をなしてはならない」と定め，医業を医師の独占業務とする。医業とは，医行為を業としてなすことであり，

（6）　朝倉京子「看護師の専門職化はどう評価できるのか」保健医療社会学論集25巻2号2頁（2015年）。

（7）　宇津木伸・良村貞子・平林勝政「医療安全とプロフェッション：本シンポジウムの趣旨と基本的枠組み」年報医事法学26号151頁以下（2011年），平林勝政「保健医療福祉職の自律と法」保健医療社会学論叢25巻2号7頁（2015年）。

すなわち「医師の医学的判断および技術をもってするのでなければ人体に危害を及ぼし，又は及ぼすおそれのある行為（医行為)」を反復継続する意思をもって行うことである[8]。この医行為は，絶対的医行為と相対的医行為に分けられる[9]。絶対的医行為とは，医師しか行うことのできない医行為であり，診断，処方，治療方針の決定，手術などが該当し，相対的医行為とは，絶対的医行為ではないものである[10]。看護師の診療の補助業務は，この相対的医行為の中に位置づけられる。

保助看法第 37 条は，看護師等は，「主治の医師又は歯科医師の指示があった場合を除くほか，診療機械を使用し，医薬品を授与し，医薬品について指示をしその他医師又は歯科医師が行うのでなければ衛生上危害を生ずるおそれのある行為をしてはならない」と定めている。すなわち，保助看法第 37 条は，看護師等が原則として，「診療機械の使用，医薬品の授与，医薬品についての指示」に例示される「医師又は歯科医師が行うのでなければ衛生上危害を生ずるおそれのある行為」すなわち「医行為」を行うことを禁止し，例外的に，「医師又は歯科医師の指示があつた場合」，看護師等が指示された当該医行為を「診療の補助」として行うことができるとする[11]。診療の補助として看護師が行うことができる医行為の範囲は，看護師の知識・技術で行うことができる範囲に限定され，医師の指示があれば，どのような医行為も行うことができるわけではないとされている[12]。また，医師の指示なく保助看法第 37 条に規定する「医師又は歯科医師が行うのでなければ衛生上危害を生ずるおそれのある行為」を行えば，保助看法第 44 条 2 号により処罰さ

（8）「医師法第十七条の疑義について」昭和 39 年 6 月 18 日医事第 44 号，「医師法第十七条における「医業」について」昭和 39 年 6 月 18 日医事第 44 号の 2。

（9） 高田利廣『看護の安全性と法的責任第 7 集』 9 頁（日本看護協会出版会，1986 年）が，「絶対的医行為」と「相対的医行為」という分類を提案された。

（10） 平林勝政「Part4　看護婦の業務と法的諸問題　専門職化をいかに進めるか」小島通代編『看護を一生の仕事とする人・したい人へ ── あなたのジレンマ・専門職性を共に考えよう』165 頁（日本看護協会出版会，1998 年)。

（11） 平林勝政「医行為をめぐる業務の分担」『人の法と医の倫理 唄孝一先生傘寿』585 頁（信山社，2004 年)，平林勝政「違法性阻却論を超えた制度全体の枠組みの議論を」法律文化 17 巻 9 号 12 頁以下（2005 年)，平林・前掲注(7)「保健医療福祉職の自律と法」10 頁。

（12） 平林勝政「診療の補助 ── その法的一考察」看護 41 巻 12 号 60 頁（1989 年)。

れる。

保助看法第37条は，医師の指示があった場合に看護師が行うことができる医行為として，「診療機械の使用，医薬品の授与，医薬品についての指示」を例示として示しているが，それ以上は何ら定めていないので，診療の補助行為の具体的な範囲は解釈に委ねられてきた。静脈注射や麻酔行為については行政通知(13)によりその解釈が示されてきたが，一般的に個々の看護師が実施できる診療の補助行為の範囲については，その時代の医療水準と個別の看護師の技術水準等により，現場の医師により判断されてきた(14)。しかし，平成26年には，「診療の補助であって，看護師が手順書により行う場合には，実践的な理解力，思考力及び判断力並びに高度かつ専門的な知識及び技能が特に必要とされるものとして厚生労働省令で定める」特定行為が，保助看法第37条の2に定められ，診療の補助行為のうちの一部の行為が特定行為として示された。これにより，診療の補助行為の範囲が一定程度明らかになったと考えられる。

2　保助看法第5条の「診療の補助」と保助看法第37条

これまで，保助看法第5条の「診療の補助」と，保助看法第37条における「主治の医師又は歯科医師の指示があった場合」に看護師等が行う「医師又は歯科医師が行うのでなければ衛生上危害を生ずるおそれのある行為」を同義とする解釈の下に，診療の補助について概観してきた。この解釈が，通説(15)，行政解釈(16)と考えられるが，異を唱える見解も多数ある。

(13)　静脈注射については，「保健婦助産婦看護婦法第三十七条の解釈についての照会について」昭和26年9月15日医収第517号，「看護師等による静脈注射の実施について」平成14年9月30日医政発第0930002号を参照。麻酔行為については，「麻酔行為について」昭和40年7月1日医事第48号を参照。

(14)　研究代表者山本隆司（平成25年度厚生労働科学特別研究事業「医療行為に関する法的研究」報告書3頁（2014年）。

(15)　野田寛『医事法 上巻』80頁以下（青林書院，1984年），平林・前掲注(11)「違法性阻却論を越えた制度全体の枠組みの議論を」12頁など参照。

(16)　厚生労働省「新たな看護のあり方に関する検討会報告書」2003年，第7回新たな看護のあり方に関する検討会議事録における土生企画官の発言（2002年11月19日），第10回新たな看護のあり方に関する検討会議事録における土生企画官の発言（2003年2月18日）など。

昭和26年の厚生省医務局通知[17]の保助看「法第三十七条の規定は，法第五条の規定する看護婦の権能の範囲内においても，特定の業務については，医師又は歯科医師の指示がなければこれを行うことが出来ないものであることを規定しているものである」ことに基づいて，保助看法第5条の「診療の補助」と保助看法第37条の医師又は歯科医師の指示があった場合に看護師等が行う「医師又は歯科医師が行うのでなければ衛生上危害を生ずるおそれのある行為」は必ずしも同義ではなく，「診療の補助」の一部が危険行為であり，その危険行為には保助看法第37条が規定する医師又は歯科医師の指示を必要とする見解がある[18]。しかし，昭和26年の通知を，保助看法第37条は，保助看法第5条の規定する「看護婦の機能（療養上の世話と診療の補助）の範囲においても，特定の業務（診療の補助）については，医師又は歯科医師の指示がなければこれを行うことが出来ないものであることを規定している」と解することも可能であると思われる。

また，同様に，昭和26年通知は，保助看「法37条に規定する看護師の診療の補助行為と法5条に規定する診療補助行為を区別している」とする見解もある。その根拠を，保助看「法5条に規定する看護師の診療の補助に際しては，保助看法は医師の指示を要することを明文で規定しておらず，医師の指示を受けなかったこと自体に対する刑事制裁は予定されていない」ことに求めるものである[19]。この見解は，保助看法第5条の「診療の補助」は権能としての「診療の補助」であるが，保助看法第37条の「主治の医師又は歯科医師の指示があった場合に看護師等が行う「医師又は歯科医師が行うのでなければ衛生上危害を生ずるおそれのある行為」は，業務としての「診療の補助」を指しており，それゆえに両者は区別されるとする主張であるように解することができ，その意味においては妥当である。

さらに，保助看法第37条は，「看護婦の診療の補助行為がときに行き過ぎ

---

(17) 前掲注(13)参照。

(18) 小沼敦「看護師の業務範囲についての一考察 ── 静脈注射と産婦に対する内診を例に」レファレンス680号200頁以下（2007年），高波澄子「看護師等が静脈注射を引き受けることを保助看法の解釈と看護業務の主体性から考える」看護管理14巻8号667頁（2004年）。

(19) 福山道義「診療の補助行為と刑事規制」内田文昭先生古稀祝賀論文集編集委員会編『内田文昭先生古稀祝賀論文集』462頁以下（青林書院，2002年）。

て看護婦の独断，独行に走ることのないよう，あくまで医師の補助であることを銘記すべきものと注意を求めたいわゆる注意規定」であり，「診療の補助業務において医師の指示を必要とするのは，医師法17条，保助看法5条，31条に基づくものであって，この37条によるものではない」とする見解もある[20]。しかし，保助看法第37条を注意規定ととらえ，診療の補助業務における医師の指示の必要性を医師法17条，保助看法5条，31条から導くのには無理があるように思われる。

保助看法第37条の「主治の医師」の「主治」に注目し，「主治の医師というのは一人の患者について，その患者を知っているお医者さんが自分のところにいる看護婦さんに対して出すという性質のもので，一般的な指示は三七条の中にはそもそも含まれないのではないか」とする見解もある[21]。同じく「主治の医師」の文言が使われている条文に，保助看法第35条「保健師は，傷病者の療養上の指導を行うに当たって主治の医師又は歯科医師があるときは，その指示を受けなければならない」がある。確かに，この条文の「主治の医師」は，実際の主治医を指しており，一般的な医師を指していない。保助看法第37条は第35条とともに第4章業務に配置されているものであることから，「主治の医師がこの場合にはしてよいという判断でもともと作られた法文[22]」とも考えられる。とするならば，保助看法第37条を一般的な看護師が行うことができる診療の補助行為の原則を規定したものと解するには，無理があるようにも思われる。しかし，この見解に立つと，診療の補助には医師の指示が必要であるという一般的な原則が，どこから導かれるのかという問題が残される。

このようにさまざまな見解が主張されているが，保助看法第37条をどのようにとらえるかについて自らの態度を定めることができない状況であり，いずれ別稿で論じてみたいと思うが，本稿では通説に従って論を進めていきたい。

---

(20)　高田・前掲注(9)15頁以下。

(21)　日本医事法学会「シンポジウム看護の専門性と法的責任」年報医事法学9号109頁(1994年）の宇津木伸教授の発言。

(22)　日本医事法学会・前掲注(21)110頁の宇津木教授の発言。

Ⅲ　療養上の世話

1　療養上の世話と医師の指示

療養上の世話は，行政解釈上，医師の指示を必要としない看護師の業務と考えられている。診療の補助に医師の指示が必要であることを規定する保助看法第37条のような条文が，存在しないからである(23)。しかし，行政解釈とは別の視点から療養上の世話には医師の指示を必要としないとする見解，医師の指示が必要であるとする見解，医学的状況によっては医師の指示が必要であるとする見解も主張されている。平林教授は，この3つの見解を医師の指示の多義性をもって説明し，それぞれの見解はそれぞれの意味において妥当であるとされる(24)。

医師の指示を必要とする見解として，「『療養上の世話』と『診療補助』というのを簡単に医師の指示の必要性という観点から切り離すことはできず，保助看法は，ただ病人が医師を媒介としないで看護婦に『療養上の世話』を依頼できるということを規定しているだけで，病院で一たん看護活動に従事し始めれば，そこでは保助看法はもはや問題とならず，当然病院の1つの機能分野として，『療養上の世話』の範囲においても医師の指示下に入るということは否定できない」とする見解がある(25)。平林教授は，この場合の医師の指示は「治療方針」という意味での医師の指示であり，この見解はその限りにおいて妥当な見解であるとされる(26)。

次に，医学的状況によっては医師の指示を必要とする見解として，「療養上の世話とされる行為でも，たとえば入浴の許可，歩行開始の時期などの運動量の決定，特別食・水分摂取量の指示，患者の状態によっては全身清拭，

---

(23)　前掲注(16)参照。

(24)　平林勝政「第4章在宅医療」宇津木伸・平林勝政編『フォーラム医事法学』(尚学社，1994年) 140頁以下，平林・前掲注(7)「保健医療福祉職の自律と法」9頁以下，平林・前掲注(10)159頁以下など。

(25)　三籐邦彦「病院における医療事故と病院の管理との関連について」日本医師会雑誌67巻10号1366頁 (1972年)。

(26)　平林・前掲注(24)「第4章在宅医療」141頁。

洗髪の可否など医学的判断をともなうものについては，その前提として医師の指示を必要とするし，患者の物理的・精神的環境の調整，安楽・安全に対する配慮のように，医師の指示を必要としないものもある[27]」とする見解がある。平林教授は，この場合の医師の指示を「許可的指示」であるとされる。すなわち，特定の「療養上の世話」を行い得るか否かについて，それを決定するには「医師の判断」が必要であると判断した看護師が医師に質問し，それに対して医師が答えるところの「許可的指示」であり，この見解も妥当な見解であるとされる[28]。

最後に，医師の指示は必要なしとする見解として，「療養上の世話は，医行為（医師法17条）ではなく，また保助看法37条の『医師若しくは歯科医師が行うのでなければ衛生上危害を生ずる虞のある行為』でもない」ので，「看護婦がなす療養上の世話業務には診療の補助業務のように，医師の指示を必要としない」とする見解がある[29]。平林教授は，この説における指示を，診療の補助が開始されるために必要とされる医師の「命令的指示」であるとして，診療の補助を必要とするか否か，いつ開始するか等についてのイニシアティブを医師が有していることについては異論の余地はなく，その限りにおいてこれは妥当な意見であるとされる[30]。保助看法第37条の反対解釈として，療養上の世話には医師の指示を必要としないという行政解釈も，診療の補助が開始されるために必要とされる医師の「命令的指示」ととらえることができよう。

以上概観してきたことをまとめると，療養上の世話は，医師の治療方針の下で実施され，診療の補助の開始に必要とされるような命令的指示を必要としないことを前提として，看護師の主体的な判断で行われるが，医学的状況によっては医師の指示を必要とすると言えよう。なお，療養上の世話の具体的な範囲については，診療の補助と同様，何ら定めがないので，解釈に委ねられることになる。

---

(27)　井上幸子『看護業務 ── その法的側面』40頁（日本看護協会出版会，1976年）。
(28)　平林・前掲注(24)「第4章在宅医療」141頁以下。
(29)　高田・前掲注(4)33頁以下。
(30)　平林・前掲注(24)「第4章在宅医療」140頁。

2　医学的状況により医師の指示を必要とする療養上の世話

看護師の主体的な判断で行われる療養上の世話は，いつ療養上の世話を開始するか，どのような療養上の世話をするかについて，医師の「命令」は不要であり，その意味において，看護婦がイニシアティブを有している(31)。看護師の主体的な判断で行われる療養上の世話に，看護の専門性が存在することには，議論の余地はないと思われる。

しかし，療養上の世話に，医学的判断が必要となる場合がある。この場合，医師の「許可的指示」が，療養上の世話を行うことができるか否かだけではなく，療養上の世話業務を行う過程においても必要となる(32)。そのような場合，看護師は次のような判断を行っている。まず，患者の状態を観察し，状況をアセスメントした上で，医師の指示の必要性を判断する。医師の指示が必要であると判断したとき，どのような「許可的指示」を得るべきか，そのためには医師にどのような情報を提供するか等を判断して，医師から「許可的指示」を得る(33)。この一連の判断について，看護師が自らの責任において，固有の専門的判断に基づいて医師に問いただすのなら，ここにおいても，療養上の世話業務における看護の専門性が発揮される(34)。また，療養上の世話行為におけるこのような医師の指示について，平林教授は，「看護業務が独立し，ヨコ型の業務分担が確立した時点においては，これは医師に対する『コンサルテイション』とでもいうべきであろう(35)」とされるが，確かにチーム医療においては，「許可的指示」はコンサルテーションであるべきであろう。

看護師が主体的に行うことができる療養上の世話に，医学的状況によっては医師の指示が必要となる場合があることを，看護師はあまり歓迎していないように思われる。療養上の世話を「絶対的看護行為」として，医師の指示，指導，監督を必要としないとする見解(36)に代表されるように，医学的状況に

(31)　平林・前掲注(24)「第4章在宅医療」141頁，井上・前掲注(27)40頁。
(32)　平林・前掲注(24)「第4章在宅医療」141頁。
(33)　平林・前掲注(24)「第4章在宅医療」141頁。
(34)　平林・前掲注(24)「第4章在宅医療」141頁。
(35)　平林・前掲注(24)「第4章在宅医療」141頁。

よっては医師の指示が必要となる場合があることに言及されないことが多いように思われる(37)。その背後には，医師の指示を必要としないことに看護の自律性を見出そうという考えが脈々と流れているように思われる(38)。しかし，療養上の世話は医師の治療方針の下に行われるのであるから，医学的状況により医師の指示を必要とする場面が生じるのは当然のことと思われる。また，実際，臨床現場では，医学的状況により医師の指示に基づいて療養上の世話行為が行われている(39)のである。

以上のことから，療養上の世話に医師の指示を必要としないことに看護師の自律性を求めるのではなく，医学的状況によっては医師の指示を必要とすることを前提に，療養上の世話行為を主体的になすことに自律性，すなわち専門性を求めることの方が，看護行為の実際を映し出しており自然なことであると考えられる。そして，それは，患者の安全の確保と医療の質の維持につながっていくものである(40)。

3　診療の補助と一体化した療養上の世話

医師の指示を必要とする診療の補助に，看護師の主体性を求めるのは困難であるように思われるが，決してそうではない。臨床では看護を療養上の世話と診療の補助と明確に二分できず，療養上の世話に診療の補助行為が加味されていたり，診療の補助に療養上の世話行為が加味されていたりして，渾然と一体的になっていることも多い(41)からである。

---

(36)　石井トク『医療事故 ── 看護の法と倫理の視点から(第2版)』(医学書院，1999年) 12頁，土井英子「『療養上の世話』中心の看護業務概念に関する一試論 ── 看護業務への主体的な取り組みを目指して」Quality Nursing 9巻2号68頁以下 (2003年) など。

(37)　療養上の世話には，医学的状況により医師の指示が必要となる場合があることについて言及したものとして，井上・前掲注(27)40頁，田村やよひ『私たちの拠りどころ保健師助産師看護師法(第2版)』51頁 (日本看護協会出版会，2015年) など。

(38)　朝倉・前掲注(6)2頁，看護職の専門化過程については，宮田正夫「看護職の専門化過程に関する若干の考察」ソシオロジスト4号141頁以下 (2002年) 参照。

(39)　朝倉京子他「中期キャリアにあるジェネラリスト・ナースの自律的な判断の様相」日本看護科学会誌33巻4号48頁 (2013年)。

(40)　平林・前掲注(10)165頁。

(41)　高田・前掲注(4)26頁。

療養上の世話に診療の補助行為が加味されるケースについて，例えば平林教授は，診療の補助業務のうち，与薬，注射に代表されるいわば医師に代わって「一定の範囲の医行為」を行う「医行為的診療の補助(42)」を看護本来の療養上の世話の中に位置づけることが可能であることを，次のような痛みを訴えている患者への鎮痛剤の投与例を用いて説明される(43)。

痛みを訴えている患者に対し看護師は，まず患者の痛みの性質，程度等についてアセスメントする。その結果，痛みをもたらしている原因が，すぐに鎮痛剤の投与を必要としていると判断した看護師は，主治の医師の処方に基づいて鎮痛剤を投与する。しかし，即座に鎮痛剤を投与する必要のある痛みではないと判断した場合，痛みを訴えている患者に対して看護師は，治療を有効にうけいれる患者の状態をつくるために，まず，看護行為として何が可能であるかを考える。たとえば，患部を温めたり冷やしたりして痛みの軽減をはかるかもしれない。あるいは，体位の交換や補助器具の使用が痛みの軽減に有効なこともあろう。そして，これらの看護行為によって患者の痛みが軽減されない場合にはじめて，看護師は，次にとるべき手段として，鎮痛剤の投与が適切であると判断することになる(44)。

「鎮痛剤」の投与は，その行為のみに着目すれば「医行為」であり，いわゆる「相対的医行為」に分類される。しかし，平林教授は，「鎮痛剤の投与」が，上に述べたような看護師の判断プロセスを経て行われることに着目すれば，「鎮痛剤の投与」も「看護行為」の一つとして位置づけられ，ここに，看護師は専門性を発揮しうるのではないかとされる(45)。

また，療養上の世話行為に診療の補助行為を積極的に活用する次のようなケースもある。痛みの強い患者に清拭の計画を立てるとき，あらかじめレスキュードーズ（鎮痛薬の追加投与）を使って予防的に疼痛を緩和した上で，清拭のタイミングをつくるのか，全身清拭ではなく部分清拭にして回数を増

(42) 平林・前掲注「第4章 在宅医療」(24)144頁，は，「診療の補助」業務を，処置に必要な器具の準備や後片づけのような「単純な（あるいは，機械的な）診療の補助」と，「医行為的診療の補助」とに分類される。

(43) 平林勝政「看護と法 —— 保健師助産師看護師法の今日的課題」日野原重明・井村裕夫監『看護のための最新医学講座35 医療と社会』211頁以下（中山書店，2002年）。

(44) 平林・前掲注(43)211頁以下。

(45) 平林・前掲注(7)「保健医療福祉職の自律と法」14頁。

やすのかなどが，検討されるケースである[46]。この場合も，「鎮痛薬の投与」という診療の補助行為を，清拭という療養上の世話行為にひきつけ，主体的な判断で療養上の世話行為が行われており，ここに看護の専門性を見出すことができる。

次に，診療の補助に療養上の世話行為が加味されているケースであるが，例えば子どもに点滴ラインを確保する場合を挙げることができる。点滴ライン確保という診療の補助行為に，処置前に子どもの不安の軽減や処置の理解などを目指してプレパレーションを行なう，血管が浮きやすいように温罨法を行うなどの療養上の世話行為が加味されることにより，診療の補助という行為の中で看護師の主体性が十分に発揮される。また，研修を受けた看護師が手順書に基づいて行う「特定行為」も，療養上の世話が加味されることにより看護師の主体性が発揮され，看護の専門性の確立につながっていくと考えられる[47]。

Ⅳ　小児看護領域における療養上の世話に関する判例の検討

看護事故において，看護師は，医師の手足として看護業務をなし，その悪しき結果については医師にすべて責任を負ってもらうという「看護師手足論」ではなく，また看護師は医師と共に業務上の責任を負うという消極的な「医師看護師共同責任論」ではなく，専門職として療養上の世話も診療の補助も自ら責任を負わなければならない。前述した「療養上の世話業務上の事故であれば看護師の責任となり，診療の補助業務上の事故であれば，医師の指示の適否も問題になり，医師の責任にも及ぶ[48]」という見解は，「療養上の世話業務上の事故の責任は，すべて看護婦の責任である[49]」というもので

(46)　朝倉・前掲注(39)48頁。

(47)　平林・前掲注(7)「保健医療福祉職の自律と法」15頁。

(48)　高田・前掲注(4)27頁。

(49)　高田・前掲注(4)15頁。日本看護協会『看護にかかわる主要な用語の解説　概念的定義・歴史的変遷・社会的文脈』(日本看護協会，2007年) 16頁も同旨と思われる。井上・前掲注(27)40頁は，医師の指示を必要とする場合もしない場合も，「療養上の世話の行為は，その行為そのものに対する医師の指導，監督は必要とせず，看護婦の知識と技術そして看護婦の判断で行い得るものであり，行うべきものである」として，「診

ある。しかし，療養上の世話も，医学的状況により医師の判断が必要となるので，診療の補助と同様に，医師の指示の適否あるいは判断が問題となり，医師の責任が問題となる場合がある。

結局のところ，看護事故では，診療の補助は行為の性質上，療養上の世話は医学的状況により，医師の判断が検討されなければならないが，看護師は専門職として診療の補助においても療養上の世話においても，業務上の責任を負わなければならない。この立場は「看護師専門職責任論」とでも呼ぶことができよう。

そこで，「看護師専門職責任論」の立場から，看護師の自律性が発揮できる療養上の世話に関する，小児看護領域における判例に若干の検討を加えたい。

1　コップ状玩具窒息事件(50)

ぜん息で入院中の１歳のＡは，母親が持参したＡの一番のお気に入りのコップ状の玩具を看護師から与えられて遊んでいたが，看護師が病室を離れている間に，玩具で鼻と口をふさがれて心肺停止状態になった。蘇生されたが，障害が残った。Ａと両親は，担当医師に対し，Ａの環境を観察し，看護師に継続した監視を指示する義務などを怠った過失，看護師に早期にＡの窒息を発見しなかった過失があったなどとして，不法行為に基づき損害賠償を請求するとともに，選択的に病院開設者に対し，債務不履行に基づき損害賠償を請求した。一審は，本訴請求を全面的に棄却したので，これを不服としてＡらが控訴した。裁判所は，担当医師と看護師の観察義務違反を否定して，不法行為に基づく損害賠償請求を棄却したが，病院開設者に常時乳幼児を監視しうる体制を整えていなかったとして，安全配慮義務違反の債務不履行違反を免れないとした。

療の補助の場合と異なり，療養上の世話の行為には医師の監督責任は及ばず，看護婦が主体的にその行為に対する責任をとることになる」とされるが，同旨であろう。

(50)　東京高判平成 14 年 1 月 31 日判時 1790 号 119 頁，加藤斉仁他「第２章事例にみる看護師の注意義務と責任」『看護師の注意義務と責任 ── Ｑ＆Ａと事故事例の解説』112 頁以下（新日本法規，2006 年），稲葉一人「看護師の経過観察と報告義務について考える」Nursing BUSINESS 第 4 巻 12 号 78 頁以下（2010 年）参照。

まず，療養上の世話に関する医師の指示について，裁判所の立場を確認しておきたい。裁判所は，「医師は，人の生命及び健康を管理すべき業務に従事するものであるから，危険防止のために最善を尽くすべき」として，「入院患者が幼児の場合には，患者の身体の安全を確保するために危険な状態を阻止すべく看護婦に監視を指示すべき一般的な義務がある」ことは否定できないとした。裁判所は，患者に危険がないよう環境を整えるという療養上の世話についても，医師には看護師に指示する義務があるとする立場のように思われる。しかし，このことと，看護師は医師の指示がなくても療養上の世話行為を行なうことができることは別の問題であるので，看護師の自律性は損なわれていない。なお，本ケースでは，裁判所は，医師は「本件事故以前に，生後四か月くらいの子供がコップをいじっていて口が塞がったという例を聞き知っていた」が，裁判所は医師が病室に玩具があることを認識していなかったとして，A が玩具で遊んでいる間に継続した監視を看護師に指示する義務が発生する余地はないとした。

また，裁判所は，「医師としては，看護婦に監視を指示する前提として，病室内に危険を及ぼす可能性のある物がないかを常に注意すべき義務があることも一般的な義務として否定はできない」とするが，玩具の存在を認識していなかったとして，注意義務違反を否定した。医師は，医師として，療養上の世話行為を行い得ることに言及したものと解することもできる。保助看法第 31 条は，療養上の世話と診療の補助を看護師の業務独占とすることを定め，「ただし，医師法又は歯科医師法の規定に基づいて行う場合は，この限りでない」と，医師が療養上の世話行為を行い得ることを定めている(51)。

もうひとつ，裁判所は，医師として「患者の病状に応じた適切な療養上の世話が行われるよう看護婦に指示する義務」があることを認めているが，この指示は「治療方針という意味での指示」と解することができる。

次に，看護師の法的責任について検討する。裁判所は，事故の原因を，A がぜん息の発作を起こし，強い咳き込みによって陰圧が生じ，たまたま口元にあった玩具を払いのけることができなかったか，迷走神経反射で意識低下が起こったために玩具が A の口元を閉塞したことにより発生したものとし

(51)　平林・前掲注(43)205 頁は，「例外的に，医師が医療を行うに際して付随的に看護業務を行うことが認められる」と，とらえる。

た。そして，看護師に対しては，「幼児の行動は予測し難く，本件玩具がAの身体にどのような影響を及ぼすかについても予測し難い状況にあったというべきであり，本件玩具をAに与えた看護婦としては，単にぜん息で入院している一歳児の場合に比してより頻繁に訪室してAの病状を観察すべき義務があった」として，「午後一時ころに検温のため訪室して以降，午後一時三〇分まで，本件病室を訪室することがなかったというのであるから，上記の観点からすると同看護婦は頻繁に訪室する義務を怠ったものというべきである」と注意義務違反を認めた。しかし，「他の看護婦が昼食時間であったため，一人で五部屋七名の患児と他のチームの担当する病室の患児を看護すべき状態にあり，かつ，この間に現実にナースコールもあり，これに対応していた時間もあったというのであって，看護婦が一時三〇分よりも早い時間帯に本件病室を訪室することは事実上不可能に近い状態であった」と結果回避可能性を否定し，看護師の不法行為の成立を認めることはできないとした[(52)]。なお，結果予見可能性について，裁判所は，看護師が患児に「玩具を与えているところ，幼児はこれをどのように誤用するか予測がつかないことは，医療従事者としては公知のことといえるばかりでなく，患児はぜん息に罹患しており，呼吸が苦しくなることは常時予測できたのであり，本件玩具によって本件事故のごとき危険な状態が発生することについて予見することがまったく不可能であったとはいえない。」と判断した。

本ケースは，玩具の提供という療養上の世話に，医学的判断を必要としなかったケースである。担当看護師は，玩具をAに与え，訪室が遅れたために玩具による窒息という状況を招いたことに，専門職として責任を負わなければならないが，担当看護師の結果回避可能性が否定されたとしても，結果予見可能性に関する裁判所の判断は厳しいという印象が拭い去れない。確かに，小児看護師は，幼児が玩具をどのように誤用するか予測がつかないことを前提に，つまり抽象的な危険性を前提に，子どもの行動を見守り，ぜん息

(52)　高齢者の転倒死亡事故に対し，看護師の過失を認定したものの，大幅な過失相殺を行った事例として，東京高判平成15年9月29日判時1843号69頁がある。評釈としては，平沼直人「多発性脳梗塞で入院中の高齢者が転倒により死亡した事故につき，担当看護婦（師）の過失を認定したものの，大幅な過失相殺（八割）を行った事例」民事法情報228号（2005年）56頁がある。

に罹患している患児には呼吸困難を予測して観察をする。この二つの行動が重なった時，この玩具の危険性を予測できるかもしれない主治医は別として，製造元も把握していなかった玩具の危険性(53)を，具体的な危険性として看護師は予見できるのか疑問が残る。

病院開設者に対して，「常時看護婦が監視しうる体制を整えるべきであって，かかる体制が整っていなかったために，本件事故が発生したのであれば，医療機関としては，なすべき義務を果たさなかったと評価されてもやむを得ないというべきである」として，安全配慮義務違反の債務不履行責任を免れないとした裁判所の判断は妥当であろう。裁判所が医療事故はシステムの問題であることを認めた，画期的な判決であると考えられる。

2 バナナ窒息事件(54)

4歳のBは，伝染性単核症の疑いがあると診断されたため，病院に入院したが，朝食の病院食として出されたバナナを誤嚥し，医師らによる救命処置にもかかわらず，窒息死するにいたった。Bの遺族らは，医師と看護師に対して誤嚥を未然に防止する注意義務を怠った過失があったなどとして，損害賠償を求めた。裁判所は，Bの誤嚥に関する部分については，医師に対して，誤嚥回避のために具体的な指示をすべき注意義務があったとしその責任を認めたが，担当看護師の責任を否定した。なお，医師には救命処置に対する過失も認められている。

裁判所が担当看護師の責任を否定したことにつき，看護師の責任を認める判断がなされてもおかしくないが，医師が有責であれば病院の責任は認められるのだから，看護師の責任についての証拠の有無を判断する必要まではないと，裁判所は考えたとも理解できるとする見解がある(55)。また，食事の介

(53) 玩具の製造元は，子どもが遊んでいる時に，万が一コップで口や顔を覆ってしまった場合に，窒息しないよう各コップには底部に小さな穴を設けていることを，ホームページで紹介している。事故後の対応と思われる。
https://secure.okbiz.okwave.jp/faqcombi/faq/show/19985?_ga=1.123870153.23112622.1469883303&category_id=1328&page=1&sort=sort_access&sort_order=desc（最終確認2016年6月30日）

(54) 東京地判平成13年5月30日判時1780号109頁，判タ1086号253頁。

(55) 森田明「医事紛争予防学　入院中の女児が病院食の誤嚥で死亡　医師に摂取法など

助という療養上の世話の場面においても，その方法選択において疾患に関する専門的知識を要する場合には，医師の過失が重く問われていることが窺えるとする見解もある(56)。看護師の責任を問わなくても医師が有責であれば病院の責任は認められるとしても，看護師が直接Bの食事介助をしていたのであるから，裁判所は専門職としての担当看護師の責任も検討すべきであったと思われる。看護師が医師の指示に従って行動すべき補助的職種から主体的な判断を求められる職種へと変わっている中で，看護師の責任は増してきているからである(57)。

本判決は，「患児の具体的症状を知っていたかどうか，具体的症状に基づく誤嚥の危険を知っていたかどうかについては，これを肯定するに足りる具体的な証拠はない」として，担当看護師は具体的症状とそれに伴う誤嚥の危険を知らなかったと認定しているが，知らなかったことに看護師の過失は存在しないのだろうか。判決文だけでは看護師に関する状況が十分に把握できないので推測の域を出ないが，担当看護師が具体的症状とそれに伴う誤嚥の危険を知らなかったのは，Bに関する情報収集が不十分であった可能性が高い。事故発生当時は電子カルテがまだ十分に普及していなかったため，現在のように迅速に患者の情報を集めることができなかった可能性があること，受け持ち患者の人数が多くなる夜勤であったこと，入院2日めのBを初めて担当した可能性があり，Bの行動パターンを把握できていなかった可能性が高いこと等が容易に推測されるからである。また，その結果として，食事介助に対するアセスメントを適切に行うことができていなかった可能性が高い。

本判決は，医師に対して，「食事を担当する看護師に対して，少しずつゆっくり食べさせたり，万一誤嚥が生じた場合には，直ぐに吐き出させたりするために監視するなどの措置をとるよう具体的に指示をすべき注意義務」を認める判断がなされた(58)が，この指示は医師の治療方針に沿った指示とと

を指示する義務あり」Nikkei Medical 9月号（2002年）114頁。

(56) 日山恵美「9 看護上の過失」中山研一=甲斐克則編著「新版　医療事故の刑事判例」248頁（成文堂，2010年）。

(57) 森田・前掲注(55)114頁。

(58) 小林弘幸「小児医療訴訟の現状と対策」順天堂医学51号494頁（2005年）は，本

らえることが可能である。しかし，本ケースは食事介助という療養上の世話に医学的判断を必要としたケースであり，チーム医療においては，連携上，医師も「看護婦の療養上の世話の資料となる情報は看護婦に連絡すべきである[59]」と考えられるので，後知恵となるが，裁判所は，医師に対して，入院2日目の耳鼻科医の「喉頭蓋浮腫が見られ，呼吸困難を起こす危険性」があるという生命にかかわる極めて重要な情報を，看護師に提供する注意義務を認めるべきであったと思われる。この情報は，Bに対して食事介助をする際の担当看護師のアセスメントに，大きな影響を与えると考えられるからである。この生命にかかわる極めて重要な情報が，指示あるいはコンサルテーションという形で医師から看護師に伝えられていれば，Bに対する食事介助のアセスメントが適切に行なわれていた可能性がある。例えば，看護師はアセスメントの結果，「5分粥5分菜の小児食」を「流動食」に変更するコンサルテーションを医師に行い，医師看護師間で食事介助の方法について検討することが可能だったのではなかろうか。また，それと同時に，食事摂取をBの意思に任せるのではなくそばに付き添うのはもちろんだが，食事の前に少量の水分摂取をすすめて，誤嚥の危険性の程度を判断するといったより慎重なケアが可能だったのではなかろうか。

「看護師専門職責任論」においては，看護師の主体的な判断に過失があるのかどうかということが判断されなければならない。それは，担当看護師には，「喉頭蓋浮腫が見られ，呼吸困難を起こす危険性があったことから，‥略‥，ステロイド剤であるソルコーテフの点滴が開始された」という情報の獲得に過失があるのかどうか，その情報と患児の具体的な症状に基づいたアセスメントに過失があるのかどうかを判断することに他ならない。看護師が自律性を発揮できるのは，情報収集，アセスメント，看護診断，計画立案，看護介入，評価という一連の看護プロセスにおいてだからである。

ケースから医師は「入院中の患者に対しては，療養・保健のシステムのほか，生活指導（食事・起居・排便・安静・運動など）についても看護師任せではなく，医師が具体的に指示すべき義務があることを認識」すべきであるとされる。

(59)　高田・前掲注(4)36頁。

V　おわりに

看護師の自律の観点から，すなわち，医師の指示を所与の条件として，看護師は自律性を発揮できるとする観点から，診療の補助と療養上の世話を検討してきた。診療の補助業務は，療養上の世話業務よりも専門性が高いと捉えられることがある[60]が，決してそうではない。療養上の世話も専門性の高い業務である。看護師は，療養上の世話業務の中で，看護師としての自律性を充分に発揮することができるからである。また，診療の補助業務においても，診療の補助と一体化した療養上の世話に看護師としての自律性を発揮することができるからである。ここに看護師が診療の補助を行う意義があると言えよう。

また，「看護師専門職責任論」の立場から小児看護領域における療養上の世話に関する判例に検討を加えてきた。看護事故では，診療の補助は行為の性質上，療養上の世話は医学的状況により，医師の判断が検討されなければならないが，看護師は，専門職として診療の補助においても療養上の世話においても，業務上の責任を負わなければならない。

---

(60)　朝倉・前掲注(6)4頁。

11　小児歯科をめぐる諸問題

藤 原 久 子

I　はじめに

小児歯科をめぐる問題の原因はいくつかに集約されるが，成人の歯科医療にはあまり見られない小児自身が持つリスクが挙げられる。小児歯科だけでなく，恐らく小児科医療でも同じだと考えられるが，まず，

① 小児自身が治療に非協力的，もしくは治療中に予告なく突発的に動くのに加えて，

② トラブルや気分が悪いことがあっても，患児本人から初期症状を訴えることは稀

③ 成人と比較して，気道閉塞など呼吸器トラブルなどに対する身体予備能力が低く，全身状態が急激に悪化しやすい

ことが挙げられる。更に，近年の少子化を反映して，患児の両親や祖父母の患児への関心が高く，何かのきっかけでモンスターペアレンツ化しやすいことも挙げられる。

従って，小児に対する歯科治療はこのようなリスクを常に念頭に置きながら行われる。そのため，一般歯科医院でも小児歯科医療は対応可能だが，口腔の成長発育を扱うことに加えて，成人と比較して歯科診療に対して協力を得るのが難しい小児に対応せざるを得ないことから，小児歯科は歯科の中でも独立した標榜診療科として認められている。

実際には，小児歯科専門医の中でも非協力的な小児の診療について，とくに診療の導入などは考え方や対応が異なる場合もあり，小児歯科専門医全員に共通したEBM（Evidence Based Medicine）が確立されていないのが実情ではある。しかし，一般歯科医師と比較すると，非協力患児への対応には格段に熟練しているのは紛れもない事実であり，小児歯科専門医の存在意義は大きい。

小児に対して安全に歯科治療を行うためには，

① 成人より治療に非協力的で，身体予備能力が低い小児

② その保護者

③ 歯科医師，とくに小児歯科専門医

の３者の協力のもと，それぞれが役割を果たすことが重要である。

治療に協力的な小児であれば，歯科医師は治療に関することに気を配ればよいが，非協力的な小児に対しては，治療可能な体制を整えるのが第一の関門となる。過去に報告された小児歯科医療における死亡事故の多くは，患児の治療への非協力的態度への対応策が起因すると考えられるものであり，まさにその点が小児歯科医療の一番の問題点であろう。

本章では，小児歯科をめぐる問題を論じるにあたって，まず，

・治療に協力的な小児の割合

・全国29大学歯学部附属病院の小児歯科における医事紛争

について報告した論文をご紹介する。次に，小児歯科治療で起こった死亡事故について，代表的な死亡事故とその原因，医療裁判の結果について述べる。最後に，医療裁判全体の中での歯科のトレンド，これらの紛争や事故を防ぐための予防策案について述べる。

II　治療に協力的な小児の割合

小児の中でも特に低年齢児は，歯科治療に最低限必要なこと ── 例えば口腔内を診察して，う蝕や歯石を確認し，エックス線検査を行うだけの痛くない処置 ── ですら，困難なことが多い。歯科医院という見慣れない風景や白衣，歯科医院特有のにおいに加えて，自分が見えないところで口腔内を触られる恐怖感があるのだと考えられている。

では，治療に協力的な小児はどのぐらいいるのか。そして，その保護者はどのように考えているのか。

これについて，興味深い報告が2010年，日本小児歯科学会医療委員会から報告された(1)。全国の小児歯科専門医に対してアンケート調査で行われ，2009年11月の1ヶ月間に来院した1歳から6歳の新患434名が対象となった。

1　小児の反応

まず，う蝕治療時の子供の反応は，全体で「泣き動くため抑制」したのが

（1）　品川光春ほか「小児歯科専門医における低年齢児の診療導入について」小児歯科学雑誌48巻3号397-408頁（2010年）。

34.6%,「おりこう」なのが31.6%,「泣き動きそうだがおとなしく出来る」のが19.1%,「泣き動くが抑制せずに何とかできる」のが14.7%だった。「おりこう」に出来る割合は年齢とともに上がるものの，全体の3割程度しか治療に協力的ではない。7割程度の小児は，治療中に動くか，動く危険性を孕みながら治療を受けている。

2 保護者の反応

それに対して保護者全体の50.7 %が「多少の泣き嫌がりは仕方ない」と考えており，更に44.7%は「泣き嫌がっても治療してほしい」と考えていた。「泣き嫌がる時はやめたい」と考えているのは4.6 %であり，各年齢で同じ傾向だった。つまり自分の子供が少々泣き喚いて暴れたとしても，自分の子供に歯科治療をするように歯科医師に希望していた。

3 小児歯科専門医の対応

低年齢児が歯科治療を嫌がる場合，①トレーニングを行って上手に治療を受けられるようになるまで待ってから行うか，②抑制などの処置を行い早期に治療することを優先させるかの判断は，う蝕の進行度と治療の緊急性のほかに，口腔全体のう蝕罹患状況やう蝕活動性，保護者の要望，患児の年齢，性格，生活環境など多数の要因から考慮される。現場の小児歯科医が選択する対応は,「必要な対応方法を取りながら計画治療を実施する」のが圧倒的に多く71.9%，次いで「保護者の要望に対応」するのが16.6%,「治療前のトレーニング最優先」は11.5%だった。

4 小児歯科治療の現実

小児の口腔内，治療への協力度と保護者の希望の3つを勘案すると，泣いて暴れる小児を何とかしながら歯科治療を行うのが妥当な選択と判断されるのだ。そのため，診療開始から終了時までに必要なスタッフの総人数の平均は，2.7名になる。成人の歯科治療ではスタッフは1人いれば十分であることと比較すると，多くのスタッフが必要であることが分かる。

近年，低年齢期のフッ素塗布や予防処置，8020運動の浸透に伴って，う蝕を主訴とする患児は減少傾向にあるが(2)，それでも実数はそれなりの数である。歯科治療中に「おりこう」に出来る患児が少ないことは，小児歯科医療の問題を論じる上で，常に念頭に置く必要がある。

5　母子分離について

前述したように，殆どの保護者は子供が嫌がっても治療の実施を望んでいた。それは以前から同じであろうが，明らかに異なった点は，子供の治療の開始から終了まで診療室に入室する保護者が7割近くを占めたことである。以前は，母子分離によって，①子供の精神的自立を促し，②母親が子供に与える間違った情報や同情を回避するとともに，③歯科医師への精神的な負担をも回避できることから，母子分離が推奨された。しかし，母親と子供が一緒にいることによって両者が相互にリラックスし，子供が治療に対して積極的になれるという意見もあるため，母子分離による治療は段々と減少している。ただし，明確なエビデンスはないのだが，治療そのものへの影響を考慮した上での判断というよりは，過干渉保護者の増加，医療不信，インフォームドコンセントの不足などの理由で，社会的に母子分離が受け入れられなくなってきたためではないかとも考えられている。

6　補足①：泣き暴れる小児への対応策

可能であれば，歯科医師側がやさしく説明したり，痛みのない処置から始まるトレーニングを行ったりして，上手に歯科治療を受けられるようになってから治療を行うのが望ましいのは言うまでもない。しかし，そのような猶予のない状況で，当の患児が泣き暴れて治療を拒否する場合はどうするのか。

そのような場合の効率的な方法に，「抑制治療」がある。「抑制」というと，児童虐待を連想させる好ましい表現ではないが，写真1のように体をネットでくるむ，「安全ネット」のようなものである。この有効性や適応力の増大については様々の報告があり(3)，小児と並んで障害児に対する有効な行動療法となるとも報告されている(4)。この「抑制処置」は小児歯科医療において

---

(2)　平川貴之ほか「本学小児歯科外来における初診患者の経年的実態調査」小児歯科学雑誌46巻3号336-341頁（2008年）。

(3)　吉野弘ほか「拘束歯科治療が小児の精神発達におよぼす影響 —— カラー・ピラミッド性格検査を用いた検討」小児歯科学雑誌23巻468-484頁（1985年）。

欠かせないものであり，大学病院や小児歯科専門医などでは有効活用されている。だが，後述する小児歯科医療における死亡事故では，この抑制処置が裏目になったと推測される事例があるのも事実である。

写真１

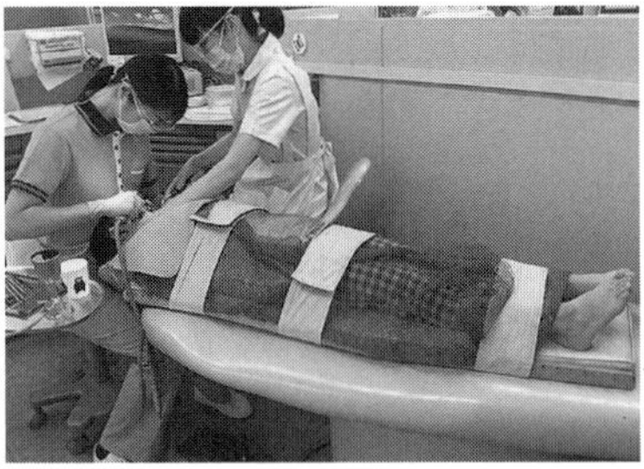

出典：鶴見大学歯学部小児歯科学講座
井出正道先生ご提供

Ⅲ　小児歯科領域における医事紛争

1　大学病院での実態調査

1997年の報告で少し古いが，全国29歯学部附属病院の小児歯科領域における歯科医事紛争の実態調査を行った文献がある(5)。29校中17校で医事紛争があり，全体では59件発生していた。単なる苦情にとどまったものを医療不満，多くの処置を必要とし解決までに時間を要したものや，他の医療機関に委託したものを医療事故と定義した（表１）。医療事故については更に，医療事故，偶発事故，不可抗力事故に分けて，それぞれ12件，10件，4件ずつ発生していた。発生年齢別には，3歳が11件で最も多く，次いで4歳と5歳がそれぞれ8件ずつだった。

59件の医事紛争のうち，診療内容に関するものは38件，診療内容以外に関するものが22件だった（表２）。一番多かったのが，器具や補綴物などの誤飲・誤嚥で12件，次に器具による粘膜などの損傷7件，薬品による粘膜などの損傷5件などだった。また診療内容以外の医事紛争は，術者や助手，

（4）　立川義博ほか「知的障害を有する自閉症児におけるネット式レストレーナーを活用した行動調整法の有効性の検討」小児歯科学雑誌47巻732-737頁（2009年）。
（5）　木村光孝「総説：小児歯科領域における歯科医事紛争の実態調査」小児歯科学雑誌35巻1号1-10頁（1997年）。

表1

医療紛争	1)　医療不満	単なる苦情にとどまったもの		33人
	2)　医療事故	具体的な損害賠償の要求があったもの		26人
	1))　医療過誤		100%医師の過失が明らかなもの 医師本人が全面的に過失を認めているもの 原因・結果に因果関係が明らかなもの	12人
	2))　偶発事故		医師の過失に疑問があるもの 因果関係に疑問があるもの	10人
	3))　不可抗力事故		医師に全く過失のないもの 患者側に責任があるもの	4人

出典：前掲注(5)の参考文献より改変

表2

診療内容に関するもの		人数	割合(%)
器具や補綴物の誤飲・誤嚥		12	31.6
器具による粘膜などの損傷	歯牙の切削器具の誤使用など	7	18.4
薬品による粘膜などの損傷		5	13.2
薬品による衣服・器物の損傷		1	2.6
患者の不注意や誤解によるトラブル		4	10.5
その他診療ミスや承諾のない治療	誤抜歯，別の歯の削合など	2	5.3
管理監督責任	水漏れ	1	2.6
薬物注射（麻酔）による副作用		1	2.6
術後の感染・出血・疼痛・治癒不全		1	2.6
その他診療内容についての不満		2	5.3
ヒステリー・脅迫など		2	5.3
		38	100.0

診療内容以外に関するもの	人数	割合
歯科医師・スタッフの応接態度	6	27.3
料金について	4	18.2
予約と診療拒否に関するトラブル	3	13.6
その他	9	40.9
	22	100.0

出典：前掲注(5)の参考文献より改変

受付の応接態度に関するものが１番多く６件，料金や差額徴収に関するものが４件，予約や診療拒否が３件だった。この報告では，紛争の因果関係は言及されていないため，頻度が高い誤飲や誤嚥・粘膜損傷などの原因が，過失なのか不可抗力なのかは明らかではない。しかし，小児歯科領域におけるトラブルの傾向を端的に現す結果である。

2　補足②：誤飲誤嚥事故について

歯科治療において，誤飲や誤嚥は成人の歯科診療でも比較的頻度が高い偶発事故である。しかし，診療中の突発的な動きは小児の方が圧倒的に多いことを勘案すると，発症リスクは小児の方が高いことは容易に想定される。従って，安全のために小児の突発的な体動を極力抑える対処法が必須となり，まずは前述した「抑制処置」で対応する。しかし，それで対処不可能で，静脈鎮静法や全身麻酔を行わないと歯科治療が出来ない患児もいる。しかし，どのような治療でも一定の確率で偶発症が発生するため，静脈鎮静法や全身麻酔が原因と考えられる医療事故が報告されている。

Ⅳ　小児歯科における死亡事故

小児科を含む医科の治療における死亡事故とその報道はショッキングで痛ましいが，歯科治療における死亡事故はより一層衝撃的である。高度な医療技術と患者自身の体力や治癒力などの様々な条件が揃っても成功するとは限らない難易度の高い手術の結果の死亡ではなく，「死」と無関係な疾患と認識されている（※：実際には全く無関係ではないが，本稿では割愛する）う蝕や歯周病の治療によって死亡したため，「命の危険のない治療」と「死」の落差が大きいためだろう。遺族にとって受け入れられない事実なのはもちろんだが，その報道はよりセンセーショナルになる傾向がある。さらに患者が小児だと，世論の涙を誘う論調は更に強くなり，歯科医師側は常に「悪」である。しかし，事故発生状況のくだりからは，死亡した患児の暴れ具合を押さえるのは大変だっただろうと，歯科医師であれば容易に推測できることは多い。もちろん，歯科医師側には全面的に非はないと主張したいわけではない。更に歯科にとって悩ましいことに，事故発生の報道は大々的になされ，歯科医師側の医療ミスと断定されたかのような内容が多い割には，その後の結末——判決内容や事故の原因など——について報道されることは殆どない。

今までの発表論文のほかに，最高裁判所ホームページ，判例時報や判例タイムズなどの法律雑誌などから渉猟しえた範囲内で小児歯科における死亡事故について調べた。小児歯科の全治療数における死亡事故患者数の算出は困難だが，死亡事故に繋がるプロセスは，

① 患児が急に動いた結果，口腔内に落下した異物が気管を閉塞し窒息
② 局所麻酔や鎮静法，全身麻酔に関連したショックや心肺停止を発症
③ ラバーダム防湿処置法のために患児の異変に気づくのが遅れ死亡

の3パターンが代表的である。

過去に，う蝕予防剤の塗布でフッ化ナトリウム溶液を使用すべきところ，誤ってフッ化水素酸溶液を使用して患児を急性中毒死させた事例（1983年）や，全身麻酔下での抜歯後，麻酔からの覚醒を十分に見極めずに帰宅させた結果，患児を死亡させた事例（1972年）などもあった。しかし，これらの死亡事故は小児特有の要因によって発生したとは考えにくい。小児特有の要素がトリガーとなり死亡事故に至った事例について，代表例を提示しながら述べる。

1　患児の急激な体動によって口腔内に異物が落下し死亡

（1） 抜去歯が口腔内へ落下して死亡，歯科医師の対処法に過失を問われた事例

1例目は，歯科医院において抜歯中，患児が急に顔を動かしたため，抜去した歯が鉗子（抜歯時に使用するペンチ状の器具）から外れて口腔内に落下，吐き出させようとしたがうまく行かず窒息死した4歳女児の事例である。本例では，口腔内に抜去歯を落下させたあと，患児を起き上がらせて吐き出させようとしたのが問題となった。正しい処置は，「水平位診療であれば患者を横にしたまま顔を横に向かせて口腔内異物の除去を試みる」ことであり，水平位の患者を起き上がらせるのは禁忌だからである。実際に，患児は起き上がった途端に泣き声が出なくなり，誤飲した乳臼歯が気道閉塞して呼吸困難となった。そのため，担当歯科医師は乳臼歯の誤嚥と判断し，様々な処置

を行ったものの，事態は好転せず窒息死に至った。これら一連の歯科医師の処置が，歯科医療水準から鑑みて，診療上尽くすべき注意義務に違反しているのか，患児が突然顔を動かしたことが最大の原因で過失相殺がなされるのかが問われた。その結果，禁忌処置が重くみられ，過失相殺についても，歯科医師は患児が突然の体動をすることを予想すべきであり，歯科医師が注意義務を果たすこととで死亡を回避できたと排斥された。担当歯科医師および歯科医院長に対して合計 4,595 万円の支払いが要求された。

（2）　患児の大暴れをとめられず，ロールワッテが咽頭に落下して死亡した事例

2例目は，自宅で椅子から転倒して前歯を受傷，歯が動揺したために歯科医院を受診，治療に使用したロールワッテが外れて咽頭に落下し，窒息した事例である。母親が抱きかかえて治療台に座り，治療を嫌がって暴れるために助手３人が押さえつけて治療を行っていたという。それでも暴れてしまい，その拍子に上唇と歯肉の間に挟んでいたロールワッテが外れて咽頭に落下，吸引器などで吸い取ろうと試みたものの結局除去出来ずに気道閉塞して窒息死したという。渉猟しえた範囲では，ロールワッテが外れて気道を閉塞した事例は報告がなく，その点でも衝撃的な事例だった。本件の裁判はまだ終了していないが，今後どのような判決となるのか見守りたい。

ただいずれの事例も，トラブル発生後の対処の是非はともかく，患児の予測不能な体動や，想定以上に暴れたことが事件発生のトリガーの１つだとしても過言ではないだろう。現場では患児の体動に本当に苦慮しているのである。

（3）　補足③：小児の解剖学的構造

小児は元々，１．鼻腔・鼻道が狭い，２．相対的に舌が大きい，３．扁桃腺の肥大がみられやすい，４．気管粘膜が脆弱で，わずかな刺激で浮腫を起こす，５．気管径が狭い（５～10 mm）という特徴があるため，直径１ cm 以上の異物が口腔内に落下すれば，比較的容易に気道閉塞が起こりやすいという潜在的リスクがある。治療時に暴れる結果，異物が落下して気道閉塞が起こりやすいのは，小児歯科治療が抱えるリスクの１つである。

2　局所麻酔や鎮静法，全身麻酔に関連したショックや心肺停止による死亡

いつ暴れるのか予想不可能なリスクの高い小児には，まずは「抑制処置」を行い暴れられないようにする。しかし，それでも対応不可能な患児には，笑気鎮静や静脈鎮静，全身麻酔下で歯科治療が行われる。そしてその麻酔が原因となったと考えられる死亡事故も報告されている。

(1)　後向き調査の報告

日本歯科医師会ならびに日本歯科麻酔学会は独自に調査を行っており，1950年から2004年までの後向き調査を行い，歯科治療に関連した重篤なショック・心肺停止の200例について検討している(6)。平均年齢は40.6±22.2歳（2-86歳）で60歳代が29例と最も多く，続いて10歳以下と20歳代がともに26例だった。これら200例中，重篤なショックは45例で心肺停止が155例，そのうち25例は回復したが，4例が後遺症を残し，126例が死亡した。更に200例中，14歳以下の小児は29例あり，心肺停止が27例，重篤なショックが2例だった。心肺停止のうち，7例は回復したが22例は死亡している。その一覧を**表3**に示す。

死亡した22例のうち，心肺停止に至った原因は，窒息が9例，ショックが6例，吐物誤嚥と歯牙誤嚥がそれぞれ3例ずつ，横紋筋融解・多臓器不全が1例だった。また使用した麻酔方法は，局所麻酔が13例，笑気鎮静が2例，全身麻酔の4例で，3例は不明だった。心肺停止に至った原因と麻酔方法の組み合わせでは，局所麻酔下における窒息が4例と一番多い。窒息の原因は，唾液や血液，歯科治療時の水などと考えられているが，局所麻酔に対するアナフィラキシーによる嘔吐もあると考えられている。

(2)　補足④：アナフィラキシーについて

日本アレルギー学会の定義では，アナフィラキシーとは「アレルゲン等の侵入により，複数臓器に全身性にアレルギー症状が惹起され，生命に危険を与え得る過敏反応」とされている。歯科領域での原因薬剤には，抗菌薬や鎮痛剤，ヨード系薬剤などがあり，局所麻酔薬自体のアナフィラキシーショックはまれとされている。むしろ，添加剤や保存剤のパラアミノ安息香酸やメ

(6)　伊藤寛ほか「歯科治療に関連した重篤なショック，心肺停止報告200例の検討」蘇生24巻2号82-87頁（2005年）。

表3

歯科治療に関連した重篤なショック							
	年齢	性別	管理	症状	転帰	原因	合併症
1	2	女	局所麻酔	心肺停止	死亡	窒息	不明
2	2	男	局所麻酔	心肺停止	死亡	窒息	不明
3	2	女	局所麻酔	心肺停止	死亡	窒息	不明
4	2	男	不明	心肺停止	死亡	窒息	精神発達遅滞
5	3	女	局所麻酔	心肺停止	死亡	ショック	不明
6	3	女	局所麻酔	心肺停止	死亡	吐物誤嚥	不明
7	3	女	局所麻酔	心肺停止	死亡	吐物誤嚥	不明
8	3	男	笑気鎮静	心肺停止	死亡	窒息	不明
9	3	男	笑気鎮静	心肺停止	死亡	窒息	不明
10	3	男	全身麻酔	心肺停止	死亡	ショック	不明
11	3	男	全身麻酔	心肺停止	死亡	ショック	不明
12	3	女	不明	心肺停止	死亡	吐物誤嚥	不明
13	4	不明	局所麻酔	心肺停止	死亡	抜去歯誤嚥	不明
14	4	女	局所麻酔	心肺停止	死亡	抜去歯誤嚥	不明
15	4	女	局所麻酔	心肺停止	死亡	窒息	不明
16	5	女	全身麻酔	心肺停止	死亡	ショック	不明
17	5	不明	不明	心肺停止	死亡	窒息	不明
18	6	男	局所麻酔	心肺停止	死亡	窒息	不明
19	6	不明	局所麻酔	心肺停止	死亡	ショック・吐血	動静脈奇形
20	9	男	全身麻酔	心肺停止	死亡	歯牙誤嚥	不明
21	12	男	局所麻酔	心肺停止	死亡	横紋筋融解・多臓器不全	精神発達遅滞
22	14	男	局所麻酔	心肺停止	死亡	ショック	不明
23	4	男	全身麻酔	心肺停止	回復		
24	5	女	全身麻酔	shock	回復		
25	7	不明	不明	心肺停止	回復		
26	7	女	不明	心肺停止	回復		
27	7	不明	不明	心肺停止	回復		
28	12	男	全身麻酔	心肺停止	回復		
29	14	男	なし	shock	回復		

出典：前掲注(6)の参考文献より改変

チルパラベンの可能性の方が高いと考えられている。アナフィラキシーには様々な症状があるが，腹痛や嘔吐などの消化器症状もある。更に血圧低下や意識障害を伴う場合，アナフィラキシーショックという。

アナフィラキシーの完全な予防策はなく，健康な人でも起こる可能性はゼロではないが，治療前の問診が重要で，本人だけではなく家族の病歴も含まれる。それでも確実な予想は困難であること，歯科医院における血液検査は日常的には困難なこと，またその結果を見ても安全を保障されるわけではないことから，治療中，特に麻酔薬使用後は常に患者の状態を確認することが望まれるとされている。

3　ラバーダム防湿処置法のために患児の異変に気づくのが遅れ死亡

(1)　ラバーダムについて

ラバーダム防湿法（写真２）は歯科治療（特に歯内治療：いわゆる根の治療）において術野に唾液の流入を防ぐ有用な方法である。他の治療にも使用されるが，①唾液の流入がないために術野が明瞭になること，②周囲軟組織が保護できること，③誤飲を防止できることなどの利点がある。小児は，「成人よりも唾液量が多く，舌を動かしやすい」ため，ラバーダム処置を行うことによって唾液の流入を防止できる上に，予測不可能な舌運動も予防できるため，特に高速切削器具を使用する際には大きな利点がある。より安全な歯科治療のためには，ラバーダム防湿を行う方がメリットは大きいと考えられている[(7)]。

写真では白色半透明のシートを使用しているが，緑色不透明のシートも頻用されている。そのため，患児の異変に気づきにくく，対処が遅れがちになるリスクがある。例えば，患児が嘔吐した場合は，ラバーダムシートを外さなければ吐瀉物を除去できないが，対処が遅れると吐物誤嚥を引き起こす。加えて，前述した「抑制措置」が併用されていると，顔を横に向けたり，治療中に気分が悪くなった際に体位を変えたりすることが遅れ致命的になる事例もある。

次にラバーダム防湿のため，患児の異変に気付くのに遅れ対処が間に合わ

(7)　全国小児歯科開業医会事会「ラバーダム防湿，このような工夫はいかがですか」小児歯科臨床12巻8号頁6-11頁（2007年）。

なかった代表事例を２例挙げる。患児の異変の原因はいずれもアナフィラキシーショックと考えられている。

写真２

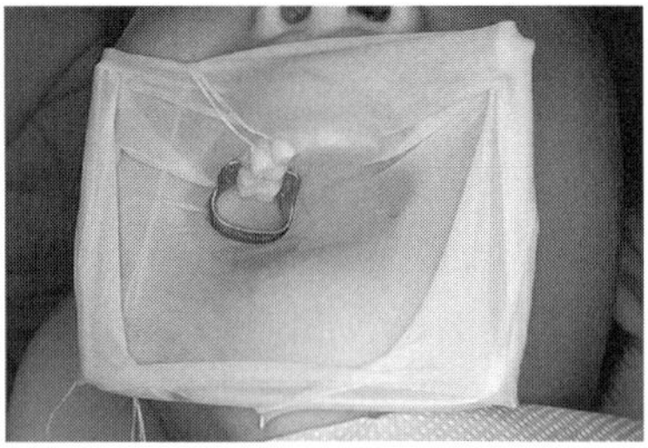

出典：鶴見大学歯学部小児歯科学講座
井出正道先生ご提供

（2）　対処が遅れ死亡するも，分担医制から責任の所在が不明確になった事例

う蝕治療のため，抑制措置を行い，浸潤麻酔をした後，ラバーダムシートを装着して治療を開始した２歳女児だが，途中で患児が泣きやみ閉眼し，顔面が蒼白となった。歯科医師は，手指を鼻の下に当てて自発呼吸を確認，疲れて眠ったのだと判断して治療を継続，その後別の歯科医師と治療を交代した。治療終了後，ラバーダムと抑制をはずしたところで心肺停止状態に気づき，救急搬送され，５日後に死亡した。

本件では，身体抑制下での局所麻酔薬使用後の全身状態の確認と，術者間の連携が問題とされた。患児のアレルギー性鼻炎に対して，治療中に鼻呼吸を確認していたのか，また身体抑制下に加えてラバーダム防湿を行った上で治療をした際に，呼吸・循環動態の確認，アナフィラキシーショックを疑った対応をしたのか，抑制をしたスタッフや局所麻酔を行った歯科医師と歯科治療を行った歯科医師の連携が医療側管理者の過失になるのか，などである。一審では担当歯科医師の責任が問われたが，被告歯科医師は控訴，その結果，「医療事故が発生する危険性が高い分担医制を採用していたにも関わらず，担当歯科医師を指導監督する立場の理事長が，歯科医師らを指導・監督する注意義務を尽くしていなかった」ことに重点がおかれ，担当歯科医師は無罪となり，医療法人の理事長が安全管理上の責任を問われ30万円の罰金刑となった（行政罰：業務停止１ヶ月)。診療中の呼吸状態のチェックなどの注意義務違反は肯定されたが，治療体制が分担医制で，急性循環不全に陥った正確な時期が明らかでないため，被告歯科医師の注意義務違反と死亡との因果関係は証明できないとされたためである。

（3）　分担医制ではなかったが異変に気づくのに遅れた事例

前述した2歳小児の事例では，ラバーダム防湿法に加えて分担医制だったために，患児の異変に気づくのに遅れ，死亡事故に繋がった。しかし分担医制ではなかったが，ラバーダム防湿法のために異変に気づくのに遅れた事例もある。

本事例は4歳女児，事件発生当日，う蝕治療のために局所麻酔薬をされた。このとき女児が治療を嫌がって暴れたため，体幹部と両上腕部をバスタオルで包んで全身を固定，ラバーダムシートを装着し，治療を開始した。患児は暫く暴れていたが，次第に鎮静化，約30分間後に治療が終わりラバーダムシートを除去したところで患児の顔色不良に気づいた。救急車が要請され，人工呼吸・心臓マッサージが行われたが，同日搬送先病院で死亡した。司法解剖の結果，死因はアナフィラキシーショックによるものと判断された。アナフィラキシーの原因は歯科麻酔注射薬オーラ注カートリッジ成分と考えられたが，成分内の物質（塩酸リドカイン，酒石酸水素ナトリウム，ピロ亜硫酸ナトリウム，パラオキシ安息香酸メチル）までは特定されていない。この事例では，刑事訴訟では担当歯科医師は業務上過失致死罪で書類送検されたあと，不起訴となった。その後の民事訴訟では7838万円の損害賠償請求裁判を提起され，結果的に440万円の損害賠償となったが，過失と死亡の因果関係は認められないとされた。

本件ではその後，剖検担当医からもラバーダム防湿法の使用法について問題提起がなされた[(8)]。「局所麻酔下での歯科治療時にラバーダム防湿をしていたため，症状の変化に気づくのが遅れたこと」を重くみられたためである。

その対処法としては，歯科用局所麻酔などの医療事故を引き起こす恐れのある手技を行う場合や，ラバーダムシートを装着する場合にはモニター管理下で全身状態の把握を行うこと，ラバーダムシートを無色透明にするなど，常に患児の顔貌・口唇を観察し全身状態の把握ができるように改良するなどが挙げられた。このように医科からも問題提起がなされるなど，ラバーダム

（8）　益田倫夫ほか「歯科治療中にアナフィラキシーショックを呈した1幼児死亡解剖例 ── ラバーダムシート使用上の問題点」日本法医学雑誌60巻120-124頁（2013年）。

防湿法がトリガーとなった死亡事故のため，実際にはラバーダム処置を行わない歯科医師は増加傾向にあるとされている。

V　医療訴訟全体における新受件数の推移（医療関係訴訟）

小児歯科における医療トラブルの概要が分かったが，実際には年間どのぐらいのトラブルが発生しているのか。全体の治療数に対する割合を求めるのは，どの診療科でも不可能だが，**表 4** に平成 20 年から 27 年までの 8 年間における，医療関係訴訟の診療科目別既済件数（地裁）を示した。全体の総数が減少傾向なのに対して，歯科の件数は増加しており，総数に占める割合は 10％を超えている。10 年ほど前までは，歯科の件数は 30-40 件/年程度で推移していたことを勘案しても，明らかに他の診療科よりも訴訟件数が増加しているのがわかる。

もちろん，この数値は医療事故の起こりやすさを表すものではない。しか

表 4

	平成20年	平成21年	平成22年	平成23年	平成24年	平成25年	平成26年	平成27年
内　科	228	229	237	181	164	177	187	178
小児科	22	22	22	19	22	10	9	13
精神科(神経科)	30	33	29	30	33	33	31	25
皮膚科	9	10	17	7	6	12	8	6
外　科	180	165	142	123	145	124	114	121
整形外科	108	105	105	93	99	90	95	95
形成外科	18	19	24	24	24	29	28	28
泌尿器科	18	22	9	15	18	24	13	17
産婦人科	99	84	89	82	59	56	60	50
眼　科	27	23	24	22	34	20	17	18
耳鼻咽喉科	19	19	16	9	19	6	8	10
歯　科	70	71	72	76	86	78	89	87
麻酔科	8	4	6	8	9	2	6	4
その他	119	116	104	81	103	118	98	98
	955	922	896	770	821	779	763	750
総数に占める歯科の割合(%)	7.3	7.7	8.0	9.9	10.5	10.0	11.7	11.6

出典：最高裁判所公表データより

し，訴訟に至るトラブルが増加しているということは，顕在化しないトラブルもまた増加していることが懸念される。小児歯科関連の訴訟件数は把握できなかったが，歯科全体の総数の増加と小児歯科医療を取り巻く環境を勘案するとおそらく増加傾向にあると推察している。

Ⅵ　小児歯科医療での事故を減らすために

小児歯科医療における医療事故が，小児への歯科治療の困難さそのものに起因するところが大きいのであれば，究極的な医療事故防止策は，小児が可及的に歯科治療を受けなくてすむようにすることである。そのためには，う蝕を予防する予防歯科が重要である。2000年に発令された健康日本21の到達目標項目にも幼児のう蝕予防があり，フッ化物塗布や親子へのブラッシング指導が精力的になされてきた。その結果，う蝕を持つ者の割合，1人当たりの平均う歯数ともに経年的に減少している（**表5**）。局所麻酔薬やラバーダム防湿法を使用しなくても治療可能なレベルの小さなカリエスばかりとなれば，医療事故数の減少が期待できるのではないだろうか。

しかし，小児歯科臨床では，医療そのものに関連して発生する事故の他にも様々なトラブル —— 成人歯科治療と比較して想定外のヒヤリハット症例 —— が起こりえることも忘れてはならない。
いままで報告があったものには，

・歯科治療を拒否してトイレにこもったら，鍵を開けられなくなりトイレの個室から出られなくなった，
・ドアに指を挟んだ，
・待合室の椅子の上に立ち上がり転倒した，
・家具や柱の角で怪我をした，
・診療台への上り下りの際に転倒した，

などがあり[(9)]，たとえう蝕のある小児がゼロになったとしても，その予防処置のためには歯科医院の受診が必要であり，ヒヤリハットを含めた医療事故を完全になくすことは不可能ではあろう。

（9）　徳永順一郎「小児歯科臨床における「ヒヤリ・ハット」事例」小児歯科臨床18巻12号45-54頁（2013年）。

表5

現在歯の乳歯にう触を持つ者の割合の年次推移（%）

年齢	昭和62年	平成5年	平成11年	平成17年	平成23年
1	7.8	8.3	1.2	3.1	0.0
2	34.0	32.8	21.5	17.8	7.5
3	66.7	59.7	36.4	24.4	25.0
4	83.4	67.8	41.5	44.2	34.8
5	89.9	77.0	64.0	60.5	50.0
6	90.5	88.4	78.0	63.4	42.1

乳歯の1人平均う歯和の年次推移

年齢	昭和62年	平成5年	平成11年	平成17年	平成23年
1	0.3	0.3	0.0	0.0	0.0
2	1.3	1.4	0.8	0.4	0.2
3	3.9	3.2	2.1	0.9	0.6
4	5.9	4.3	2.5	2.9	1.5
5	7.5	6.2	3.7	2.3	2.8
6	7.7	7.1	5.0	3.7	1.8

乳歯の1人平均未処置歯数の年次推移（本）

年齢	昭和62年	平成5年	平成11年	平成17年	平成23年
1	0.3	0.3	0.0	0.0	0.0
2	1.2	1.2	0.8	0.3	0.2
3	3.3	2.7	1.4	0.5	0.6
4	4.5	2.7	1.4	2.0	0.7
5	4.6	3.4	2.0	1.2	1.5
6	4.4	3.5	2.1	1.7	0.9

出典：厚生労働省平成23年歯科疾患実態調査データより

更に小児に関しては，家庭内での歯みがき中の事故のリスクをも勘案する必要がある。東京都消防庁の報告では，歯みがき中に歯ブラシで受傷した事故のため，5歳以下の乳幼児のうち，毎年40人が救急搬送されている。85%は軽症で入院を必要としないが，14%は生命の危機はないが入院を要するもので，1%は生命の危機が危ぶまれたものである。加えて，このような事故について聞いたことがある保護者は31.7%で，68.3%は聞いたことがなかった。小児用歯ブラシのパッケージには，「歯ブラシをくわえたまま遊ばない」という使用上の注意書きがあるのだが，見たことがある保護者は38.1%であり，歯ブラシ関連の事故について保護者に周知がなされているとは言いがたいのが現状である。

本章では，小児歯科における医療事故について，具体的な事例とともにその原因や背景，小児に対する歯科治療の難しさについてまとめた。今後の少子化に伴って子供の希少価値は上昇するが，それに伴い，保護者への対応はますます難しくなることが予想される。歯科医療，とくに小児歯科治療は決して安全が担保された上で行われるものではなく，術者側の細心の注意が必要なものである。小児歯科治療においては，事故のリスクが高い治療が必要になる前段階で，リスクがより低い予防処置や家庭での歯みがきを徹底することによって，「たかだか歯科治療」で生命の危機にさらされることのないよう，歯科医師側からだけでなく，行政や幼児教育などからの啓発活動もより一層必要だと考えている。

〈編　者〉

甲斐克則（かい・かつのり）

1954年10月　大分県朝地町に生まれる
1977年３月　九州大学法学部卒業
1982年３月　九州大学大学院法学研究科博士課程単位取得
1982年４月　九州大学法学部助手
1984年４月　海上保安大学校専任講師
1987年４月　海上保安大学校助教授
1991年４月　広島大学法学部助教授
1993年４月　広島大学法学部教授
2002年10月　法学博士（広島大学）
2004年４月　早稲田大学大学院法務研究科教授（現在に至る），広島大学名誉教授
日本刑法学会理事，日本医事法学会前・代表理事，日本生命倫理学会代表理事

〈主要著書〉

アルトゥール・カウフマン『責任原理──刑法的・法哲学的研究』（九州大学出版会，2000年，翻訳）
『海上交通犯罪の研究［海事刑法研究第１巻］』（成文堂，2001年）
『安楽死と刑法［医事刑法研究第１巻］』（成文堂，2003年）
『尊厳死と刑法［医事刑法研究第２巻］』（成文堂，2004年）
『医事刑法への旅Ⅰ』（現代法律出版、2004年）
『責任原理と過失犯論』（成文堂，2005年）
『被験者保護と刑法［医事刑法研究第３巻］』（成文堂，2005年）
『医事刑法への旅Ⅰ［新版］』（イウス出版，2006年）
『遺伝情報と法政策』（成文堂，2007年，編著）
『企業犯罪とコンプライアンス・プログラム』（商事法務，2007年，共編著）
『終末期医療と生命倫理』（太陽出版，2008年，共編著）
『ブリッジブック医事法』（信山社，2008年，編著）
『企業活動と刑事規制』（日本評論社，2008年，編著）
『企業活動と刑事規制の国際動向』（信山社，2008年，共編著）
ペーター・タック『オランダ医事刑法の展開──安楽死・妊娠中絶・臓器移植』（慶應義塾大学出版会，2009年，編訳）
『医事法講座第１巻 ポストゲノム社会と医事法』（信山社，2009年，編著）
『医事法六法』（信山社，2010年，編集）
『刑法は企業活動に介入すべきか』（成文堂，2010年，共著）
『レクチャー生命倫理と法』（法律文化社，2010年，編著）
『生殖医療と刑法［医事刑法研究第４巻］』（成文堂，2010年）
『新版 医療事故の刑事判例』（成文堂，2010年，共編著）
『確認 医事法用語250』（成文堂，2010年，編著）
『医事法講座第２巻 インフォームド・コンセントと医事法』（信山社，2010年，編著）
『中華人民共和国刑法』（成文堂，2011年，共編訳）
『医事法講座第３巻 医療事故と医事法』（信山社，2012年，編著）
『現代社会と刑法を考える』（法律文化社，2012年，編著）
ウルリッヒ・ズィーバー『21世紀刑法学への挑戦──グローバル化情報社会とリスク社会の中で』（成文堂，2012年，共監訳）
『シリーズ生命倫理学第５巻 安楽死・尊厳死』（丸善出版，2012年，共編著）
『医療事故と刑法［医事法研究第５巻］』（成文堂，2012年）
『医事法講座第４巻 終末期医療と医事法』（信山社，2013年，編著）
アルビン・エーザー『「侵害原理」と法益論における被害者の役割』（信山社，2014年，編訳）
『医事法講座第５巻 生殖医療と医事法』（信山社，2014年）
『刑事コンプライアンスの国際動向』（信山社，2015年，共編著）
『刑法実践演習』（法律文化社，2015年，編著）
『医事法講座第６巻 臓器移植と医事法』（信山社，2015年）
『臓器移植と刑法［医事刑法研究第６巻］』（成文堂，2016年，近刊）

◈ 医事法講座 第7巻 ◈
小児医療と医事法

2016年9月30日　第1版第1刷発行

編　者　甲斐克則
発行者　今井　貴
発行所　株式会社 信山社

〒113-0033 東京都文京区本郷6-2-9-102
Tel 03-3818-1019
Fax 03-3818-0344
info@shinzansha.co.jp

出版契約 No. 2016-1207-5-01010　Printed in Japan

印刷・製本／亜細亜印刷・渋谷文泉閣
ISBN978-4-7972-1207-5-01010-012-040-010 C3332
分類328.700.b007 P296.医事法

◈医事法講座◈

甲斐克則 編

法理論と医療現場の双方の視点から、また、日本のみならず、
広く世界の最新状況も見据え、総合的に医事法学の深化を図る待望のシリーズ

◈第１巻 ポストゲノム社会と医事法

◈第１部◈医事法学の回顧と展望/1 日本の医事法学—回顧と展望 / 甲斐克則 2 医事（刑）法のパースペクティブ / アルビン・エーザー〔訳：甲斐克則・福山好典〕◈第２部◈ポストゲノム時代に向けた比較医事法学の展開—文化葛藤の中のルール作り /〈序論〉現代バイオテクノロジーの挑戦下における医事法のパースペクティブ / アルビン・エーザー〔訳：甲斐克則・新谷一朗・三重野雄太郎〕◈第１編 人体利用と法的ルール / 4 人体商品化論—人体商品化は立法によって禁止されるべきか / 粟屋剛 5 フィリピンにおける腎臓提供 / ラリーン・シルーノ〔訳：甲斐克則・新谷一朗〕6 人格性と人体の商品化：哲学的および法倫理学的パースペクティブ / ジョージ・ムスラーキス〔訳：一家綱邦・福山好典・甲斐克則〕7 日本法における人体・臓器の法的位置づけ / 岩志和一郎 ◈第２編 ゲノム・遺伝情報をめぐる比較医事法—生命倫理基本法への途 / 8 ポストゲノム時代における遺伝情報の規制：オーストラリアのおよび国際的なパースペクティブ / ドン・チャーマーズ〔訳：新谷一朗・原田香菜〕9 日本における遺伝情報の扱いをめぐるルール作り—アメリカ法との比較憲法的視点から / 山本龍彦 10 人体組織・遺伝情報の利用に起因する紛争等の処理のための法的枠組みについて / 手嶋豊 11 比較法的観点からみた先端医療・医学研究の規制のあり方—ドイツ・スイス・イギリス・オランダの議論と日本の議論 / 甲斐克則 12 ポストゲノム社会における生命倫理と法—わが国における生命倫理基本法の提言 / 位田隆一

◈第２巻 インフォームド・コンセントと医事法

1 インフォームド・コンセント法理の歴史と意義 / 手嶋 豊　2 インフォームド・コンセントの法理の法哲学的基礎づけ / 野崎亜紀子　3 治療行為とインフォームド・コンセント（刑事法的側面）/ 田坂 晶　4 終末期とインフォームド・コンセント / 加藤摩耶　5 生殖医療とインフォームド・コンセント / 中村 恵　6 遺伝子検査とインフォームド・コンセント / 永水裕子　7 臨床研究とインフォームド・コンセント / 甲斐克則　8 疫学研究とインフォームド・コンセント / 佐藤恵子　9 ヒトゲノム研究とインフォームド・コンセント / 佐藤雄一郎　10 高齢者医療とインフォームド・コンセント / 寺沢知子　11 精神科医療とインフォームド・コンセント / 神野礼斉　12 小児医療とインフォームド・コンセント / 多田羅竜平

◈第３巻 医療事故と医事法

1 未熟児網膜症姫路日赤事件最高裁判決と医療現場感覚との落差—司法と医療の認識統合を求めて / 川崎富夫　2 医療事故に対する刑事処分の最近の動向 / 押田茂實　3 医療事故に対する行政処分の最近の動向 / 勝又純俊　4 医療水準論の機能について—医療と司法の相互理解のために / 山口斉昭 5 診療ガイドラインと民事責任 / 手嶋豊　6 注意義務論と医療慣行—日米比較の視点から / 峯川浩子 7 術後管理と過失 / 小谷昌子　8 看護と過失 / 和泉澤千恵　9 診療録の記載内容と事実認定 / 鈴木雄介　10 医療過誤紛争におけるＡＤＲ（裁判外紛争解決）/ 大澤一記　11 医療事故と刑事過失責任—イギリスにおける刑事医療過誤の動向を参考にして / 日山恵美　12 刑事医療過誤と過失の競合及び管理・監督過失 / 甲斐克則　13 医療事故の届出義務・医事審判制度・被害者補償 / 甲斐克則

◈第４巻 終末期医療と医事法

1 終末期医療における患者の意思と医療方針の決定—医師の行為が法的・社会的に問題にされた事例を踏まえて / 前田正一　2 安楽死の意義と限界 / 加藤摩耶　3 オランダにおける安楽死論議 / 平野美紀　4 医師による自殺幇助（医師介助自殺）/ 神馬幸一　5 人工延命処置の差控え・中止（尊厳死）論議の意義と限界 / 秋葉悦子　6 アメリカにおける人工延命処置の差控え・中止（尊厳死）論議 / 新谷一朗　7 イギリスにおける人工延命措置の差控え・中止（尊厳死）論議 / 甲斐克則　8 フランスにおける人工延命処置の差控え・中止（尊厳死）論議 / 本田まり　9 ドイツにおける治療中止—ドイツにおける世話法改正と連邦通常裁判所判例をめぐって / 武藤眞朗　10 終末期医療とルールの在り方 / 辰井聡子　11 成年後見制度と終末期医療 / 神野礼斉　12 認知症の終末期医療ケア—"認知症ケアの倫理"の視点から / 箕岡真子　13 小児の終末期医療 / 甲斐克則

◈第５巻 生殖医療と医事法

1 生殖補助医療と医事法の関わり/岩志和一郎　2 医療現場からみた生殖医療技術の現実と課題/石原理　3 日本における挙児希望年齢の高齢化をめぐる生殖補助医療の実際/片桐由起子　4 生殖補助医療と法/中村 恵　5 人工妊娠中絶と法/石川友佳子　6 出生前診断と法/丸山英二　7 アメリカにおける生殖補助医療の規制—代理母契約について考える/永水裕子　8 イギリスにおける生殖医療と法的ルール/甲斐克則　9 ドイツにおける生殖医療と法的ルール/三重野雄太郎　10 フランスにおける生殖医療と法規制/本田まり　11 スウェーデンにおける生殖医療と法的ルール/千葉華月　12 韓国における生殖医療と法的ルール/洪 賢秀　13 生殖ツーリズム構造の背景に潜む国内の実情—始動する当事者/起動する支援/荒木晃子　14 晩産化時代の卵子提供ツーリズムと国内解決法/日比野由利　15 養子縁組と生殖補助医療/野辺陽子

◈第６巻 臓器移植と医事法

1 臓器移植と医事法の関わり/甲斐克則　2 臓器移植をめぐる法と倫理の基礎/旗手俊彦　3 脳死・臓器移植と刑法/秋葉悦子　4 生体移植と刑法/城下裕二　5 生体臓器移植と民法/岩志和一郎　6 アメリカにおける臓器移植/丸山英二　7 イギリスにおける臓器移植/佐藤雄一郎　8 ドイツ・オーストリア・スイスにおける臓器移植/神馬幸一　9 フランスにおける臓器移植/磯部哲　10 小児の臓器移植の法理論/中山茂樹　11 臓器売買と移植ツーリズム/粟屋剛　12 臓器移植制度の運用と課題/朝居朋子　13 臓器移植医療に見る課題と展望/絵野沢伸